하룻밤에 읽는
남북국사

일러두기

- 본문에서 도서·정기간행물은 《 》, 논문·단일 기사·문서·편지·문헌 내 일부 기록은 〈 〉, 시·향가·그림·방송 프로그램 제목은 「 」로 표기합니다.

하룻밤에 읽는
남북국사

이문영 지음

페이퍼로드
paperroad

머리말

역사학에서 시대 구분이란 인간의 자의적인 해석이다. 시간 자체는 언제나 동일하게 흐르지만 애초에 역사라는 학문은 인간만이 지닌 지적 산물의 소산이므로 이상할 것은 없다. 《하룻밤에 읽는 한국 고대사》 집필을 맡았을 때, '한국 고대사'의 끝을 언제로 잡아야 하는지 편집부와 의논했다. 당시에는 통일신라와 발해까지 한 권에 담으면 분량이 지나치게 많을 것이라 느꼈다. 발해는 나당전쟁이 끝나고 20여 년이 흐른 후 건국되었는데, 그사이에 통일신라에서 벌어진 일까지 기술한다면 분량이 과하게 늘어날 수밖에 없었다. 결국 통일신라와 발해를 별도로 집필하는 편이 좋을 거라 판단했다.

삼국을 통일한 신라를 어떻게 불러야 하는지 논란이 있다. 전통적으로 '통일신라'라고 불렀는데, 신라의 삼국통일이 불완전하다는 주장이 등장한 후 과연 그렇게 불러도 괜찮은지 의문이 생긴 것이다. 또한 발해가 북방에서 건국된 후 두 나라는 동시대에 공존했는데 이 시기의 신라를 '통일신라'라고 부르면 발해를 한국사의 범주에서 제외하는 것이라는 지적도 일견 타당하다. 따라서 삼국통일 이후 신라를 '후기 신라' 또는 '대신라'라고 불러야 하고 이 시대를 '남북국시대'로 불러야 한다는 주장에 힘이 실렸다. 한편 "신라는 단지 백제와 싸웠을 뿐이고 삼국을 통일하려는 의지도 없었는데 어쩌다 당나라가 고구려를 멸망시킨 후 그 땅의 일부를 받았을 뿐"이어서 '통일'이란 명칭이 맞지 않을 수 있다는 의문도 학계에 제기되었다. 이 문제를 따져보도록 하겠다.

당대의 신라인이나 발해인은 서로를 남북국으로, 그러니까 정통성을 다투는 국가로 이해하지 않았다. 현대 분단시대를 연구할 먼 훗날의 역사가들은 오늘날을 '남북국시대'로 부를 수 있다. 물론 대한민국은 북한을 불법으로 국토를 점거한 집단으로 간주하고, 조선민주주의인민공화국(북한)은 남조선(대한민국)을 이른바 '괴뢰도당'으로 부를 뿐이다. 남북은 아직도 서로를 합법 정부로 인정하지 않는다. 신라와 발해처럼 상호 교류 역시 거의 없다. 하지만 후대에는 작금의 시대를 남북국시대로 이해할 가능성이 매우 크다. 신라와 발해 역시 서로를 인정하지 않았고 소가 닭을 보듯이 대하였다. 그러나 두 나라 모두 우리 역사의 한 갈래라는 사실을 인정한다면, 남북국시대라는 용어 역시 그런 의미에서 수용할 수 있을 것이다.

더구나 '남북국시대'란 용어가 '통일신라'의 의미를 제한하지 않는다. 신라는 정말로 삼국통일의 의지가 없었을까? 어쩌다가 고구려 영토의 일부를 차지한 것일까? 결론부터 말하자면 그렇지도 않다. 김춘추는 당나라와 동맹을 맺어 연합하는 과정에서 당 태종 이세민에게서 이런 약속을 받았다.

내가 두 나라를 평정하면 평양 이남과 백제 땅은 모두 너희 신라에 주어 길이 편안하도록 하겠다.

이 글은 나당전쟁 당시 신라 문무왕이 당나라 장군 설인귀에게 보낸 외교문서에 적혀 있다. 문무왕은 당나라 장군 설인귀에게 당 태종 이세민의 약속을 상기시키고자 이런 내용이 담긴 문서를 보냈다. 신라는 백제 영토를 온전히 차지하고 고구려 영토는 평양을 기준으로 당나라와 나누기로 약속했다. 따라서 신라는 이 전쟁에서 백제와 고구려를 멸망해야 한다는 점을 알고 있었다. 신라인들이 삼국을 통일했다는 뜻으로 사용한 '일통삼한'이란 말은 문무왕 사후 즉위한 신문왕 때 이미 통용되었다. 당나라가 태종 무열왕(김춘추)의 묘호에 시비를 걸자 신라는 "김춘추가 김유신을 얻어 일통삼한했기 때문에 이런 묘호를 썼다."라고 항변했다. 따라서 삼국통일전쟁 이후의 신라를 '통일신라'라고 부르는 것은 당연하다. 발해가 고구려를 계승하며 건립되었다는 사실과 신라가 고구려를 멸망시켰다는 사실은 충돌하지 않는다.

삼국통일전쟁이 끝나자마자 신라는 당과의 전쟁에 돌입했다. 당은 한반도를 모두 차지하려는 야욕을 드러냈고 신라는 이에 대항했다. 전쟁이 거의 연이어 발생한 탓에 나당전쟁을 통일전쟁의 일환으로 보는 사람도 있으나 이는 잘못된 견해라고 생각한다. 삼국은 이미 통일되었고, 통일신라는 새로운 적으로 대두한 당나라와 싸워 승리했다. 이 전쟁이 바로 나당전쟁이다. 오히려 이 전쟁으로 고구려와 백제의 유민이 신라라는 체제 아래 재편되었고, 세 나라의 백성이 전선에 투입되어 하나의 공동체라는 의지를 다질 수 있었다. 또한 이 전쟁을 계기로 한반도와 만주에 끼치던 당나라의 지배력이 약해졌고, 그 틈에 고구려의 계승국인 발해가 성립될 수 있었다.

발해 멸망 후 수많은 발해유민이 남쪽 신생국 고려로 이주했다. 고려는 자국을 북방의 강자였던 고구려의 후신으로 생각했다. 고구려라는 나라 이름은 우리가 편의상 붙이는 명칭일 뿐이다. 고구려는 장수왕 이후 국호를 '고려'라 불렀다. 따라서 중국에서도 고구려와 고려를 구분하지 않고 하나의 나라로 생각했다. 다만 왕의 성이 '고'에서 '왕'으로 바뀐 정도로 보았다. 몽골제국의 쿠빌라이 칸도 고려 사신이 항복을 전하러 올 때, 당나라 태종도 굴복시키지 못한 나라(고구려)가 자신에게 항복했다며 흐뭇해했다고 전해진다. 이렇듯 고구려와 고려의 개념이 일체화되었기 때문에 발해 역시 고려에 친근감을 느낄 수 있었을 것이다.

발해 멸망 후 한반도의 역사적 국경선은 압록강에 간신히 걸친 정도로 축소되었다. 고려 내내 두만강 영역을 확보하지 못했고, 조선시대에 와서야 이 지역을 차지하였다. 최근 유사역사를 주장하는 모종의 세력은 고려시대 때부터 만주 일대를 영토로 점유했었다는, 어처구니없는 주장을 펼친다. 이런 주장의 이면에는 "영토가 넓어야 위대한 역사가 된다."라는 영토중심적 사고방식이 놓여 있다. 사정이 이러하니 신라의 삼국통일은 흔히 '고구려의 넓은 영토를 차지하지 못한 불완전한 통일' 또는 '외세를 끌어들여 동족을 멸망시킨 배반자의 행태'라고 폄하된다. 북한이 한국전쟁을 일으켰을 때 대한민국은 외세인 미국을 비롯한 16개 국가의 도움을 받아 나라를 지켰는데, 그렇다면 대한민국은 외세의 힘을 빌려 동족을 배신한 국가인가? 그런데도 통일을 이룩하지 못한 민족의 배반자인가? 이런 생각을 하는 사람은 아무도 없을 것이다.

지도1 통일신라와 발해의 국경

대조영은 696년 당나라에 있던 고구려 유민을 이끌고 옛 고구려 영토가 있는 동모산으로 찾아와 698년 발해를 건국했다. 건국 이후 발해는 정치적인 목적을 위해 수도를 여러 번 옮겼다. 자세한 내용은 제2장 발해 편에서 설명하겠다.

신라는 국가 멸망의 절체절명의 상황에서 군민이 단결하여 자국보다 훨씬 크고 강력한 국가와 싸워 승리했다. 우리가 만일 역사에서 교훈을 찾는다면, 약소국으로 시작해 두 나라에 한참 뒤떨어져 있던 신라가 한반도를 장악하는 위업을 달성한 과정을 살펴야 한다. 영토 크기를 자부심의 근거로 삼는 일차원적인 사고를 버리고, 과거의 역사가 오늘의 우리에게 어떠한 시사점을 제공하는지 살펴보아야 한다.

남북국시대는 우리 역사 속에서 잘 조명받지 못한 시대다. 이 책은 통일신라, 발해, 후삼국시대 세 부분으로 나뉘었다. 통일신라와 발해의 역사를 시대순으로 이야기하면 산만하게 읽힐 것이라 우려했다. 따라서 각국 역사를 따로 기술하는 형식으로 구성했다. 그 안에서 양국 교류에 관해 설명하는 방식으로 집필했다. 훗날 오늘날 남북한 역사를 누군가 저술한다면 이런 방식으로 이야기하는 편이 쉬우리라 생각한다.

페이퍼로드 출판사의 의뢰를 받고 이 책을 쓰기 시작했는데, 생각보다 훨씬 많은 시간이 걸려 죄송하다. 하지만 이로써 '하룻밤에 읽는 한국사 시리즈'를 완성하여 다행이라고 여긴다. 쉽고 재밌게 읽을 수 있도록 쓰고자 노력했는데, 이 책을 읽는 독자분들께 그런 노력의 흔적이 전달되기를 바란다.

2025년 5월

이문영

머리말

머리말 ··· 004

제1장 통일신라

통일신라의 기틀을 확립한 문무왕과 신문왕 ··· 018
◆ 설총의 〈화왕계〉 ··· 032
통일신라의 전성기를 구축한 효소왕과 성덕왕 ··· 035
◆ 수로부인 설화와 수로왕 설화의 유사성 ··· 058
통일신라의 전성기를 완성한 효성왕과 경덕왕 ··· 062
◆ 고구려 유민 이정기 일가의 일대기 ··· 084
모반의 시대, 흔들리는 통일신라 ··· 092
◆ 호국삼룡과 여의주 ··· 114
장보고와 청해진 ··· 118
◆ 조신의 꿈 ··· 130
망국으로의 길 ··· 134
◆ 당나라에서 벌어진 쟁장 사건 ··· 143

제2장 발해

발해를 건국하기까지	⋯	150
◆ 고구려를 계승하고 당나라를 모방한 발해	⋯	166
발해를 건국한 대조영	⋯	173
영토를 넓히고 당과 대결한 무왕	⋯	179
◆ 발해 뗏목탐사대	⋯	192
문왕의 치세	⋯	197
◆ 당나라의 명장으로 활약한 고구려 유민들	⋯	208
혼란 속의 발해	⋯	217
해동성국의 시대	⋯	223
◆ 홍라녀 전설	⋯	238
발해의 멸망	⋯	242
◆ 백두산 폭발과 발해의 멸망	⋯	254
발해 부흥운동과 계승국	⋯	257
◆ 발해사에 대한 인식	⋯	263

제3장 후삼국시대

후백제가 건국되다 … 272
후고구려의 성립 … 281
◆ 통일신라 말기의 호족과 선종 … 296
왕건의 조상 … 301
◆ 효녀 지은과 효종랑 … 311
삼국의 동상이몽 … 314
궁예의 몰락 … 323
자웅을 겨루는 왕건과 견훤 … 333
통일을 이룩한 고려 … 346
◆ 왕건의 부인들 … 369

참고 문헌 … 373

지도 목록

- **지도1** 통일신라와 발해의 국경 ··· 008
- **지도2** 통일신라의 행정구역 ··· 028
- **지도3** 혜초의 여정 ··· 051
- **지도4** 당 후기 절도사들의 난립 ··· 086
- **지도5** 김헌창의 난 ··· 107
- **지도6** 청해진과 신라방 ··· 122
- **지도7** 대조영의 발해 건국 ··· 157
- **지도8** 발해의 행정구역과 말갈부족의 위치 ··· 163
- **지도9** 발해의 당나라 공격 ··· 187
- **지도10** 발해 무왕 시대의 대외정세 ··· 188
- **지도11** 소그디아나 지역 ··· 212
- **지도12** 발해의 특산물 ··· 227
- **지도13** 통일신라와 발해의 국제교통로 ··· 236
- **지도14** 발해의 멸망 ··· 252
- **지도15** 후삼국시대 호족의 난립 ··· 273
- **지도16** 통일신라 5교 9산의 성립 ··· 299
- **지도17** 후삼국시대 ··· 362

삼국통일 이후 신라국왕

대수	시호(이름)	재위 기간
무열왕계		
29	태종 무열왕(김춘추)	654~661년
30	문무왕(김법민)	661~681년
31	신문왕(김정명)	681~692년
32	효소왕(김이홍)	692~702년
33	성덕왕(김흥광)	702~737년
34	효성왕(김승경)	737~742년
35	경덕왕(김헌영)	742~765년
36	혜공왕(김건운)	765~780년
37	선덕왕(김양상)	780~785년
원성왕계		
38	원성왕(김경신)	785~799년
39	소성왕(김준옹)	799~800년
40	애장왕(김중희)	800~809년
41	헌덕왕(김언승)	809~826년
42	흥덕왕(김경휘)	826~836년
43	희강왕(김제륭)	836~838년
44	민애왕(김명)	838~839년
45	신무왕(김우징)	839년
46	문성왕(김경응)	839~857년
47	헌안왕(김의정)	857~861년
48	경문왕(김응렴)	861~875년
49	헌강왕(김정)	875~886년
50	정강왕(김황)	886~887년
51	진성여왕(김만)	887~897년
후삼국 시대		
52	효공왕(김요)	897~912년
54	신덕왕(박경휘)	912~917년
56	경명왕(박승영)	917~924년
55	경애왕(박위응)	924~927년
56	경순왕(김부)	927~935년

제1장

통일 신라

삼국통일전쟁을 시작한 태종 무열왕 김춘추는 진골 출신이었다. 법흥왕 때 시작된 성골의 시대는 막을 내리고, 태종 무열왕부터 진골의 시대가 열린 것이다. 태종 무열왕부터 혜공왕까지는 모두 김춘추의 후손이다. 《삼국사기》는 이 시기를 신라 중대中代로 분류했다. 《삼국유사》는 태종 무열왕부터 신라 멸망까지를 하고下古로 분류했다. 이러나저러나 태종 무열왕이 시대 구분의 기점이 되는 것은 마찬가지다.

태종 무열왕과 그의 아들 문무왕은 대규모 전쟁을 지휘한 왕들로, 강력한 왕권을 구사했다. 명을 받들지 않는 귀족들은 처단했고 왕의 힘을 키웠다. 전쟁이라는 비상 상황에서 이룩한 왕권 강화라 하겠다. 통일신라는 갑자기 몇 배로 늘어난 영토를 다스리기 위해 관료제를 정비해야 했다. 이를 위해 많은 인재가 필요했고, 6두품 출신 인재를 적극적으로 활용해야 했다. 하지만 근본적으로 진골 귀족들만이 나라를 운영하는 시스템에서 벗어나지 못했다. 왕권이 강해지기는 했어도 귀족 세력을 완전히 제압할 정도는 아니었다. 왕국의 동남쪽에 위치한 수도 서라벌은 나라를 다스리기에 불리했지만 천도는 귀족들의 반대로 좌절되었다.

나당전쟁 이후 불안해진 국제 정세는 시간이 지나면서 안정되었다. 북쪽에 세워진 발해, 남쪽의 일본과도 평화적인 외교 관계가 수립되었다. 물론 불안한 요소가 없는 것은 아니었지만 각국이 굳이 전쟁을 택하지 않고 아슬아슬한 평화를 유지했다.

무열왕계의 강력한 왕권 아래서 통일신라의 문화도 크게 발전했다. 현재 국립경주박물관에 있는 성덕대왕신종은 통일신라시대에 발전한 문화의 정수를 상징한다. 이 종을 보고 있으면 통일신라의 숨결을 절로 느낄 수 있다. 이보다 더 큰 종도 만들어졌다는 기록이 있으나 실물은 전해지지 않는다.

왕조 국가의 문제는 왕의 자질에 나라의 존망이 달려 있다는 것이다. 왕권을 오롯이 책임질 수 있는 인물이 왕이 된다면 큰 문제가 없으나 자질이 부족한 인물이 왕으로 즉위하면 정국이 불안해진다. 통일신라도 마찬가지였다. 8세의 혜공왕이 즉위하자 신라는 바로 어지러워졌다. 혜공왕이 즉위한 뒤 진골 귀족들의 반란이 끊이지 않았다. 급기야 혜공왕이 살해되어 태종 무열왕의 직계 혈통이 왕좌에서 물러나게 되었다. 혜공왕 이후 진골 귀족 간의 왕위 다툼이 치열해졌다. 무열왕계를 완전히 물리치며 왕좌를 차지한 인물은 바로 원성왕이었다. 이후 원성왕의 후손이 신라 멸망 때까지 왕좌를 유지했다. 하지만 원성왕계는 무열왕계와 달리 강력한 왕권을 구사하지 못했다. 왕좌는 불안했고, 거듭된 도전을 받았으며, 급기야는 지방세력까지 왕권 쟁탈에 끼어들었다. 청해진의 장보고가 가장 대표적인 사례다.

중앙 정부가 혼란을 거듭하는 사이 지방은 점점 더 피폐해졌다. 견딜 수 없게 된 지방은 반란을 선택했다. 농민 반란이 일어나기 시작하자 통일신라는 결국 더 이상 체제를 유지하지 못했고 후삼국의 시대로 넘어가게 된다.

통일신라의 기틀을 확립한 문무왕과 신문왕

문무왕 사후 왕위에 오른 신문왕의 재위 기간은 약 12년에 불과하다. 하지만 그는 통일신라의 기틀을 확립했다. 귀족 세력을 숙청하여 강력한 왕권을 구축했다. 관료제도, 군사제도, 교육제도 전반을 정비했다. 통일신라의 전성기는 신문왕 없이 불가능했다.

삼국통일 이후의 상황

삼국통일을 달성한 신라는 670년(문무왕 10년)에 '안승安勝'을 고구려왕으로 임명해 고구려를 제후국으로 거느렸다. 그런데 674년에는 안승을 '보덕왕報德王'으로 봉했다. 고구려라는 이름을 지우고 '명령에 따른다'는 의미의 왕호를 내린 것이다. 신라는 이렇게라도 삼국통일의 기쁨을 누리고자 했다. 또한 왕을 거느린 '대왕'으로서, 일종의 외왕내제外王內帝 체제를 견지했다고 볼 수도 있다. 외왕내제란 국내에서는 황제처럼 행동하고 대외적으로는, 특히 중국을 상대할 때는 자국 군주를 왕으로 칭하는 체제를 가리킨다.

안승의 보덕국은 671년부터 일본에 사신을 9회 파견했다. 왜는 670년을 기점으로 자국을 '일본'으로 부르기 시작했는데, 일본은 보덕국 사신을 고구려 사신으로 간주했다. 즉 고구려가 자국에 조공을 바쳤다고 이해했다. 그렇지만 당시의 '보덕국'이란 오늘날 전북자치도 익산 지방에 있었던 작은 집단에 불과했다.

문무왕은 백제와 고구려의 귀족들에게 신라의 작위를 하사했다. 신라는 왕경 서라벌(경주)과 지방에 각각 다른 벼슬 체계를 적용했는데, 이 시점에 벼슬 체계를 통합하여 왕 아래 모두 똑같은 신민이라는 점을 부각했다. 문무왕이 이러한 통합정책에 심혈을 기울이지 않았다면 신라는 나당전쟁에서 승리하기 어려웠을 것이다.

신라의 17관등

관등	관직명	성골	진골	6두품	5두품	4두품
1	이벌찬, 이벌간, 우벌찬, 각간, 각찬, 서발한, 서불한	▨	▨			
2	이척찬(이찬)	▨	▨			
3	잡찬(잡판), 소판	▨	▨			
4	파진찬, 해간, 파미간	▨	▨			
5	대아찬	▨	▨			
6	아찬(아척간)			▨	▨	▨
7	일길찬(을길간)			▨	▨	▨
8	사찬(살찬), 사돌간			▨	▨	▨
9	급벌찬(급찬), 급복간			▨	▨	▨
10	대나마(대나말)			▨	▨	
11	나마(나말)			▨	▨	
12	대사(한사)					▨
13	사지(소사)					▨
14	길사(계지), 길차					▨
15	대오(대오지)					▨
16	소오(소오지)					▨
17	조위(선저지)					▨

《삼국사기》의 〈신라본기〉에 따르면 신라의 제3대 유리왕이 17관등을 설치했다고 기록되어 있다. 관직의 분류에 따라 착용할 수 있는 관복의 색이 달랐다. 또한 골품제에 따른 관직 제한 규정이 있었다. 성골과 진골은 1등 이벌찬까지, 6두품은 6등 아찬까지, 5두품은 10등 대나마까지, 4두품은 12등 대사까지 입직할 수 있었다. 신라는 수도와 지방의 벼슬 체계를 구분했으나 삼국통일 후 문무왕은 벼슬 체계를 통합하였다.

676년 신라는 나당전쟁에서 승리했다. 679년에는 탐라(제주도)도 복속시켰다. 탐라는 662년(문무왕 2년)에 이미 항복했었는데, 아마 눈치를 보다가 따로 독자세력화를 시도했던 모양이다. 그래서 일각에서는 679년의 복속이란 단지 조공을 받았다는 점을 표현하는 것이라 해석하기도 한다. 한편 나당전쟁이 신라의 승리로 끝나면서 당 태종의 약속대로 평양 이남까지는 신라의 영토가 되었으나 문무왕은 예성강까지만 확보하고 그 이상으로 올라가지 않았다. 당나라를 자극하지 않기 위함이었다. 그로 인해 예성강부터 평양까지는 무주공산의 버려진 땅으로 전락했다.

전쟁은 끝났으나 평화는 온전하지 않았다. 백제의 유민 중 왜로 달아난 사람이 많았고, 왜는 백제와 신라의 전쟁 당시 백제에 대규모 원군을 보내기도 했었다. 백제의 잔당과 왜 연합군이 언제 침략할지 모르는 상황이었다. 더구나 만일 왜와의 전쟁이 발발한다면 당나라가 어떤 태도를 보일지 신라는 알 수 없었다. 당나라 원군이 올 리는 만무했다. 등 뒤에서 협공을 당하지 말라는 법도 없었다. 따라서 왜에 대한 경계는 신라의 존망이 걸린 안건이었다. 문무왕은 왜에 대한 경각심을 잊지 않아야 한다는 사실을 주지시키고자 화장 후 유골을 동해 암초에 뿌리도록 했다.

> 짐은 죽은 후에 호국대룡이 되어 불법을 받들고 나라를 지키리라.

문무왕의 유골이 뿌려진 곳이 경주 감은사 인근 바다에 있는 대

경주 문무대왕암 | 국가유산청

《삼국유사》에 따르면 문무왕은 자신이 죽은 후 동해에 묻으면 용이 되어 왜구를 막겠다는 유언을 남겼다. 대왕암은 인위적으로 물길을 조성한 곳으로, 문무왕을 화장한 뒤 유골을 뿌린 일종의 허묘라 볼 수 있다.

왕암이다. 1967년 언론에서 "대왕암 밑에 유골함이 있다."라는 보도를 했는데, 아직도 그런 것이 있다고 믿는 사람들이 있다. 하지만 2001년 과학조사 끝에 대왕암 밑에는 아무것도 없다는 사실이 증명되었다.

문무왕은 또한 668년을 기점으로 왜국에 사신을 보냈다. 삼국통일을 완수한 직후라 왜와의 친선을 유지할 필요가 있었기 때문이다. 흥미롭게도, 왜 역시 신라의 공격을 두려워했다. 신라가 언제 바다를 건너 침략할지 몰랐으니 왜도 철저하게 대비하며 전전긍긍했다. 신라 사신 김동엄金東嚴이 오자 왜국에서 그를 극진히 대접했다. 그는 왜국에서 보내는 선물을 가지고 귀국했다. 김유신에게는 배 1척을, 문무왕에게는 비단 50필과 면 500근 그리고 가죽 100매를 선물했다. 이후 문무왕은 11차례에 걸쳐 일본에 사신을 보냈다. 일본 역시 신라에 사신을 자주 보냈는데, 문무왕 때만 견신라사遣新羅使가 6회 파견되었다.

거득공의 잠행

문무왕은 배다른 동생인 거득공車得公을 불러 백관을 통솔하는 총재(재상)의 지위에 오르라 명령했다. 이때 거득공이 이렇게 답했다. 문헌에 따라 거득공을 '차득공'이라 읽기도 한다.

> 폐하께서 만약 소신(거득공 본인)을 재상으로 삼고자 하신다면, 소신은 국내를 가만히 다니면서 민간 부역의 괴로움과 편안함, 조세의 가벼움과 무거움, 관리의 청렴함과 탐오함을 살펴본 뒤에 (총재직에) 취임하고자 합니다.

문무왕에게 고한 각오대로 거득공은 명주(강릉), 춘주(춘천), 북원경(충주)을 거쳐 무진주(오늘날 광주광역시)에 이르렀다. 그가 거쳤던 곳은 통일신라의 도시 중 변방에 자리한 큰 도시들이었다. 새로 편입된 고구려 영토까지는 가지 못했고, 백제 영토 중 핵심 요충지가 아닌 변방으로 향했다. 즉 이때까지는 그 지역의 민심이 흉흉해 여행하기 좋지 않았다는 사실을 뜻한다.

거득공은 무진주 관리 '안길安吉'을 만났다. 무진주에 온 거득공은 승려 복장에 비파를 든 상태로 여행했다. 아무도 거득공을 신라 왕실의 존귀한 사람이라 알 수 없었는데, 안길은 그가 특이한 사람이라는 사실을 한눈에 파악하고 집으로 모셔가 극진히 대접했다. 밤이 되자 안길은 자신의 처첩 세 사람을 불러 모았다.

오늘 밤에 거사손님(승려로 위장한 거득공)을 모시고 자는 사람은 나와 종신토록 백년해로할 것이오.

두 명의 아내는 단번에 거절했다.

차라리 함께 살지 못할지언정 어떻게 (남편이 아닌) 딴 사람과 함께 잔단 말인가요?

하지만 세 사람 중 한 명은 안길의 말에 따랐다.

공(안길)께서 만약 종신토록 같이 살기를 허락하신다면 명을 따르겠습니다.

이렇게 하여 거득공은 안길의 부인 중 한 사람과 밤을 보냈다. 신라는 원래 일부일처제 사회였으므로 백제의 문화가 좀 달랐던 것으로 볼 수 있다. 그렇지만 문명화된 나라에서는 손님에게 잠자리 상대로 아내를 제공하는 일이 흔치 않기 때문에 이 일화는 매우 특이하다. 물론 백제도 간음을 엄하게 처벌했다. 만일 여자가 간음하면 종으로 삼았다. 백제의 전신인 부여에서는 성별을 가리지 않고 간음한 자를 사형하기도 했다. 백제 멸망을 앞둔 당시, 계백 장군은 부인이 모욕을 당하지 않도록 방비한다는 차원에서 아내를 직접 살해하고 전장에 나섰다. 백제 개루왕이 평민 사내 '도미'의 아내를 탐했다는 '도미 부부 설화'만 보더라도, 백제 사회에서 여성의 정절과 절개가 얼마나 중요했는지 알 수 있다.

아무튼 아내를 바친다는 것은 참으로 이해하기 어려운 일이 아닐 수 없다. 만일 안길에게 과년한 여식이 있었다면 거득공에게 바칠 여자는 그 딸이 되었을 것이다. 미혼인 딸을 귀인에게 바치는 것은 당시 사회상으로는 그럴 수 있는 일이었다. 그런즉 당시 안길에게는 자식이 없었던 것으로 볼 수 있다. 자식이 없는 청년임에도 아내가 셋이나 있었다면, 안길이 그 지역에서 굉장한 세력을 거느린 인물이었음을 알 수 있다.

거득공은 안길의 접대를 흡족하게 받았고, 그에게 신라 수도 서라벌로 오면 자신을 찾아오라 말했다. 이때 본명이 아닌 '단오'라는 가명을 알려주었다. 통일신라는 지방을 제어하기 위해 지방 관리 중 하나를 서라벌로 불러들이는 '상수리 제도'를 시행했다. 순번상 자기 차례가 돌아오자 안길은 서라벌에서 '단오거사'를 찾았으나 행방을 알 수 없었다. 그러다 현명한 노인을 만나 '단오'가 곧 거득공을 가리킨다는 사실을 알게 되었고, 결국 두 사람은 재회하였다. 거득공은 자신의 부인과 함께 안길을 맞이해 큰 잔치를 벌여주었고, 그를 위해 왕에게 청해 서라벌 안의 토지까지 내려주었다.

문무왕 입장에서는 백제 유민이 신라 왕족을 극진히 대접했으니 반드시 안길에게 상을 내려야 했다. "너희가 우리(신라인)를 받아들이면 우리도 너희(백제인, 고구려인)에게 보답할 것이다."라는 확고한 메

시지가 거득공과 안길의 이야기에 담겨 있다. 전쟁으로 폐허가 된 사비나 웅진과 달리 신라에 순응한 무진주는 주요한 지역으로 격상되었다. 훗날 후백제를 세운 견훤의 근거지로 발전하는 데에도 영향을 미쳤을 것이다.

신문왕의 개혁

전쟁이 끝나면 비대하게 성장한 군사 집단이 남는다. 장군과 병사는 오랫동안 싸우며 끈끈한 관계를 형성하는데, 왕권 강화의 차원에서 본다면 군사들의 유대감은 도리어 불안 요소가 된다. 실제로 670년(문무왕 10년) 문무왕은 한성주 총관이었던 장군 수세藪世의 목을 베었고, 673년에는 아찬阿湌이었던 대토大吐의 반란을 진압했다. 나당전쟁이 한창인 와중에 장군들이 반란을 일으킨 것이다. 평화로운 시기의 반란보다 훨씬 위험하고 심각한 사건이었다. 전쟁이 끝난 후 장군들에게서 병권을 회수하고 왕권을 높이는 일은 무엇보다도 시급한 사안이 되었다. 문무왕이 남긴 유조에는 "병기를 거두어 농기구를 만들라."라는 내용이 있었다. 병기를 거두라는 뜻은 군사력을 줄이라는 의미였다. 실제로 문무왕은 군사 대신에 관료 양성에 주력했다. 무력이 아닌 법으로 다스리는 세상을 만들고자 했던 것이다.

문무왕 사후 즉위한 신문왕은 자신의 장인 김흠돌을 제거했다. 김흠돌은 신라군의 중심이라 할 수 있는 대당장군大幢將軍이었다. 김흠돌은 반란을 일으켰는데, 김흠돌의 난에 가담한 세력에는 병부령 김군관, 계금당 총관 출신 김흥원 등이 있었다. 문무왕의 관료 양성 정책으로 전통적 기득권이었던 진골 귀족들의 힘이 날로 약화했고, 위기감을 느낀 그들은 김흠돌을 중심으로 뭉쳤다. 이런 세력은 늘 왕권이 교체되는 시기를 기해 발톱을 드러내는 법이다. 신문왕 역시 이 시점에서 강공을 퍼부어야 했다. 신문왕은 주모자뿐만 아니라 그들의 일가친척까지 모조리 숙청했다. 김흠돌의 딸, 즉 왕비 역시 바로 폐출됐다. 둘 사이에 자식이 없었던 이유도 부부 관계가 좋지 않았기 때문이었을 것이다. 새로운 왕비는 태종 무열왕 김춘추의 사위인 김흠운의 딸로, 신문왕의 고종사촌이었다. 즉 신문왕은 같은 가문 내 여성과 재혼하여 왕권을 강화했다.

김흠돌의 난을 평정한 신문왕은 보덕국왕 안승을 서라벌로 불러서 벼슬과 김씨 성을 하사해 그를 진골로 인정했다. 하지만 금마저(오늘날 익산)에 있던 보덕국의 백성은 신문왕이 안승을 서라벌에 머물게 한 것을 위기의 징조로 느꼈다. 그리하여 안승의 조카인 장군 '대문大文'이 반란을 일으켰다. 대문의 반란은 금방 진압되었는데, 대문이 처형당하자 백성들이 다시 격분하며 반역의 불길이 부활하고 말았다. 두 번째 진압 작전에는 백제와 신라의 황산벌 전투 당시 목숨을 바쳤던 김반굴 장군의 아들, 김영윤金令胤이 참전했다. 김영윤은 전쟁에서의 솔선수범이 가문의 명예라고 상시 말했는데, 그는 작전상 후퇴해야 한다는 명령을 받아들이지 못해 홀로 싸우다 전사했다. 이런 충성스럽고도 무모한 군인의 도움으로 신라는 보덕국의 반란을 잠재웠다. 보덕국 백성은 남쪽으로 강제이주를 당했고, 보덕국의 지명은 '금마군'으로 바뀌었다.

숙청을 완수한 신문왕은 왕실 직속 세력과 김유신 가문의 힘을 이용해 과감한 개혁을 추진했다. 군사 분야에서는 기존 군사조직인 6정六停 대신 국왕 직속의 군대인 9서당을 조직했다. 또한 682년(신문왕 2년)에는 유교 이념을 가르치는 국학을 정비했다. 신라 고승 원효의 아들인 설총은 편리한 학습을 위해 '이두吏讀'라는 표기법을 개발했는데, 이는 한자의 뜻과 음을 빌려 우리말을 표기하는 방식이다. 설총의 이두 표기법은 교육 효율을 높이는 데에 크게 기여했다.

신문왕은 '9주 5소경' 제도를 확립해 지방행정도 개편했다. 신라의 수도 서라벌은 갑작스럽게 확대된 강토에 비해 지나치게 동남쪽에 자리했고, 국토 전역을 효율적으로 관리하기가 쉽지 않았다. 따라서 신문왕은 전국을 9주九州로 나누고, 그중에서도 5소경五小京이라 불리는 '작은 수도'를 지정해 적극적으로 활용했다. 여기서 5소경은 중원경(충주), 북원경(원주), 서원경(청주), 남원경(남원), 금관경(김해)이다. 9주에는 지방군으로 '정停'이 설치되었는데, 9주의 하나인 한주漢州에는 두 개의 정이 설치되었다. 따라서 통일신라의 군사제도는 국왕 직속 9서당과 지방군 10정을 합쳐 '9서당 10정'이라 부른다. 신문왕이 국토를 9주로 나눈 배경에는 유교 문화가 있다. 고대 중국 하나라의 우왕禹王은 천하를 9주로 나누었다고 한다. 신문왕은 이를 따른 것이다. 또한 지방에 관료를 파견해 정부의 직접 지배를 관철했다. 고려 때는 모든 지역에 지방관을 파견할 수 없었는데 오히려 신문왕이 그 일을 해냈다. 수도로서의 서라벌에 한계가 있다고 느낀 신문왕은 689년에 아예 천도를 계획했다. 새로운 수도로 낙점한 지역은 달구벌, 오늘날 대구광역시였다. 하지만 무소불위의 권력을 행사하던 신문왕도 천도만큼은 성공하지 못했다.

지도2 통일신라의 행정구역

　왕권 강화를 위해서는 귀족의 힘을 약화하고 관료제도를 강화시켜야 한다. 686년(신문왕 6년), 건축·건설을 담당하는 예작부(例作部, 예작전)가 신설되어 중앙 관부가 완비되었다. 관료에게는 관료전이라는 토지를 지급해 그들의 생활을 안정시켰고 귀족들에게 하사하던 녹읍을 폐지했다. 녹읍은 토지에서 나는 수확물과 노동력을 징발할 수 있는 권리가 보장된 땅이었다. 관료전을 지급했다는 것은 해당 토지

에서 나오는 생산물을 가져갈 수 있는 권리를 준 셈인데, 귀족이 아니라 관료에게만 지급했으며 실질 지급은 국가가 녹봉(월급)으로 주었다고 볼 수 있다.

687년에는 종묘의 시초가 되는 5묘를 만들었다. 유교적 예법에 맞추어 국가의 위상을 드높이기 시작한 것이다. 5묘에 안치한 인물은 태조대왕, 진지대왕(진지왕), 문흥대왕(김용춘, 김용수라고도 한다), 태종대왕(태종 무열왕), 문무대왕(문무왕)이었다. 즉 신문왕의 직계 조상을 올린 것이다.

대외관계의 안정

나당전쟁 이후 서먹해진 당나라와의 관계도 신문왕 때에 개선되었다. 686년(신문왕 6년), 신문왕은 당나라에 사신을 보내 서책을 요청했고 당시 당나라를 지배하던 측천무후는 흔쾌히 허락했다. 그런데 692년 당나라 중종은 김춘추의 묘호 '태종'이란 명칭에 시비를 걸었다.

> 우리 태종 문황제(당 태종 이세민)께서는 신이한 공과 성스러운 덕이 천고에 뛰어났다. 이런 까닭에 승하하신 날에 묘호를 태종이라 지었다. 너희 나라가 선왕 김춘추에게 같은 묘호를 붙인 것은 매우 참람된 것이니, 모름지기 빨리 칭호를 고쳐라.

난데없는 시비였다. 이 시비는 조서가 아닌 사신의 입으로 전달됐다. 신문왕은 신하들을 소집해 대처 방안을 의논한 뒤에 이렇게 답

경주 신문왕릉 | 국가유산청

《삼국사기》에 따르면 신문왕이 죽은 후 경주 낭산 동쪽에서 장례를 치렀다고 적혀 있는데, 이 무덤은 기록과 달리 남산 남쪽 끝자락에 자리한다.

변했다. 황명이라면 따를 수밖에 없겠으나 그런 묘호가 정해진 데에는 나름의 이유가 있다는 논리였다.

> 선왕 김춘추는 자못 어질고 덕망이 있었으며, 더구나 생전에 어진 신하인 김유신을 얻어 한마음으로 정사를 돌보아 삼한을 통일하였으니, 이룩한 공적이 많지 않다고 할 수 없습니다.

신문왕이 몸을 낮추어 비위를 맞춘 덕분이었는지, 당나라에서는 태종 무열왕의 묘호에 대해 다시는 질책하지 않았다. 이렇듯 당나라와의 관계가 사신이 오가는 데까지는 개선되었으나 아주 친밀하게 회복되었다고는 할 수 없었다. 신라는 당나라와 미묘한 긴장 관계를 유지했다.

신문왕 집권기에 신라는 일본에 사신을 7회 보냈다. 신라 사신들은 일본에 여러 물품을 전했는데, 한국에서는 이를 하사품이라 보고 일본에서는 조공품이라 이야기한다. 당시 신라에서는 일본에 전달할 물품을 별도로 생산하고 관리하는 부서를 마련하기까지 했는데, 679년(문무왕 19년)에 다시 설립된 왜전倭典이 바로 그것이었다. 신라가 일본에 보낸 물품은 선진 문명의 상징으로 통하는 것도 더러 있었다. 불상, 금탑, 사리 그리고 부처의 덕을 알리고 장엄한 분위기를 연출할 때 사용하는 깃발인 관정번灌頂幡 같은 종교용품은 당시 무척이나 선진적인 물목으로 취급받았다. 물론 일본 역시 신라에 답례품을 보냈다. 일본 사신은 신문왕 때 두 번 신라에 방문했다.

신라는 일본 천황과 황후는 물론이고 황태자와 친왕들에게도 선물을 보냈는데, 이는 조공을 바치는 제후국의 행위가 아니다. 조공을 받고 답례를 하던 당나라가 신라 왕족들에게 이런 식으로 물품을 하사했다. 한편 《삼국사기》에서는 일본에 사신을 보낸 기록이 별로 나오지 않는다. 반면에 《일본서기》 같은 일본 측 문헌에서는 신라 사신의 방문이 상세히 적혀 있다. 즉 신라 사신의 방문이 일본에 무척 중요한 일이었다는 것이다. 하지만 신라와 일본은 양국을 오가는 사신의 성격을 두고 동상이몽으로 해석했다. 두 나라의 오해는 결국 양국 관계를 파탄시킨다. 양국 관계가 악화하는 시점은 조금 더 시간이 흐른 뒤였다.

> 《삼국유사》의 문무왕 때 기록에는 다산에 관한 이야기가 있다. 민간의 여종 '길'이 세쌍둥이를 낳은 설화, 한기부 급간의 여종이 네쌍둥이(딸 하나, 아들 셋)를 낳아 나라에서 상으로 곡식 200석을 하사했다는 기록이 있다. 전쟁으로 인구가 급격히 감소했기 때문에 나라에서 다산을 장려했다는 뜻으로 이해할 수 있다.

설총의 〈화왕계〉

설총은 원효대사와 요석공주 사이에서 태어났다. 설총은 이두라는 표기법을 설계했는데, 설총이 유교 경전을 이두로 정리한 덕분에 신라에서 유교 문화가 크게 발전하였다. 설총은 평소 재미있는 이야기도 많이 했던 사람이었는데, 어느 여름날 신문왕은 설총에게 신기한 이야기를 들려달라고 명령했다. 그때 설총은 〈화왕계花王戒〉라는 설화를 들려주었다.

설총 옛날 화왕(花王, 모란)이 처음으로 (지상에) 왔을 때 일입니다. 화왕은 향기로운 정원에 심겼고, 푸른 장막의 보호를 받았습니다. 봄철 내내 아름답게 피어나니 모든 꽃을 능가할 만큼 빼어났습니다. 이에 가깝고 멀고를 가리지 않고 예쁜 꽃들이 급히 찾아와 화왕을 배알했습니다. 이때 또 하나의 빼어난 미모를 지닌 꽃이 찾아와 인사를 올렸습니다.

첩은 백설 같은 물가 모래톱을 밟고, 거울처럼 맑은 바다를 마주하며, 봄비에 목욕하여 때를 씻고 맑은 바람을 즐기며 유유자적하니, 이름은 장미라 합니다. 임금님(화왕. 모란)의 높으신 덕을 듣고 향기로운 휘장 안에서 모실까 하여 찾아왔습니다. 임금님께서 저를 받아주시겠습니까?

설총   그때 또 한 남자가 나타나서 인사를 올렸습니다. 그는 베옷에 질끈 가죽띠를 메고 흰머리에 지팡이를 짚었는데, 걸을 때마다 비틀거리고 허리도 제대로 펴지 못했습니다.

저는 서울 밖 큰 길가에 살면서 아래로 아득한 들판을 굽어보고, 위로는 드높은 산악을 우러르는데, 이름은 백두옹(할미꽃)이라 합니다. 가만히 생각하건대, 좌우에서 바치는 것이 충분하여 기름지고 맛있는 음식으로 배를 채우고 차와 술로 정신을 맑게 한다고 해도, 상자에 보관하는 좋은 약으로 원기를 보충하고 돌침을 놓아 독을 제거해야 합니다. 이러기 때문에 명주실과 삼을 가지고 있어도, 골풀과 띠풀(삘기, 어린 꽃이삭)을 버려서는 안 됩니다. 이로써 군자는 부족할 때가 없도록 대비하는 것입니다. 임금님께서도 이와 같은 뜻을 가지고 계십니까?

설총   이에 신하가 화왕에게 물었습니다. "두 사람 중 누구를 받아들이고 누구를 내치실지요?" 화왕은 이렇게 답했습니다. "장부의 말이 이치에 합당하지만 절세가인을 얻기는 어려우니 고민이 되는구나."

설총　백두옹이 다시 말했습니다.

저는 임금님이 총명하고 도리를 아시리라 생각하여 찾아왔는데, 지금 보니 그렇지 않았습니다. 대개 군주는 간사하고 아첨하는 이를 좋아하고 정직한 이는 멀리합니다. 그래서 맹자는 불우하게 일생을 마쳤고 풍당(馮唐)은 말단 관리로 있다가 백발이 되었습니다. 예로부터 그랬으니, 저라고 어쩌겠습니까?

설총　풍당은 한나라 문제 때 효자로 이름이 높았는데, 낮은 관직에 있었습니다. 한나라 무제 때 높게 천거되었을 적에는 이미 구십 살이나 되었기에 관직을 맡을 수 없었습니다. 백두옹이 이렇게 말하자 화왕이 손을 내저으며 말했습니다.

내가 잘못하였소, 잘못하였소.

　신문왕은 설총의 이야기에 깊은 뜻이 있다고 생각하여 〈화왕계〉를 글로 적어 제출하라고 했다. 두고두고 보면서 주의하기 위해서였다. 앞서 언급한 설총처럼 신라의 학문을 대표하는 인물로는 최치원 외에도 강수強首가 있다. 그는 신라의 삼국통일 전쟁기에 외교문서를 전담하여 두각을 드러냈는데, 692년(신문왕 12년)에 사망했다.

통일신라의 전성기를 구축한 효소왕과 성덕왕

효소왕이 즉위했을 때의 나이에 대해서는 이견들이 있다. 효소왕의 나이에 따라 효소왕의 동생으로 왕위에 오른 성덕왕의 나이도 결정된다. 신문왕의 뒤를 이어 통일신라의 전성기를 이끈 왕들이지만 그 역사에는 이상한 그림자가 드리워져 있다.

효소왕의 즉위를 둘러싼 기이한 비밀들

신문왕 사후 왕위는 아들 효소왕에게 넘어갔다. 《삼국사기》에 따르면 효소왕은 6세의 어린 나이에 즉위하여 16세에 사망했다. 그런데 어린 나이에 즉위했다면 모후의 수렴청정 같은 기록이 수반되어야 하는데 《삼국사기》에는 이런 기록이 없다. 정작 신라 진흥왕은 7세에 즉위하였을 때 왕태후가 섭정을 맡았다고, 분명히 기록으로 전해지는데도 말이다.

이와 관련해 《삼국유사》에 특이한 기록이 있다. 정신대왕淨神大王의 아들들에 관한 이야기인데, 여기서 정신대왕이란 신문왕을 가리킨다. 이 이야기에서 신문왕(정신대왕)에게는 '보천寶川'과 '효명孝明'이라는 아들이 있었고, 훗날 효명이 왕으로 즉위한다. 사료들의 기록을 비교해 보면, 효명이 곧 효소왕이다.

보천과 효명은 세상사에 염증을 느껴 불교에 귀의하고자 오대산五臺山에 숨어들었다. 《삼국유사》에서는 보천과 효명이 오대산에 숨은

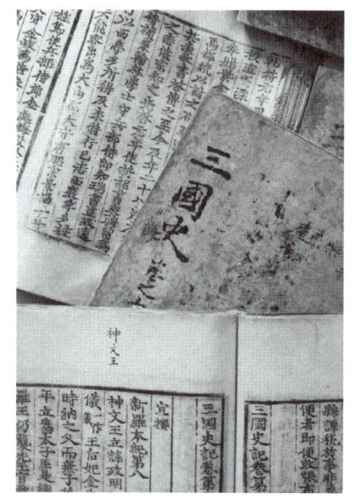

《삼국사기》(좌)와 《삼국유사》(우) | 국가유산청

《삼국사기》는 고려 인종의 명을 받은 김부식이 여러 학자와 함께 1145년에 편찬한 역사서로, 한국에 현존하는 가장 오래된 역사서다. 편찬 당시 존재하던 여러 사료를 반영해 삼국시대의 역사를 가능한 사실적으로 기술했다. 《삼국유사》는 승려 일연이 1281년에 편찬한 역사서로, 《삼국사기》와 달리 역사뿐만 아니라 불교 관련 기록, 설화, 향가 등이 기록되었다.

까닭이 왕실의 분란과 관련이 있다고 말한다. 신문왕의 남동생이 왕위를 노렸다고 하는데, 《삼국사기》를 보면 신문왕에게 아우가 있었다는 기록이 보이지 않는다.

《삼국사기》에는 신문왕 말년에 아무런 혼란이 없을 뿐만 아니라 죽기 1년 전에 효소왕을 태자로 임명한 상태라고만 서술되어 있다. 하지만 《삼국유사》의 기록은 다르다. 앞서 말한 것처럼 신문왕 말년에 신문왕의 남동생이 왕위를 노렸고 난리가 나자마자 보천과 효명이 오대산에 숨었다. 그런데 남동생이 난리 통에 죽고 신문왕마저 죽자 신하들이 오대산으로 찾아가 보천과 효명을 만났다. 보천은 끝내 사양했고, 효명이 어쩔 수 없이 왕위에 올랐다. 당시 효명의 나이는 16세였다. 《삼국사기》에 따르면 신문왕은 687년(신문왕 7년)에 또 아들을 낳았으므로 그 아들을 왕위에 올려도 됐을 것이다. 그렇지만 남동생의 반란으로 민심이 흉흉한 상황에서 여섯 살에 불과한 아들을 곧장 왕으로 올릴 수 없었던 것이 아닐까 추측된다.

여기서 참고할 내용이 《삼국유사》에 하나 더 있다. '만파식적萬波息笛'이라는 신비한 피리 이야기가 그것이다. 신문왕은 즉위 2년 만에 만파식적을 얻었다고 한다. 김흠돌의 난을 진압하고 권위를 높일 계기가 필요해서 만들어진 설화일 터인데, 이 설화를 보면 태자 '이공理恭'이 신문왕께 만파식적을 얻으신 것을 감축드리는 장면이 기록되어 있다. 참고로 《삼국사기》에서 '이공'은 '이홍理洪'이라는 이름으로 등장한다.

효소왕의 어머니는 신목태후神穆太后인데, 효소왕이 16세에 즉위했다면 시기상 신문왕의 왕비가 되기 전에 효소왕을 낳았을 것이다. 그렇다면 신목태후는 신문왕의 후궁으로 지내다가 왕비로 승격된 사례라 할 수 있다. 정리하자면 신문왕이 두 번째로 맞이한 왕비인 신목왕후(신목태후) 슬하에는 효명(이홍=이공=효소왕), 융기(성덕왕) 외에도 '보천'이라는 아들이 하나 더 있었던 셈이다.

한편 앞서 말한 것처럼 《삼국사기》에는 신문왕 말년에 내분이 있었다는 기록이 없다. 하지만 《삼국유사》에는 달리 해석할 수 있는 이야기가 적혀 있다. 신문왕 때 주술에 능한 '혜통惠通'이라는 승려가 있었다. 혜통은 당나라에 있을 때 당나라 공주의 병을 치료한 적이 있었다. 공주의 병은 교룡蛟龍의 재주였고, 혜통은 교룡을 쫓아냈다. 쫓겨난 교룡은 신라에 와서 행패를 부렸다. 이때 정공鄭恭이라는 신라 사신이 혜통에게 찾아가 교룡을 없애 달라 청했고, 이에 혜통이 귀국하여 교룡을 쫓아냈다. 교룡은 혜통에게 자기 존재를 일러바친 정공을 괴롭히고자 정공의 집 앞에 있는 커다란 버드나무로 변신했다. 정공은 교룡의 술수에 빠져들어 결국 버드나무를 아끼고 사랑했다. 신문왕 사후, 신문왕의 능묘를 조성하는 길목에 하필이면 그 버드나무가 있었다. 길을 내야 하므로 나라에서 버드나무를 베려고 하자 정공이 절대 안 된다고 일꾼들을 내쫓았다.

내 머리를 벨지언정 이 나무는 벨 수 없다!

분개한 효소왕이 정공의 목을 베어버리고 아예 집까지 싹 없애버렸다. 이 일로 혜통이 앙심을 품을 것이라 생각한 효소왕은 혜통을 잡으라고 군사를 보냈다. 혜통은 지붕 위에 올라가 호리병을 꺼내 들고는 호리병의 목에 붉은 줄을 그었다. 그러자 군사들의 목에도 붉은 줄이 생겨났다.

내가 호리병의 목을 자르면 너희 목은 어떻게 될 것 같으냐?

군사들이 겁에 질려 물러났다. 효소왕도 혜통을 더는 건드릴 수 없었다고 한다. 이 설화는 미신적인 요소로 가득하지만 한 가지 사실만큼은 알 수 있다. 바로 효소왕이 즉위했을 때 귀족들이 왕명을 거부할 만큼 왕권이 강하지 않았다는 것이다. 즉 신라 왕위 계승 과정에 어떤 문제가 있었음을 시사한다.

경주 황복사지 삼층석탑 | 국가유산청

692년(효소왕 1년)에 세워졌고, 효소왕 이후 즉위한 성덕왕이 706년에 사리와 불상 등을 탑 안에 넣어 신문왕과 효소왕의 명복을 빌었다. 1942년에 석탑을 해체 및 수리하는 과정에서 금동사리함과 금동 불상 2구를 포함해 여러 유물을 발견했다. 금동사리함 뚜껑 안쪽에 탑을 건립한 이유와 과정, 유물의 성격이 적혀 있었다.

효소왕 사후 아들이 없자 사람들이 효소왕의 동생을 추대하여 왕으로 삼았다. 효소왕은 10년을 왕위에 있었는데 후사를 정하지 못하고 급작스럽게 죽었다고 볼 수밖에 없다. 물론 죽었을 때 나이가 26세로, 한창 젊은 때에 후사를 둘 필요는 없었을 것이다.

효소왕의 죽음에 관하여 《삼국사기》 외에도 경주 황복사지 삼층석탑에 담긴 금동사리함의 금석문 기록을 참고해야 한다. 이 석탑 안에 들어있던 금동사리함에는 석탑의 건립 경위를 알 수 있는 기록이 적혀 있는데, 이를 보면 효소왕이 702년 7월 27일에 사망했다는 사실을 알 수 있다. 그런데 일본 측 문헌《속일본기》에서는 "신라 효소왕이 지난 가을(702년) 병에 걸려 올해 봄(703년)에 죽었다."라고 적혀 있다. 두 기록의 차이는 의미심장하다. 한동안 신라의 왕좌가 궐위 상태에 있었다는 뜻일 수도 있기 때문이다. 일본에 간 신라 사신이 자국 사정을 상세히 설명할 필요는 없었기 때문에 이러한 기록 간 차이 및 공백이 생긴 것으로 봐야겠다.

효소왕 사후 그의 동생이 성덕왕으로 즉위했는데, 성덕왕은 국인國人의 추대로 왕위에 올랐다고 기록되어 있다. 여기서 '국인'이란 귀족이나 관료를 포함한 지배층을 가리킨다. 즉 능동적으로 왕위에 오를 처지가 아니었다는 뜻이다. 따라서 앞서《삼국유사》에 나오는 보천·효명 형제의 오대산 잠행에 관한 설화는 성덕왕의 즉위를 둘러싼 이야기에 혼선이 빚어져 만들어진 이야기일 수 있다.

효소왕 말년의 기록은 흉흉하다. 699년(효소왕 8년) 동해가 핏빛으로 변하고 병기고 안의 북과 뿔피리가 저절로 소리를 냈다고 전해진다. 이런 설화는 반란의 조짐을 가리킨다. 실제로 다음 해 700년 5월 이찬 경영慶永이 반란을 일으켰다가 처형되었다. 그해 6월 1일에는 어머니 신목태후가 죽었다. 702년 7월에는 효소왕이 죽었는데, 후사를 정하지 못한 급사였다. 그러나《삼국사기》는 효소왕의 치세에 있었던 긍정적인 측면만 서술하였다. 효소왕 당시 서라벌에는 기존에 존재한 '동시'에 더해 '서시'와 '남시'라는 시장이 추가됐다. 새로운 시장이 늘어났다는 것은 그만큼 부와 번영을 누렸다는 뜻이다.

만파식적과 부례랑 납치 사건

698년 발해가 건국됐다. 고구려 멸망 후 잠잠했던 북방의 판도가 단숨에 변화한 것이다. 당나라는 그동안 요동 땅에 공들였던 정성이 모두 무위로 돌아갈 위기에 직면했다. 신라의 도움이 다시 필요해진 것이다. 효소왕은 이때를 놓치지 않고 699년(효소왕 8년) 당나라에 사신을 보내 조공을 바쳤다. 한편으로는 대조영에게도 진골 귀족이 받을 수 있는 최고위 벼슬인 '대아찬'을 하사해 적대감을 내비치지 않았다. 대조영 역시 건국 직후 바쁜 시기에 남쪽 신라와의 안정적인 정세를 유지하는 것이 나쁘지 않았으므로 군소리 없이 이 벼슬을 받아들인 듯하다.

그렇지만 통일신라의 북쪽 경계는 아직 안정되지 않았다. 통일신라의 행정력은 원산에서 예성강까지만 미치고 있었을 뿐이지, 그 너머는 무정부의 무법지대였다. 이를 알 수 있는 상징적인 사례가 '국선 부례랑 납치 사건'이다.

693년(효소왕 2년) 화랑의 으뜸이었던 국선國仙 부례랑夫禮郎은 1,000명의 낭도를 거느리고 금강산을 거쳐 원산 쪽으로 올라갔다가 적狄敵에게 납치당했다. '적狄'은 북쪽 오랑캐를 가리키는 한자다. 이들이 말갈족인지 고구려 유민일지는 알 수 없다. 다만 화랑을 습격해 우두머리를 잡아갈 정도의 능력을 갖춘 무장 집단이 북쪽 국경 너머에 있었다는 사실만큼은 확실하다. 이때 부례랑의 부하 중 승려 안상安常이 홀로 부례랑을 찾으러 나섰고, 다른 낭도들은 왕경으로 돌아갔다. 부례랑 납치 소식을 들은 효소왕이 탄식했다고 한다. 이때부터 설화적인 요소가 이야기에 들어간다. 효소왕은 탄식 후 이렇게 말했다.

> 선왕(신문왕)께서 만파식적(萬波息笛)을 얻어 현금(玄琴)과 함께 천존고(天尊庫)에 보관했는데, 무슨 일로 국선(부례랑)이 적의 포로가 되었단 말이냐? 이 일을 어찌해야 좋은가?

천존고는 신라의 보물을 모아두는 창고다. 여기서 등장한 현금은 거문고를 가리키는데, 어떤 내력을 지닌 보물인지는 알 수 없다. 그러나 만파식적의 유래는 분명하다. 만파식적은 신문왕 때 얻은 보물이었다. 신문왕은 문무왕을 장사 지낸 대왕암 앞에 '감은사感恩寺'라는 절을 세웠는데, 그 절을 향해 섬 하나가 떠내려왔다. 이를 본 신문왕은 당시 천문을 관측하고 운수를 점치던 일관日官에게 점을 치게 했다. 이에 일관이 점괘를 보고했다.

> 돌아가신 선왕께서 용이 되어 나라를 지키고 있습니다. 천신이 된 김유신 공과 함께 나라를 지킬 보배를 내려주시고자 합니다.

감은사로 떠내려오던 섬에는 대나무가 있었는데, 낮에는 둘이었다가 밤이 되면 하나로 합쳐졌다. 신문왕이 배를 타고 섬에 들어가자 용이 나타나 검은 옥대를 바쳤다. 왕이 대나무에 관해 묻자 용이 대답했다.

> 한 손으로는 소리를 낼 수 없다. 두 손을 맞부딪쳐야 소리가 나

는 것이 이치다. 이 대나무로 피리를 만들면 천하가 화평할 것이다.

이에 대나무를 베어서 궁으로 돌아왔다. 돌아오는 길에 태자가 맞이하여 옥대를 살펴보더니 말했다.

이 옥대에 붙어있는 쪽들이 모두 진짜 용입니다.

신문왕이 태자에게 그것을 어찌 알고 있냐고 되묻자, 태자는 옥대의 쪽 하나를 떼어 시냇물에 넣었다. 즉시 용이 나타나 하늘로 올라가고 시내는 연못으로 바뀌었다. 신문왕은 돌아온 뒤에 대나무로 피리를 만들어 천존고에 보관했다. 이 피리를 연주하면 병이 낫고 적군이 퇴각했다. 가뭄에는 비가 내리고 장마철에는 날이 개며 풍랑은 잠잠해졌다. 이에 "만 개의 파도가 잠잠해진다."라는 의미로 '만파식적'이란 이름을 붙였다. 이 전설은 신문왕이 왕실의 힘과 김유신 가문의 힘을 등에 업었다는 것을 말한다. 달리 말해 이런 만파식적이 사라졌다는 것은 왕실의 위기를 상징하는 셈이다.

결국 효소왕은 만파식적과 현금(거문고)에 현상금을 걸어 찾아내라고 재촉했다. 그런데 두 달 후 부례랑의 부모가 백률사栢栗寺에서 기도를 올린 뒤에 만파식적과 현금이 부례랑, 안상과 함께 나타났다. 부례랑은 적적에게 잡혀가서 목동 노릇을 하고 있었는데, 어느 날 스님 한 분이 부례랑에게 나타났다. 그 스님은 고향을 가고 싶으면 따라오라고, 부례랑을 바닷가로 안내했다. 이때 안상도 만나게 되었다. 스님은 피리를 쪼개서 각각 한 사람씩 타게 했고, 자신은 현금에 올라 탄 후 하늘을 날아서 신라로 돌아왔다.

효소왕은 크게 기뻐해 부례랑을 대각간大角干에, 안상은 승려 관직 대통大統에 임명하는 등 포상하였다. 만파식적도 '만만파파식적'으로 호칭의 격을 높였다. 없어졌던 만파식적이 돌아왔다는 이야기는 왕실과 김유신 가문의 결합이 다시 단단해졌다는 것으로 해석할 수 있다.

만파식적의 명성은 해외에서도 유명했던 듯하다. 원성왕 때 일본에서 만파식적을 요청한 일이 있었다. 오랜 세월이 지나는 동안 만파식적의 유례에 관한 기억도 희미해졌던 탓일까, 신라는 일본 사신에게 만파식적이 진평왕 때 만들어진 것이라 잘못 이야기하기도 했다. 일본은 만파식적을 보기만 하고 돌려주겠다며, 금 1,000냥을 보냈으나 신라는 일본의 요청을 단호히 거절했다.

죽지랑 이야기

효소왕 때 이르면 아무래도 전쟁이 없는 평화가 오래 이어져 화랑이라는 전투 집단의 명성이 쇠퇴한 듯하다. 이를 알려주는 사례로 '죽지랑竹旨郎' 이야기가 있다. 죽지랑의 낭도 중 득오得烏가 열흘 동안이나 얼굴을 보이지 않는 일이 있었다. 죽지랑이 이상하게 여겨 득오의 어머니에게서 득오의 행방을 물었다. 그녀는 이렇게 답했다.

> 모량리(牟梁里)의 아찬 익선(益宣)이란 사람이 (득오를) 부산성(富山城)의 창고지기로 뽑아갔는데, 일이 급해서 미처 낭(죽지랑)에게

고하지 못했습니다:

죽지랑은 부하가 공무로 차출되었다는 사실을 뒤늦게 알고, 그를 위로하고자 낭도들과 함께 득오를 만나러 갔다. 득오에게 술과 떡을 내려 함께 먹은 뒤 익선을 만나 득오에게 휴가를 달라고 청했다. 익선은 죽지랑의 청을 거절했다. 죽지랑은 익선에게 여러 선물을 바친 뒤에야 득오의 휴가를 받아낼 수 있었다.

당시 화랑의 우두머리가 이 이야기를 듣고 부당하다고 생각했던 모양이다. 익선을 붙잡아 벌을 주고자 했다. 하지만 익선이 도주해 찾을 수 없었기에 그의 장남을 잡아가서는 성 내부 연못에서 몸을 씻으라 명했다. 더러움을 없앤다는 상징적인 행위였으나 때가 한겨울이라 익선의 장남이 동사하고 말았다. 효소왕 역시 이 일에 분개했다. 모량리 사람은 다 내쫓아버리고 다시는 관청 관리로 쓰지 않게 조치했다. 모량리는 오늘날 경주시의 서쪽 지역을 가리킨다.

죽지랑은 김유신과 함께 삼국통일전쟁에서 큰 공을 세운 사람이다. 신문왕 때까지 재상으로서 국사를 돌보았다. 그런 그가 일개 지방 관리에게 뇌물을 주어야 할 정도로 무시를 받았던 셈이다. 김유신의 힘에는 화랑이 한 축을 담당했으므로 효소왕은 화랑이 괄시당하는 세태를 그대로 방관해서는 안 되었다. 하지만 변화의 바람은 자꾸만 구시대의 질서를 무너뜨리는 쪽으로 불었다. 한편 득오는 죽지랑을 사모하는 향가를 지은 바 있는데, 그 향가를 「모죽지랑가」라고 부른다.

성덕왕의 지지 세력

성덕왕은 효소왕의 친동생이다. 36년간 통치하며 통일신라의 안정을 가져오는 데에 크게 기여했다. 왕위에 오른 지 3년이 되어서야 김원태金元太의 딸을 왕비로 맞이했는데, 훗날 성정왕후成貞王后로 불리게 될 왕비는 태자를 생산했음에도 12년 후 궁을 떠났다. 특이하게도 성덕왕은 궁을 떠난 그녀에게 토지, 집 7채, 여러 물품을 하사했다. 오늘날 이혼할 때 재산을 나누는 것과 별반 다르지 않은 것처럼 보인다. 태자는 성정왕후가 궁에서 나온 다음 해에 죽었는데, 나이가 많아야 13세 정도였을 것이다. 갑작스러운 왕비의 출궁과 태자의 사망에 어떤 연관이 있을지 모르나 기록만으로는 이 이상의 내막을 알 수 없다. 성덕왕은 태자에게 효상孝殤이라는 시호를 내렸다. 여기서 상殤이란 일찍 죽었다는 뜻으로, 20세 전에 사망했음을 의미한다. 왕의 장인이자 태자의 외할아버지인 김원태는 친왕파적인 성향이 강한 사람으로, 아마도 성덕왕을 추대한 사람 중 한 명이었을 것이다. 하지만 왕비였던 딸은 출궁하고 태자였던 외손자는 사망하며 그의 정치적 기반은 몰락하고 말았다. 왕권 강화를 추구한 성덕왕은 난처한 처지에 놓이고 말았다.

성덕왕은 왕비 출궁 4년 만에 재혼했다. 김순원金順元의 딸이 소덕왕후炤德王后가 되었다. 그런데 두 번째 장인 김순원은 효소왕 말년에 있었던 경영의 반란에 연루되어 파면된 작자였다. 김순원이 반란에 깊이 관련되진 않은 탓에 파면 정도에 그쳤을 테지만 선왕 재위기에 반란과 엮였던 인물이 왕실과 혼맥을 맺은 것은 그리 쉽게 넘어갈 사안이 아니었다. 생각해볼 수 있는 가능성은 효소왕 때 정치적으로 궁지에 몰린 김순원이 성덕왕의 열렬한 지지자가 되어 정치적 재기에 성공했다는 것 정도겠다. 성덕왕은 태자의 사망으로 김원태와의 연결이 약해질 것을 염려해 죽은 태자에게 시호를 내렸다. 그러면서도 자신의 강력한 우군이 될 새로운 귀족을 찾다가 김순원 가문과 혼인한 것으로 볼 수 있다. 그런데 소덕왕후는 4년 만에 사망했다. 그녀에게는 두 아들이 있었는데 큰아들은 훗날 효성왕, 작은아들은 경덕왕이 된다.

소덕왕후가 죽은 후 성덕왕은 재혼하지 않았다. 성덕왕의 나이와 관련하여 기록마다 서술이 다른데, 성덕왕이 세 번째 왕비를 맞이하지 않은 것을 고려할 때 《삼국유사》에서 말하는 바가 더 신빙성이 있다고 볼 수 있다. 《삼국사기》의 기록을 보면 당시 성덕왕의 나이는 30대 초반이라 재혼하지 않는 것이 부자연스럽다. 그러나 《삼국유사》의 기록에 따르면, 당시 성덕왕은 40대 중반이라 결혼 생활을 더 하지 않아도 괜찮았을 수 있다.

성덕왕은 김유신의 손자인 김윤중金允中을 중용해 행정의 중심인 시중侍中을 맡겼다. 시중은 집사부執事部의 장관이고, 집사부는 왕명을 받들어 전달하고 기밀을 관리하는 관청이다. 이런 요직을 김윤중에게 맡긴 것을 볼 때, 태종 무열왕 이후 지속된 김유신 가문과의 결합이 이때도 굳건했음을 알 수 있다. 김윤중을 향한 총애가 너무도 깊은 나머지 왕실 사람들이 질투할 정도였다. 한가위 때 성덕왕이 술자리에 김윤중을 불러오라고 하자 불만의 목소리들이 터져 나오기도 했다.

지금 종실과 외척 중에 좋은 사람이 없는 것도 아닌데, 굳이 소원한 신하를 부르십니까? 가까워야 하는 사람과 가깝게 지내시는 게 좋지 않겠습니까?

이에 성덕왕은 이렇게 질책했다.

오늘날 과인과 경들이 태평한 날을 보내는 것은 윤중의 할아버지(김유신) 덕분이다. 경의 말처럼 이 사실을 망각한다면 선한 이를 잘 대우하여 그 자손에게 혜택이 미치게 하는 도리가 없는 것이다.

성덕왕은 김윤중을 불러 김유신 이야기를 해달라고 했다. 밤이 깊어 김윤중이 물러나려 하자 절영도絶影島의 좋은 말 한 필을 하사하였다. 오늘날 부산의 '영도'로 불리는 절영도는 예로부터 명마를 육성하는 섬으로 명성이 자자했는데, 그곳에서 기른 말은 너무도 빠른 나머지 그림자도 볼 수 없다고 하였다.

김유신 가문에 대한 기억은 당나라에서도 잊히지 않았다. 733년(성덕왕 32년) 당나라는 발해와의 전쟁에 신라가 참전할 것을 요구하면서 김유신의 손자 김윤중을 장군으로 삼으라 명했다. 이에 김윤중은 실제로 군사를 이끌고 발해 공격에 나섰다. 하지만 겨울철이라 폭설이 쏟아지는 통에 많은 병사가 동사하는 등 어려움이 많았다. 결국 철군하였기에 실제 접전은 벌어지지 않았다. 이때 신라는 각간 사공思恭, 이찬 정종貞宗, 윤중允中, 사인思仁 4인방을 장군으로 임명하여 본격적인 전쟁에 대비했었다.

성덕왕은 유교를 장려하고 의박사醫博士, 의학 담당와 산박사算博士, 수학 담당를 두어 실무 교육도 장려했다. 물시계를 만드는 등 과학적인 분야도 신경을 썼다.

천축국을 방문한 승려 혜초

1908년 프랑스의 동양학자 폴 펠리오P. Pelliot, 1878~1945가 중국 돈황(둔황) 석굴에서 책명과 저자명이 없는 잔간殘簡 사본을 발견했다. 그것은 신라 승려 혜초慧超, 704~787가 쓴 인도 기행문,《왕오천축국전往五天竺國傳》이었다.

혜초는 누구인가? 혜초의 정체를 최초로 밝힌 사람은 일본인이었

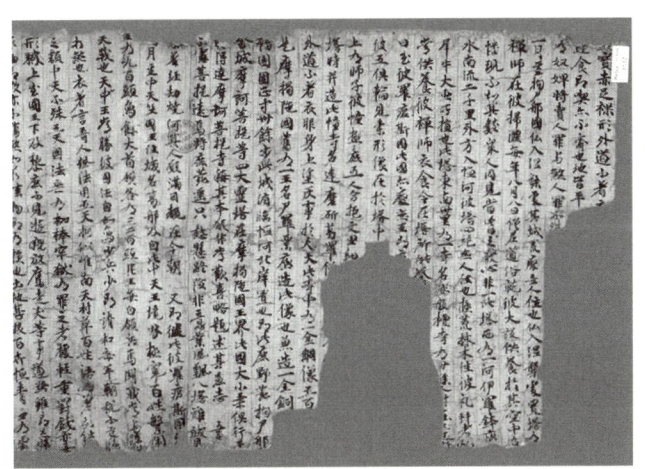

《왕오천축국전》 | 프랑스 국립도서관

8세기 신라 승려 혜초가 오늘날 인도와 중앙아시아 일대에 해당하는 다섯 천축국을 여행한 기록이다. 현존본은 앞뒤가 훼손된 두루마리 한 권의 필사본으로, 프랑스 국립도서관에서 소장 중이다.

다. 1915년 불교학자 다카쿠스 준지로高楠 順次郎는 불교의 한 계통인 밀교의 문헌 《대종조증사공대판정광지삼장화상표제집代宗朝贈司空大辦正廣智三藏和尙表制集》을 연구했다. 그리하여 혜초가 신라인이고, 중국 밀종密宗의 시조 금강지金剛智, Vajrabodhi, 671~741의 제자이며, 불경을 한자로 번역하는 한역漢譯 사업에 참여한 승려임을 밝혔다. 다카쿠스 준지로가 연구한 해당 문헌에서는 '불공不空, Amoghavajra, 705~774'이라 불리는 밀교 승려가 혜초를 자신의 6대 제자 중 하나로 거론했다. 불공은 혜초의 이름 앞에 '신라'를 적어 혜초가 신라인임을 명시했다.

혜초는 704년에 출생했는데, 학설에 따라 700년에 출생했다고 보기도 한다. 본문에서는 704년 출생을 기준으로 그의 일생을 설명하겠다. 16세가 된 719년 혜초는 당나라로 건너가 광주(광저우) 지방에서 밀교승 금강지와 그의 제자 불공을 만났다. 이 무렵에는 수많은 신라인이 불법을 찾아 인도(천축국)로 떠났는데, 혜초도 그런 행렬을 따라 인도로 간 것 같다. 금강지는 남인도(남천축) 출신으로 제자 불공과 함께 실론Ceylon(오늘의 스리랑카)과 수마트라(인도네시아의 섬, 말레이반도 서남에 있는 세계에서 여섯 번째로 큰 섬)를 거쳐 719년 중국 광주에 도착했다. 이곳에서 혜초와 운명적으로 만난 금강지는 혜초를 723년(20세)에 인도로 보낸다. 그는 아마도 스승의 길을 역순으로 간 듯하다.

혜초는 4년간의 구도 여행을 끝내고 727년(24세) 11월 상순에 안서도호부의 구자龜玆로 돌아왔다. 구자는 오늘날 신강 위구르 자치구의 쿠차Kucha다. 733년(30세) 1월 1일부터 8년 동안 당나라 수도 장

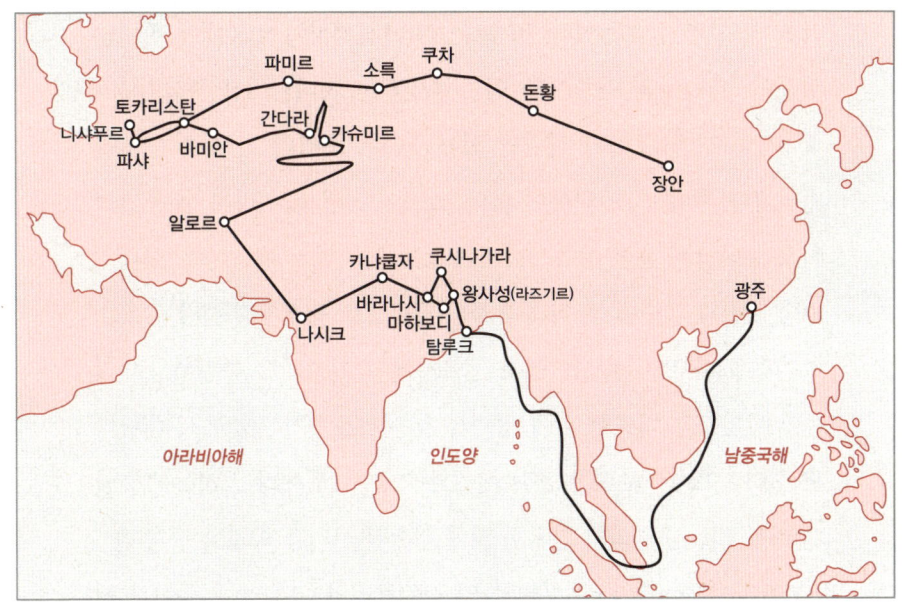

혜초는 723년 인도에 도착해 727년 안서도호부(쿠차)에 도착했다. 《왕오천축국전》의 내용을 토대로 여행 경로를 유추할 수 있다.

　안(시안)의 천복사薦福寺에서 스승 금강지와 함께 밀교경전《대승유가 금강성해만수실리천비천발대교왕경大乘瑜伽金剛性海曼殊室利千臂千鉢大教王經》을 연구했다. 740년(37세)에는 금강지의 지도를 받으며 경전의 한역을 시작했다. 741년(38세) 중추에 스승 금강지가 입적했다.

　이후 혜초에 대한 기록이 끊기다가 773년 10월에 장안의 대흥선사大興善寺에서 금강지의 제자 불공으로부터 경전을 계속 배우고 있었다고 한다. 불공은 774년 5월 7일 입적했고, 혜초는 그의 제자로 공인되었다. 그는 불공의 6대 제자 중 두 번째 위치에 있었다. 혜초는 불공이 세운 사찰을 존속시켜줄 것을 당나라 대종代宗에게 청원

제1장 통일신라　51

했다. 대종 때 심한 가뭄이 들자 〈하옥녀담기우표賀玉女潭祇雨表〉라는 글을 지어 바치기도 했다. 이 글은 신하나 백성이 임금에게 바치는 서문인 하표賀表의 일종으로, 여기서 말하는 옥녀담이란 주질현(오늘날 섬서성 주지현周至縣)의 사찰인 선유사仙遊寺 주위의 흑하黑河 연못을 가리킨다. 현재는 그 연못이 없다. 그곳에 진편金盆이라는 댐이 만들어져 옥녀담은 물론 선유사까지 모두 매몰되었기 때문이다. 다행히 해당 사찰과 기념비 등 여러 유물이 인근으로 옮겨지긴 했다.

전승에 따르면 혜초는 이곳 선유사에서 기우제를 주관했고, 7일 동안 밤낮으로 기도한 끝에 명주실 같은 감로수가 하늘에서 내렸다고 한다. 그런데 하표를 올린 시기가 774년 1월이라고 하는데, 1월에 기우제를 지낼 리가 만무한 탓에 정확한 시기를 확정할 수 없다.

780년(77세) 4월 15일, 오대산의 건원보리사乾元菩提寺에 들어간 혜초는 옛 한역본을 얻어 5월 5일까지 밀교 경전을 20일간 필수하였다. 필수란 번역한 말을 받아 적는 것을 의미한다. 그렇게 불교 경전을 연구하던 혜초는 건원보리사에서 입적했다.

혜초는 석가모니의 탄생지를 거쳐 북인도를 종단하여 인더스강까지 나아간 뒤 오늘날 남아시아 북쪽 지역인 카슈미르 지방으로 북상했다. 이후 간다라 지방을 거쳐 페르시아까지 둘러보고, 힌두쿠시Hindu Kush산맥의 비단길을 따라 천산산맥을 지나 돈황으로 들어왔다. 그는 20대 전반을 이처럼 길고 긴 여행으로 보냈다. 그는 고향 신라에 다시는 돌아가지 못했으나 《왕오천축국전》 안에 「재남천로在南天路」라는 오언시를 남겨 고국을 향한 그리움을 표했다.

달밤에 고향가는 길을 바라다 보니	月夜瞻鄕路 월야첨향로
쓸쓸한 바람소리 따라 뜬구름이 돌아가네	浮雲颯颯歸 부운삽삽귀
가는 편에 편지 한 통 보내고자 해도	緘書參去便 함서참거편
바람이 급하여 듣지 않고 가는구나	風急不聽廻 풍급불청회
내 나라는 하늘가 북쪽에 있는데	我國天岸北 아국천안북
나는 다른 나라 땅 서쪽 모퉁이에 있네	他邦地角西 타방지각서
일남(日南)에는 기러기 하나 없으니	日南無有雁 일남무유안
누가 계림(林)을 향해 날아갈 수 있으리	誰爲向林飛 수위향림비

이 시는 혜초가 남천축국 서찰루키아 왕조, 543~757을 방문할 때 쓴 한시다. 이 시에 나오는 '일남'은 남천축국의 지명이 아니라 오늘날 베트남 중부 지방을 가리키는 지명으로, 그곳은 당시 인도로 오고 가는 중요 항구 중 하나였다. 일각에서는 이를 두고 그저 남쪽이라는 뜻으로만 해석하기도 하지만 혜초가 바닷길로 인도를 방문했다는 증거로 볼 수도 있다. 한편 이 한시에서 '계림'은 '림林'으로만 적혀 있다. 오언절구의 한시이므로 형식적인 측면에서 그럴 수밖에 없었을 것이다. 혜초가 신라인이 분명하므로 림林이란 계림을 의미하고, 계림은 예로부터 신라를 부르는 고유한 단어였다. 소식을 전하러 숲으로 날아갈 일은 없을 테니 말이다.

성덕왕의 대외정책

당나라와의 관계는 성덕왕 때에 이르러 완전히 회복되었다. 여러 이유가 있지만 그중 발해 건국 이후 신라의 협조가 필요했던 까닭도 있다. 성덕왕 집권기에는 신라 사신이 당나라에 46회나 파견되었다. 문물교류도 당연히 활성화됐다. 성덕왕은 공자의 초상을 받아와 안치하는 등 유교를 진작시키고자 힘썼다.

732년 신라의 발해 공격은 폭설로 실패했으나 신라는 언제든지

당나라 황제

대수	묘호	재위 기간
1	고조	618~626년
2	태종	626~649년
3	고종	649~683년
4	중종	683~684년
5	예종	684~690년
	성신황제(측천무후)	690~705년
4	중종(복위)	705~710년
5	예종(복위)	710~712년
6	현종	712~756년
7	숙종	756~762년
8	대종	762~779년
9	덕종	779~805년
10	순종	805년
11	헌종	805~820년
12	목종	820~824년
13	경종	824~826년
14	문종	826~840년
15	무종	840~846년
16	선종	846~859년
17	의종	859~873년
18	희종	873~888년
19	소종	888~904년
20	경종	904~907년

발해를 공격할 수 있는 척 이야기하며 당나라의 신임을 얻어내는 데에 성공했다. 734년 초 신라는 단독으로 발해를 공격하려는 계획을 세웠다. 이 계획이 시행되진 않았으나 계획을 세웠다는 점이 당에 깊은 인상을 남기는 데에 성공한 듯했다. 결국 735년(성덕왕 34년) 당나라 현종은 패강浿江, 오늘날 대동강 이남의 땅을 신라에 하사한다는 조칙을 내렸다. 삼국통일전쟁 당시 당나라 태종이 약속했던 사안이 당나라 현종 때에 와서 이행되었던 셈이다. 이에 성덕왕은 패강에 군사를 두어 지키겠다는 답신을 보냈다. 당 현종은 좋은 생각이라며 얼른 찬성했다. 발해 공격에 유리할 테니 서둘러 설치하고 경과를 보고하라며 다그칠 정도였다. 성덕왕은 곧바로 윤중, 사인, 영술을 평양으로 보내 인근 형세를 살펴보게 했다. 평양 땅에 실제로 군현이 설치된 시기는 경덕왕 때였다.

반면 일본과의 관계는 악화했다. 조선시대에 신숙주가 지은 《해동제국기海東諸國紀》에 따르면, 720년에 신라가 일본을 공격했다고 한다. 720년은 성덕왕 19년, 일본은 겐쇼元正 천황 4년인 시기다. 한편 일본 규슈 미야자키현 미카도 신사에서 전승되는 전설에 따르면 718년 신라가 일본을 공격하여 백제 의자왕의 아들 '부여풍'의 손자 부여정가扶餘禎嘉가 나라현에서 남쪽에 있는 미야자키현으로 이동했다고 한다. 이 전설은 일본 축제인 '마츠리'로 재현되는데 관광지를 조성하는 과정에서 설화가 많이 가공되었다고 한다. 이곳 신사에 백제계 유물이 상당수 존재하기 때문에 근거가 아예 없다고 말할 순 없으나 많이 윤색된 전설이라는 점을 감안해야 한다.

아무튼 이런 기록을 볼 때 신라가 일본을 공격했을 가능성도 있지

미카도 신사 | 일본 미야자키현 미사토정 홈페이지

오늘날 일본 규슈섬 미야자키현 미사토정(美郷町)에 있는 신사다. 매년 음력 12월 18일을 전후해 이곳 신사에서 정가왕을 위한 추모 행사를 진행한다.

만《삼국사기》에서는 보이지 않는 점으로 볼 때 신라 정부군이 아니라 신라 해적의 습격이었을 가능성도 있다. 신라 해적은 후에 '신라구新羅寇'라는 이름으로 일본 쪽 기록에서 등장한다. 이 신라구를 제압한 인물이 청해진의 장보고였다. 한편 722년(성덕왕 21년)에는 일본의 침입에 대비해 동해에서 서라벌로 오는 경로에 모벌군성毛伐郡城을 쌓기도 했다.

일본과의 관계는 자꾸만 악화를 거듭했다.《삼국사기》에는 731년(성덕왕 30년)에 일본이 침공했으나 크게 격파했다는 내용이 적혀 있다. 또한 735년(성덕왕 34년)에는 신라 사신의 발언 때문에 양국 관계가 냉각되었다. 신라 사신 김상정金相貞이 신라를 가리켜 '왕성국王城

國'이라고 표현했는데, 그의 발언이 일본의 심기를 건드렸다. 왕성국은 왕이 있는 성이라는 뜻인데, 일본 측에서는 신라가 자국을 번국藩, 제후국 취급한다는 식으로 받아들였다. 즉 일본은 김상정의 말을 "신라가 일본보다 우위에 있다."라는 식으로 이해한 것이다. 결국 736년(성덕왕 35년), 일본은 견신라사를 보내 "신라가 예의를 잃었다."라고 따지고 돌아갔다. 일본 내부에서는 건방진 신라를 정벌해야 한다는 여론이 서서히 떠올랐다. 이 일은 후대에 결국 '신라정벌계획'으로 구체화됐다.

모벌군성 | 국가유산청

왜적으로부터 경주를 보호하고자 722년(성덕왕 21년)에 쌓은 신라 산성이다. 원래 이름은 모벌군성, 모벌관문이었는데 조선시대에 이름이 바뀐 후 오늘날까지 '관문성'으로 불린다.

723년(성덕왕 22년) 성덕왕은 신라 미녀 두 명을 당 현종에게 바쳤다. 그러나 이때만 해도 당 현종이 제대로 정치에 임하던 시기였다. 현종은 이들을 다시 신라로 보냈다. "이 여성들은 모두 신라국왕의 고종사촌으로, 일가족을 버리고 고국을 멀리 떠나왔으니 차마 (당나라에) 머무르라 할 수 없다."라고 말하며 후히 대접한 뒤 돌려보냈다.

수로부인 설화와
수로왕 설화의 유사성

성덕왕 때 김순정金順貞이라는 사람이 있었다. 강릉태수로 부임하게 되었는데, 서라벌에서 바닷길을 따라 북상하였다. 점심을 먹는 중 순정공의 아내인 수로부인은 문득 절벽 위에 핀 아름다운 철쭉꽃을 보게 되었다. 수로부인이 교태롭게 이야기했다.

저 꽃을 꺾어줄 사람이 어디 없을까?

절세미인의 부탁이었지만 절벽이 너무도 험악하게 보여 아무도 선뜻 나서지 못했다. 그때 암소를 몰고 지나가던 노인이 암소를 버려둔 채 절벽을 타고 올라가기 시작했다. 무사히 꽃을 꺾고 내려와 수로부인 앞에서 노래 한 곡조를 불렀다. 이 노래는 신라 향가 중 하나인 「헌화가獻花歌」다.

자줏빛 바윗가에 / 잡은 손의 암소 놓아두고
나를 아니 부끄러워하신다면 / 꽃을 꺾어 바치오리이다

철쭉은 진달래와 비슷하지만 먹을 수 없는 꽃이라 하여 '척촉화鄭躅花'라고도 부른다. 척촉이라는 말은 땅에 버려 짓밟는다는 뜻이다. 그만큼 하찮은 꽃이라 본 것이다. 이 이야기가 전해지는 《삼국유사》에도 "척촉화가 만개했다."라고 나와 있다. 귀부인이 원한 것은 하찮고 별 볼 일 없는 꽃이었고, 지나가던 하찮은 노인이 그 꽃을 꺾어서 바친 것이다. 즉 향가는 이런 하찮은 사람이 바치는 하찮은 꽃이라도 부끄럽지 않다면, 부디 부인께서 받아달라는 이야기를 담고 있다. 나이와 신분을 뛰어넘은 로맨스의 한 장면이다.

이로부터 이틀 후, 김순정 일행이 바닷가에 있는 정자에서 점심을 먹는데 갑자기 바닷속에서 용이 튀어나오더니 수로부인을 납치했다. 김순정은 놀라서 기절했고, 용은 수로부인을 끌고 심해로 들어갔다. 깊고도 깊은 심해라 쫓아갈 수도 없고 전전긍긍 애만 탔는데, 한 노인이 나타나 김순정에게 가르침을 주었다.

옛말에 여러 사람의 말은 쇠도 녹인다고 했습니다. 지금 바닷속에 사는 미물이 어찌 여러 사람의 입을 두려워하지 않겠습니까? 마땅히 경내의 백성을 모아 노래를 부르게 하면서 막대기로 언덕을 치면, 부인을 볼 수 있을 것입니다.

김순정이 그 말대로 백성들을 불러 노래를 부르게 했다. 이 노래가 신라 향가 중 하나인 「해가海歌」다.

거북아 거북아 / 수로를 내놓거라

남의 부녀를 빼앗아 간 죄가 / 얼마나 큰가
네가 만약 거역하고 / 내놓지 않으면
그물로 (너를) 잡아 / 구워 먹으리라

이러자 용이 부인을 받들고 나와 김순정에게 돌려주었다. 돌아온 수로부인의 옷에서는 색다른 향기가 났는데 아무도 맡아본 적이 없는 향이었다. 김순정이 수로부인에게 물었다.

바닷속은 어떻습니까?

수로 부인이 대답했다.

일곱 가지 보석으로 장식한 화려한 궁전이 있었습니다. 그곳의 음식은 달고 부드러우며, 향기롭고 깨끗했습니다. 인간 세상의 음식이 아니었습니다.

수로부인의 미모 역시 인간 세상의 것이 아니어서 깊은 산이나 큰 호수를 지나갈 때면 신령스러운 괴물들에게 붙들려가는 일이 여러 번 있었다. 하지만 김순정은 이런 일로 수로부인을 탓하거나 정조를 의심해서 내쫓지 않았다.

그런데 수로부인을 구하기 위해 불렀다는 노래가 조금 희한하다. 「해가」는 금관가야의 시조 수로왕의 설화에서 등장하는 노래와 매우 비슷하다. 수로왕 설화는 "황천이 내게 새로운 나라를 건설하고 임금이 되라 하여 이곳에 내려왔다."라는 말이 하늘에서 들리자, 사람들이 구지봉 정상에 올라 흙을 파고 땅을 두드리며 노래를 부르니 여섯 개의 알이 하늘에서 내려왔다는 내용으로 이루어졌다. 이때 사람들이 부른 「구지가龜旨歌」의 가사는 다음과 같다.

거북아 거북아 / 머리를 내밀어라
내밀지 않으면 / 구워서 먹으리라

거북이가 등장하고 구워서 먹겠다는 저주 역시 「해가」와 동일하다. 수로부인을 납치한 존재는 거북이가 아니고 용인데 왜 거북이를 거론했을까? 수로왕 설화는 신과 협상하는 노래로 전승되었을 가능성이 높다. 또한 수로부인의 이름이 마침 '수로'이니 절묘하게 차용되었을 가능성도 고려해야 한다. 일부 학자는 여기서 거론하는 '거북'이란 단어가 신神을 의미하는 순우리말 '감' 또는 '검'을 가리키는 것이라 해석하기도 한다. 그래서 용과 같은 신적인 존재도 거북으로 부른 것이라 보기도 한다.

김순정은 725년(성덕왕 24년)에 사망했는데, 일본에서는 그의 죽음을 크게 애도했다. 김순정이 신라의 친일본정책을 추진하는 재상이었던 덕분인데, 그의 사망이 신라와 일본의 관계가 악화하는 데에 일조한 감도 없지 않아 있다.

통일신라의 전성기를 완성한 효성왕과 경덕왕

성덕왕의 뒤를 이어 효성왕과 경덕왕이 왕위에 올랐다.
두 사람의 시대는 통일신라의 전성기가 계속 이어진 시기로, 경덕왕은 24년간 왕위를 지키며 신라의 여러 제도를 정비하는 데에 성공했다.
또한 당, 일본, 발해와의 관계를 안정시켰다. 하지만 거듭된 자연재해로 신라의 국력이 차츰 쇠락하기 시작했다.

효성왕의 즉위를 둘러싼 특이한 기록들

성덕왕의 뒤를 이어 아들이 왕위에 올랐는데 그가 효성왕이다. 효성왕은 왕비로 박씨를 맞이했다. 김씨 족내혼이 당연한 것 같았던 시대에 효성왕은 왜 박씨를 왕비로 맞이했을까? 더구나 효성왕은 불과 1년 만에 김순원의 손녀 '혜명惠明'을 또 다른 왕비로 맞이한다. 앞서 말한 것처럼 김순원은 성덕왕 때 외척이었는데, 대를 이어 외척 세력으로 등장했다. 성덕왕은 오랜 세월 왕위를 지키며 정국을 안정적으로 이끈 왕이다. 그런 왕이 후계의 배필 문제를 계산하지 않았을 리 없다. 효성왕 역시 왕실에서 자라나며 제왕으로서의 교육을 철저히 받았을 터. 비록 성덕왕 치세기에는 나이가 어려 혼인할 수 없었겠지만 왕위에 오른 다음에 아무 생각도 없이 가장 먼저 박씨를 왕비로 맞이하진 않았을 것이다. 이와 관련해 효성왕 2년 4월의 특이한 기록에 주목하고자 한다.

> 흰 무지개가 해를 뚫고 소부리군(所夫里郡, 오늘날 충남 부여군)의 강물이 핏빛으로 변했다.

흰 무지개가 해를 뚫었다는 것을 백일관홍白日貫虹이라고 하는데, 이는 임금에게 피해가 생긴다는 징조로 해석한다. 그리고 다음 해에 왕비가 바뀌었다. 저 글은 왕비에게 어떤 위해가 가해진 것을 의미하지 않았을까? 한편 혜명왕후 김씨와 효성왕의 사이는 좋지 않았던 듯하다. 효성왕이 총애하는 후궁이 따로 있었는데, 바로 파진찬 영종永宗의 딸이었다. 혜명왕후는 이를 질투하여 후궁을 해치려 했다. 영종은 자기 딸이 피해를 받자 분노하여 반란을 일으켰다. 하지만 바로 진압당하여 처형당했다. 후궁도 아마 내쫓기거나 죽임을 당했을 것이다.

효성왕은 즉위하고 3년이 된 739년, 친동생 헌영憲英을 태자로 삼았다. 이때 효성왕의 나이는 많아야 19세밖에 되지 않았다. 얼마든지 아이를 낳을 수 있는 나이인데 왜 동생을 태자로 삼았을까? 효성왕은 22세라는 젊은 나이에 요절했다. 원래 몸이 약해 후사가 불안했기 때문에 건강한 동생을 미리 태자로 삼았을 가능성이 있다. 병약한 왕이었다고 하면 외척 세력은 미래가 불안정하다고 느꼈을 것이다. 대를 거듭해 외척이 된 김순원이라면 빨리 후사를 보아야 한다고 생각했을 것인데, 왕은 왕비에게는 흥미가 없고 후궁만 총애하니 후궁을 제거해야 한다고 판단했을 수밖에 없다.

신라 왕실은 이처럼 외척들이 언제든지 세력을 뻗칠 수 있는, 아슬아슬한 상태를 유지하였다. 이런 상태에서 효성왕이 일찍 죽고,

그의 아우가 왕위에 올랐다. 제35대 경덕왕이다.

신충, 솔거, 김생

효성왕은 왕위에 오르기 전 현명한 선비 신충信忠과 함께 지내곤 했다. 두 사람은 궁궐 뜰에 있는 잣나무 아래에서 바둑을 두었는데, 효성왕이 이런 말을 했다.

> 훗날에 만일 (내가) 경(신충)을 잊는다면 저 잣나무가 증거가 되리라.

몇 달 후 효성왕이 즉위했다. 즉위 후 효성왕이 공신들에게 상을 내렸는데, 상을 받을 명단에 신충을 넣는 것을 잊어버렸다. 신충은 원망하는 노래를 지어 잣나무에 붙였다. 그러자 잣나무가 노랗게 시들어버렸다. 효성왕이 괴이하게 여겨 잣나무를 살펴보니 신충이 지은 노랫말이 붙어 있었다.

> 아, 내가 바쁘다고 충신을 잊었구나!

효성왕은 곧장 신충을 불러 집사부 시중이란 관직과 녹봉을 주었고, 잣나무가 다시 살아났다. 신충은 경덕왕 때 조정에서 물러나 승려가 된 후 절을 세웠다. 경덕왕이 불러도 응하지 않았고, 선왕 효성왕의 복을 빌며 은거하기를 원했다. 그가 지리산에 단속사斷俗寺를 세웠다고 한다. 신충은 단속사에 경덕왕의 어진御眞을 모셨다. 조선

시대까지만 하더라도 단속사가 존속하여 눈으로 볼 수 있었다는 기록이 있으나 현재는 절터만 남았다.

경덕왕의 어진을 그린 유력 후보로는 화가 솔거率居가 있다. 그는 한미한 출신이라 두품(신분)을 알 수 없다. 다만 어려서부터 그림을 잘 그렸고, 황룡사黃龍寺의 벽화를 그린 것으로 명성이 자자했다. 그는 황룡사 벽면에 소나무를 주제로 「노송도老松圖」를 그렸는데, 그림 실력이 어찌나 대단한지 새들이 앉으려 했다가 벽에 부딪혀 떨어지곤 했다. 또한 분황사芬皇寺의 「관음보살도觀音菩薩圖」, 단속사의 「유마상維磨像」도 그렸다고 전해진다. 황룡사가 진흥왕 치세기에 창건한

경주 분황사 모전석탑 | 국가유산청
분황사 모전석탑은 현존하는 신라 석탑 중 가장 오래된 유물이다. '모전(模塼)'이란 돌을 벽돌 모양으로 다듬어 쌓았다는 뜻이다.

사찰로 유명해 솔거 역시 진흥왕 때 인물로 아는 사람이 많다. 하지만 단속사는 경덕왕 치세기에 신충이 세운 사찰이고, 솔거는 단속사의 「유마상」을 그렸으니, 솔거 역시 경덕왕 때의 인물로 봐야 한다. 안타깝게도 현재 솔거의 그림은 전해지지 않는다.

동시대에 예술 실력으로 명성이 드높은 인물로 김생金生이 있다. 그는 서체의 명인으로, 해동서성海東書聖이라 불렸다.《삼국사기》에 따르면 김생은 711년(성덕왕 10년)에 태어났다고 한다. 활동한 시기는 원성왕 때까지 이른다. 나이 여든이 넘어서도 붓을 놓지 않았고 아흔에도 눈빛이 번개처럼 빛났다고 한다. 그의 글씨는 중국의 서성 왕희지의 서체와 흡사하였다. 훗날 고려 사신이 중국 송나라에 가서 김생의 필체를 보여주자 다들 왕희지의 글씨라 착각하고 신라 사람의 글씨라고는 믿지 못했다고 한다.

경덕왕의 치세

경덕왕은 「헌화가」의 주인공 김순정의 딸 삼모부인三毛夫人과 결혼했다. 당시 김순정은 이미 죽은 뒤였지만 그의 가문은 건재했던 듯하다. 김순정은 신라의 친일본 외교를 담당했던 인물이었는데, 그의 가문이 건재했다면 신라의 공식 외교정책도 친일본적인 행보를 보여야 했다. 그러나 경덕왕의 치세 내내 일본과의 관계는 최악이었다. 경덕왕이 즉위한 해에 일본에서 사신이 왔지만 받아들이지 않을 정도였다. 그리고 경덕왕은 다음 해에 서불한(이벌찬) 김의충金義忠의 딸 만월부인滿月夫人과 재혼했다.

《삼국유사》에서는 삼모부인이 아들을 낳지 못해 출궁했다고 적혀 있다. 그런데 당시 경덕왕은 20대 초반이었고 삼모부인은 10대였을 것이다. 따라서 자식 문제로 출궁당했다고 말할 순 없다. 새로 정실 부인으로 맞이한 만월부인과는 무려 15년 동안 후사를 보지 못했으나 그녀를 출궁시키지 않았기 때문에 더더욱 그렇다. 경덕왕도 형님이었던 효성왕처럼 삼모부인을 출궁시킨 것 같다. 삼모부인은 출궁 후 사량부인沙梁夫人이라 불렸다.

만월부인의 아버지 김의충은 경덕왕이 재혼한 당시 이미 사망한 상태였다. 즉 경덕왕은 외척의 구심점이 없는 여인들만 왕비로 맞이하였다. 물론 왕비의 아버지가 없어도 왕비의 형제가 가문의 중심이 될 순 있다. 김의충은 효성왕 생전에 집사부 시중으로 일했다. 즉 김의충은 확실한 친왕파 인물이었다.

김의충은 당나라 현종이 패강(대동강) 이남 땅을 하사한다는 조칙을 내렸을 때 그 조칙을 가지고 신라로 귀국한 인물이었다. 김순정과는 달리 친당 외교를 추구했다. 하지만 외교정책에서의 친일 또는 친당이라는 사안이 왕비 자리를 두고 경쟁할 만한 갈등 요소였는지는 의문스럽다. 신라가 당나라와의 관계를 매우 중시하긴 했으나 일본과의 관계를 당나라만큼 중시했는지도 알 수 없다. 다만 신라와 일본이 사사건건 대립했다고 보기엔 양국의 관계는 이후에도 내내 이어졌다.

754년(경덕왕 13년), 황룡사의 종이 완성되었다. 이 종을 만드는 데에 크게 시주한 인물이 바로 사량부인, 즉 경덕왕의 전 아내 삼모부인이다. 황룡사는 왕실 사찰이었으므로 이 절의 종을 제작하는 작업 또한 국가사업이다. 그런데 이러한 국가사업을 주관한 인물이 바로 경덕왕의 전 아내였던 사량부인이다. 이 작업에 동참한 인물은 이찬 효정孝貞으로, 그는 경덕왕 치세 때 시중을 맡은 자다. 사량부인은 왕과 헤어진 후에도 왕의 측근과 국가사업을 함께 주관했으니, 경덕왕과 삼모부인의 관계가 그리 나쁘지 않았음을 알 수 있다.

신문왕에서부터 성덕왕을 거쳐 경덕왕에 이르기까지, 오랜 세월에 걸쳐 신라의 왕권은 충분히 탄탄해졌다. 효성왕 시대처럼 아슬아슬한 순간이 있기도 했으나 충분히 정국을 주도할 사람이 왕위에 앉자 왕권은 금방 안정되었다.

경덕왕 시대의 발전

경덕왕은 학문 발전을 위해 나라에서 운영한 학교인 국학에 박사와 조교들을 두었다. 물시계를 관리하는 누각박사漏刻博士, 하늘을 관찰하는 천문박사, 의술을 맡은 의학박사, 법을 다루는 율령박사 등 여러 인재를 등용했다.

경덕왕은 또한 한화정책漢化政策을 펼쳤다. 쉽게 말해 중국의 문화를 수용하고 모방하여 자국 정책에 독자적으로 반영했다는 뜻이다. 경덕왕 시대에 중국이란 현대의 미국처럼 선진문화의 총본산이자 마땅히 본받아야 하는 모범국가 같은 존재였다. 경덕왕의 한화정책 중 대표적인 사례는 바로 지명 변경이다. 그간 고유한 발음으로 부르던 지명을 음차하여 한자식으로 변경했다. 사벌주沙伐州를 상주尙州로 바꾸는 등 많은 지명을 한자식으로 바꾸었다. 지명을 급작스럽게 변경한 탓에 혜공왕 치세 때 원래 지명으로 되돌리기도 했으나 결국은 한자식 지명이 정착한다. 더불어 관직명도 한자식으로 변경했다.

통일신라의 9주 명칭

9주의 명칭	9주의 다른 이름
한주	한산주
웅주	웅천주
전주	완산주
무주	무진주
삭주	수약주(우수주)
상주	사벌주
강주	청주
명주	하서주
양주	삽량주

삼국통일 이후 신라는 고구려-백제-신라 땅에 각각 3주를 설치해 총 9주의 행정구역을 마련했다. 757년(경덕왕 16년) 때 중국식으로 이름을 바꾸었다가 혜공왕 대에 이르러 원래 이름으로 고쳤다고 전해진다.

이는 고유어를 표현할 문자가 없는 상태에서 한자라는 문자로 의사소통해야 하는 한계를 극복하기 위한 조치로 볼 수 있다.

757년(경덕왕 16년), 관리에게 녹봉을 하사하던 정책을 폐지하고 녹읍을 하사하는 정책으로 되돌아갔다. 녹읍은 귀족의 특권을 상징하는데, 그런 녹읍의 부활이 귀족 세력의 성장으로 보일 순 있다. 그러나 귀족 세력의 성장으로 받아들이기보다는 당시 신라 사회에 만연했던 경제 문제를 해결하기 위한 조치로 이해하는 편이 정확할 것이다. 문헌을 살펴보면, 경덕왕 시기에는 자연재해가 매우 심했다. 경덕왕 4년, 한여름에 달걀 크기의 우박이 떨어졌다. 경덕왕 6년, 가뭄이 들어 백성들이 굶주리고 전염병까지 창궐했다. 경덕왕 8년, 폭풍이 불었다. 경덕왕 13년, 또다시 한여름에 달걀 크기의 우박이 떨어졌다. 그다음 해에는 전국에 기근이 들었다. 아버지를 봉양하고자 자식이 자신의 허벅지 살을 베는 일까지 발생할 정도로 식량이 부족했다. 그다음 경덕왕 15년, 한여름에 커다란 우박이 떨어졌다. 이런 상황이었으니 국가 재정이 성치 못했을 것이다. 따라서 신라 조정은 신하들에게 일일이 녹봉을 주기 힘들어졌다. 결국 신하들에게 토지를 나누어주고는 알아서 세수를 거두라는 식으로 부담을 덜었던 셈이다. 물론 경덕왕의 조치가 장기적으로는 좋지 않았다. 각자의 토지를 갖게 된 귀족들은 서서히 부를 축적했고, 이는 왕권의 약화로 이어질 수밖에 없기 때문이다.

성덕왕 때 패강(대동강) 이남을 당나라로부터 확보한 신라는 오랜 시간에 걸쳐 군현제를 정착시켰다. 국왕이 관료를 파견해 지방을 통제하고 관리하기 위함이었다. 748년(경덕왕 7년), 대곡군大谷郡, 도랍현刀臘縣, 단계현檀溪縣, 해고군海皐郡을 만들었는데, 이들은 지금의 황해도 지역이다. 762년(경덕왕 21년)에는 오관군五關郡 등 6군을 신설했는데, 이는 오늘날 황해도 북쪽 지역이다. 평양 이남 지역은 헌덕왕 때 취성군取城郡과 3개 현이 설치되어 신라의 영역이 되었다. 이때 이르러 통일신라의 영토가 대동강 이남까지 확장되었다. 또한 발해의 침공에 대비하고자 북방에 여섯 개의 성을 축조하고 각각 태수를 임명해 국경을 방비하였다.

757년(경덕왕 16년), 경덕왕은 군제 개혁에도 착수했다. 당시 당나라에서는 안녹산의 난이 발발한 상황이었다. 중국의 중앙권력이 붕괴하면 국경 일대가 혼란스러워진다. 신라는 환란에 대비해야 했다. 하여 경덕왕은 중앙군을 확대하고 지방군도 일사불란한 체제로 정비했다. 그런데 신라의 군제 개혁으로 되려 일본이 긴장하고 말았다.

경덕왕의 대외정책

경덕왕이 한화정책을 펼친 것처럼 당나라와의 관계는 좋았다. 경덕왕 때 총 16회의 사신이 당나라로 파견되었다. 당나라에서 안녹산의 난이 일어나 당 현종이 수도를 떠나 피신했을 때도 사신이 그곳으로 찾아가 조공을 바쳤다. 현종은 감격하여 시를 지어 경덕왕에게 보내주었다. 당나라 현종은 시에서 신라를 극찬했다. 신라를 당과 대등한 수준의 문화를 이룩한 국가로 여겼음을 알 수 있다. 《삼국사기》에 적힌 시의 일부분을 소개하겠다.

> 멀고 먼 땅 끝에 있는 그 곳
> 푸르고 푸른 바다의 모퉁이에 있지만
> 명분과 의리의 나라로 널리 일컬어지니
> 어찌 산과 물이 다른 이방(異邦)이라 하겠는가?

당과의 관계는 갈수록 개선되었으나 일본과의 관계는 더욱 나빠졌다. 742년(경덕왕 원년) 2월, 신라 사신이 일본을 방문했는데 일본이 입경을 허락하지 않고 돌려보냈다. 짓고 있던 궁성이 완공되지 않아 사신을 맞이할 수 없다는 것이 표면적인 이유였다. 신라 측은 자존심이 상했을 것이다. 그해 10월, 일본 사신이 신라를 찾아왔는데 경덕왕 역시 만나주지 않았다. 다만 그때 신라의 정국이 다소 묘하기도 했다. 효성왕 사후 경덕왕이 아직 왕위에 오르지 못한 시점일 수 있기 때문이다. 아무튼 양국은 서로의 사신 입경을 거부하는 갈등 국면에 빠졌다. 다음 해 신라 사신이 다시 일본을 방문했다. 일본은 신라 사신이 예를 갖추지 않았다는 이유를 들먹이며 또 돌려보냈다. 이후 양국의 왕래는 단절되었다.

그러다 752년(경덕왕 11년)에 특이한 일이 일어났다. 신라의 대규모 사절단이 일본을 방문한 것이다. '김태렴金泰廉'이라는 인물이 본인을 신라 왕자라고 주장하며 일본을 찾아갔다. 경덕왕에게는 아들이 없었으므로, 왕자를 자처한 김태렴의 사기극일 가능성이 높다. 물론 많은 물건을 들고 갔고, 교역도 성공적으로 진행한 것을 보면, 진골 귀족이 왕자를 사칭했을 가능성도 있다. 신라 왕실은 족내혼으로 서로 밀접하게 얽혀 있었으므로 거짓말이라기보다는 과장 정도라는 가능성도 고려해야 한다. 다만 김태렴이 '경덕왕의 조서'라고 일본에 전달한 문헌은 당시 신라에서 작성할 이유가 전혀 없는 것이었다. 그 내용인즉슨 "신라 국왕이 직접 조공을 바치고 싶지만 나라를 비우기 쉽지 않아 왕자를 대신 보낸다."였는데, 이런 식의 서술은 일본 문헌 특유의 왜곡일 수도 있다. 가령 《일본서기》는 한반도의 백제, 신라 등이 모두 일본의 속국인 것처럼 왜곡했는데, 김태렴에 관한 기록이 담긴 《속일본기》 역시 이러한 왜곡 문제가 있을 수 있다.

당시 김태렴이 일본에 판매한 물건의 목록이 적힌 문서가 현대에 와서 발견되었다. 일본 황실의 보물창고인 쇼소인正倉院, 정창원에 있던 병풍을 수리하다가 그 뒤에 붙인 종이가 〈매신라물해買新羅物解〉라는 것이 밝혀졌다. 이 문헌은 김태렴이 가져온 물건을 일본 귀족들이 구매하고자 목록으로 작성한 문서였다. 이 문서를 보면 김태렴은 신라 물건뿐 아니라 동남아의 향신료와 안료 등도 거래했다. 일본 귀족들은 비단 등을 대가로 지불했다. 이에 김태렴이란 인물이 동남아 일대를 누비던 해적 두목이었을 거란 가설도 제기되었다. 김태렴에 대한 기록이 한반도 사료에서는 일절 나오지 않는 점이 이른바 '김태렴 해적설'의 신빙성을 높인다.

김태렴의 방문으로 신라가 자세를 낮췄다고 생각한 일본은 다음 해에 사신을 파견했는데, 신라는 이들이 오만무례했다고 평하며 만나지 않고 돌려보냈다. 일본 사신이 오만무례했던 까닭은 김태렴이 자세를 낮췄기 때문일 것이다.

753년, 신라는 당나라에서 일본과 또 충돌한다. 당나라에서는 외국 사신들이 황제의 조회에 참석했는데, 이 조회에 참석한 타국 사신들 사이에는 순서가 정해져 있다. 동쪽은 신라-대식(아라비아) 순으로, 서쪽은 토번-일본 순으로 섰다. 토번은 오늘날 티베트 지역에서 7~9세기에 존속한 나라였다. 그런데 일본 사신 오토모노 고마로大伴古麻呂가 "신라는 일본에 조공을 바치는 나라인데 동쪽 최고 자리에 있는 것은 옳지 않다."라고 주장했다. 당나라 장군 오회실吳懷實은 이 항의를 받아들여 신라와 일본의 위치를 바꿔주었다. 선두를 다투는 사건이라 하여 이런 종류의 사건을 '쟁장爭長 사건'이라고 부른다. 당나라의 외국 사신 조회에서 이런 일은 종종 일어났다. 하지만 오토모노 고마로의 쟁장 사건은 일본 측 기록에서만 나타난다. 신라와 사이가 틀어진 일본이라면 이런 문제를 제기할 여지는 있다. 다만

제1장 통일신라　73

당나라가 공식적으로 신라보다 일본이 우위임을 인정했다고 보기는 어렵다. 오토모노 고마로가 일본에 돌아가서 신라와의 기싸움에서 이겼다고 과장하며 자랑했을 가능성이 높다.

일본은 753년 발해와의 외교에서도 난항을 겪는다. 일본은 발해 사신이 신하의 자세를 지키지 않았다는 이유로 발해 사신을 내쳤는데, 이 무렵 일본은 이런 과대망상에 시달리는 중이었다. 신라를 향한 이러한 강박 증세는 결국 신라를 공격하겠다는 주장으로 이어졌다. 이를 위해 758년 그동안 왕래가 없던 발해에 사신을 보내 신라 공격에 동참하라는 뜻을 전했다. 발해는 당연하게도 그 제안을 거절했다.

앞서 말한 것처럼 경덕왕이 안녹산의 난을 기점으로 군제를 개편하자 일본은 긴장했다. 양국 사이가 원만하지 않았기 때문에 신라가 일본을 공격할 수도 있다는 공포가 생겨난 것이다. 당시 일본의 실권자 후지와라노 나카마로藤原仲麻呂는 이를 이용해 이른바 '신라정토新羅征討계획'을 수립해 내부 결속을 꾀했다. 그는 자신의 권력을 공고히 하고자 외부의 적을 설정하는 고전적인 방식을 택했다. 신라를 공격할 것처럼 배를 건조하고, 신라말을 공부시키기까지 했다. 목표는 762년(경덕왕 21년)이었는데, 아무런 일도 일어나지 않고 해가 지나갔다. 얼마 지나지 않아 후지와라노 나카마로는 자신의 뒷배였던 준닌 천황淳仁 天皇이 폐위되면서 실각했다.

760년, 신라는 일본에 사신을 보냈다. 일본의 신라정토계획에 대한 정탐 차원의 파견이었을 것이다. 일본은 신라 사신을 만나주지 않고 되돌려보냈다. 763년, 신라 사신이 다시 일본에 갔다. 일본은 신라 사신의 태도를 문제 삼긴 했으나 입경을 허락했다. 764년에도 신라 사신이 일본으로 갔는데, 이때 일본은 신라가 군사를 확대하는 것이 일본 공격을 위한 것이냐고 물었다. 이에 신라 사신은 "당나라가 어지러워 해적이 늘어난 탓에 이를 대비하기 위한 것"이라 답했다.

한편 경덕왕은 발해와의 관계에서는 화전和戰 양면을 추구했다. 발해의 침공을 대비해 국경에 축성하기도 했지만, 이 무렵 발해는 신라와 연결되는 신라도新羅道를 개설했다. 신라의 이름이 붙은 도로를 통해 양국이 물적 교류를 했을 것이다.

경덕왕 때의 불교문화

신라는 불교의 나라였고 경덕왕도 독실한 불교 신자였다. 완산주(전주) 출신의 승려 '진표眞表'는 당시 미륵신앙을 퍼트리고 있었는데, 그의 이적 행위를 들은 경덕왕은 그를 궁으로 초빙해 수행자가 지켜야 하는 계율인 보살계를 배운 후 77,000석의 쌀을 시주하기도 했다. 이때 왕후와 외척도 모두 불교의 계품을 받았다. 천재지변이 많을수록 하늘에 기대는 심리도 커지는 법이다. 미륵신앙은 이런 배경에서 널리 확산됐다.

한국 불교 유가종의 시조인 대현大賢에게는 가뭄과 연관된 일화가 있다. 753년(경덕왕 12년), 가뭄이 극심해지자 왕은 대현을 불러 비가 내리도록 경전을 읽게 했다. 매일 경전을 외우던 어느 날, 깨끗한 물을 바치는 것이 늦어져 담당 관리가 혼나는 일이 있었다. 관리는 억울하다는 듯이 말했다. 궁궐 우물이 모두 말라버려 먼 곳에서 길어

오느라 오래 걸렸다는 것이다. 지나가다 관리의 말을 들은 대현이 혀를 차더니, 왜 일찍 말하지 않았냐고 책망했다. 대현은 향로 하나를 들고 우물 앞에 섰다. 향로를 들어 올리자 우물에서 물이 솟구쳐 하늘 높은 줄 모르고 위로 올랐다.

한편, 경덕왕 때 집사부 시중을 지낸 김대성金大城은 불국사와 석굴암을 만들었다. 김대성과 관련되어 다음과 같은 이야기가 있다. 서라벌 모량리의 가난한 여인 경조慶祖에게 아이가 하나 있었는데, 이름은 '대성大城'이었다. 아이의 머리가 크고 정수리가 평평해 마치 커다란 성 같았기 때문에 이런 이름이 붙었다. 집이 가난해 경조는 부

석굴암 내부 | 국가유산청

751년(경덕왕 10년) 당시 대상(大相)이었던 김대성의 주도로 토함산에 창건하여 774년(혜공왕 10년)에 완공되었다. 본존불인 석가여래불상을 중심으로 주위 벽면에 40구의 불상을 조각했으나 현재는 38구만 존재한다. 1962년 국보 제24호로 지정되었고, 1995년 불국사와 함께 유네스코 세계문화유산에 등재되었다.

잣집에 품팔이를 했다. 부잣집에서 땅을 좀 나누어주어 입에 풀칠할 수 있었다. 하루는 흥륜사興輪寺의 스님이 와서 "부처님께 보시하면 복을 받을 것"이라 말했는데, 대성이 그 말을 듣고 땅을 절에 바치자 했고 경조는 아들의 말대로 했다. 그러나 뜻밖에도 대성은 얼마 후 죽고 말았다.

대성이 죽던 날, 재상 김문량金文亮의 집에 기이한 일이 벌어졌다. 하늘에서 "모량리 대성을 너희 집에 의탁한다."라는 소리가 들렸다. 알고 보니 모량리에 대성이란 아이가 살고 있었는데, 그 소리가 들렸을 때 죽었다는 것이다. 그날에 김문량의 아내가 임신한 뒤 아들을 낳았다. 아기가 왼손을 꼭 쥐고 펴지 않아 걱정이 많았는데, 7일 후 손을 펼쳤다. 손에는 금으로 만든 쪽지가 있었는데, 거기에는 '대성'이라는 글자가 적혀 있었다. 김문량은 아기의 이름을 대성으로 삼고, 원래 대성의 어머니였던 경조를 집으로 불러 같이 지내게 하였다. 대성은 성장한 뒤에 사냥을 즐겼다. 하루는 토함산吐含山에서 곰을 잡았는데, 그날 밤 꿈에 곰이 귀신이 되어 나타났다. 곰이 김대성을 원망하며 잡아먹을 것이라 경고하자 김대성은 용서를 구했다. 그러자 그 곰이 자신을 위해 절을 창건하라 요구했고 김대성은 반드시 그리하겠다고 약조했다. 귀신이 사라져 눈을 뜨고 나서야 꿈이었음을 깨달았다. 이불이 흥건히 젖을 정도로 땀을 흘린 상태였다. 대성은 이후 사냥을 삼가고 곰을 잡은 곳에 절을 세워 곰의 넋을 기렸다.

김대성은 경덕왕 때 집사부 시중으로 일했다. 750년(경덕왕 8년)에 조정에서 물러난 뒤 불국사와 석굴암을 세웠다. 불국사는 현생의 부모를 위해 만든 것이고, 석굴암은 전생의 부모를 위해 만들었다. 불국사의 석가탑은 무영탑無影塔이라고도 부르는데, 절 밖의 연못에 그림자가 보이지 않는다는 뜻으로 붙은 별칭이다.

무영탑이란 이름과 관련해 아사달-아사녀의 전설이 있는데, 후대로 전승되면서 전설의 내용이 많이 바뀌었다. 원래는 당나라 석공이었던 아사달이 백제 석공으로 바뀌더니, 누이동생이었던 아사녀는 아내로 바뀌었다. 석가탑이 세워진 시기에는 백제가 멸망한 지 오래되었는데도 말이다. 이야기는 으레 변하면서 생명력을 더 가지게 되는데, 석가탑의 아사달-아사녀 전설 역시 그런 사례라 할 수 있겠다.

석굴암은 쉽게 만들어지지 않았다. 아치형 천장을 완성하기 위해서는 무거운 뚜껑 형태의 돌이 필요하다. 그런데 그 돌을 얹기 전에 실수로 세 동강이 나고 말았다. 김대성은 화가 치밀어 어쩔 줄 몰라 하다가 잠이 들었다. 그런데 꿈에서 천신이 내려와 뚜껑을 얹어놓고 갔다고 한다. 현재도 석굴암 천장에 세 조각으로 금이 난 모습을 볼 수 있다. 천신의 전설이야 후대에 만들어진 것이겠지만 아슬아슬하게 완공했다는 것은 사실인 듯하다.

불국사의 경우, 원래 있던 절을 김대성이 크게 중창한 것으로 알려져 있다. 불국사 축조는 오랜 시간이 걸렸는데, 대성이 죽은 후에도 공사는 계속되어 774년(혜공왕 10년)에 가서야 완공됐다. 불국사 공사는 사실상 김대성 개인이 아닌 국가의 건설사업이었다. '불국佛國'이라는 말에 이미 국가적인 의미가 내포되어 있다. 따라서 김대성이란 인물의 기이한 이야기 역시 불교의 영험함을 선전하고자 당대에 창작된 이야기일 가능성이 높다. 당시 불교는 민간신앙이자 국가를 다스리는 통치 이념이었다. 경덕왕 말년의 일화도 이런 특징을 잘 설명한다.

 765년(경덕왕 24년)에 왕이 누각에서 성내를 바라보며 위엄있는 승려를 만나보고자 했다. 신하들이 고승 한 분을 초청했는데, 경덕왕은 자신이 원하는 승려가 아니라며 돌려보냈다. 그때 누더기를 입은 승려가 지나가는 것을 보고는 크게 기뻐하고 모셔 오라고 했다. 경덕왕이 그 승려의 이름을 하문하자, 승려는 자신의 이름을 '충담忠談'이라 소개했다. 충담은 미륵불에게 차를 올리는 공양을 바치고 오는 길이라 말했다. 충담의 말에서 당시 미륵신앙이 신라 사회에 널리 퍼졌다는 사실을 알 수 있다. 경덕왕은 자신에게도 차를 줄 수 있냐고 물었고, 차 대접을 받았다. 충담은 화랑 기파랑耆婆郎을 추모하는 향가 「찬기파랑가讚耆婆郎歌」를 지은 승려였는데, 경덕왕은 그에게 백성을 편안히 다스릴 노래를 지어달라 부탁했다. 이에 충담이 「안민가安民歌」를 지어 바쳤다.

  임금은 아버지요
  신하는 사랑하실 어머니고
  백성은 어리석은 아이라 하실지면
  백성이 그 사랑을 알리라
  꾸물거리며 사는 백성은
  이들을 먹이고 다스려서
  이 땅 버리고 어디로 가리하면

나라 안이 유지됨을 알리라

아아, 임금답게 신하답게 백성답게 할지면

나라 안이 태평하리라

「안민가」는 자신의 직분을 다하면 나라가 태평해진다는 보수적인 세계관을 담고 있다. 불교보다는 유교에 가까운 이야기인데, 이런 향가가 경덕왕 치세 말년에 등장했다는 사실이 의미심장하다. 경덕왕은 오랜 세월 아이를 갖지 못했고, 왕위를 물려받을 아들의 나이는 고작 8세였다. 경덕왕은 자신의 사후에 대해 크게 걱정했을 것이고, 대책으로 충담의 「안민가」 같은 교훈을 남기고 싶었을 것이다.

전근대의 문헌에는 왕에겐 아무 잘못이 없다는 식의 기술이 흔히 보인다. 《삼국유사》에는 난데없이 경덕왕의 생식기 크기가 대단히 컸다는 내용이 나온다. 즉 왕에게 문제가 있어서 아들이 없는 것이 아니라는 뜻으로 이렇게 에둘러 표현한 것이다. 경덕왕은 아들을 얻지 못하자 주술에 기대기로 한다. 신라의 저명한 고승 의상義湘대사의 제자로 명망이 높았던 승려 표훈대덕表訓大德을 불러 상의했다.

짐이 복이 없어 아들을 두지 못했으니, 스님께서 상제께 청하여 아들을 두게 해주시오.

이에 표훈대덕이 하늘에 올라간 후 돌아왔다.

상제께서 말씀하시길 자식을 줄 수는 있으나 아들은 아니라 합니다. 아들을 원하면 나라가 위태로울 것이라고 말하셨습니다. 또한 사람이 하늘을 왕래하며 천기를 누설하는 것은 허락되지 않으니, 이제 다시는 오지 말라 하셨습니다.

경덕왕은 나라가 어지러워질망정 아들을 얻겠다 답했고, 결국 태자를 얻었다. 태자로 태어난 아들은 여자여야 했는데 남자의 몸으로 태어났다. 그 증거로 여자아이들이 즐기던 놀이를 좋아했다고 한다. 태자가 즐겼던 놀이 중에는 '비단주머니 차기'가 있는데, 오늘날 제기차기와 비슷한 놀이였을 것으로 추정한다. 이 놀이가 본래 여자아이들이 하던 놀이라는 점도 흥미롭다.

경덕왕의 뒤를 이어 즉위한 혜공왕 때부터 신라 사회가 붕괴하기 시작했다. 이 이야기는 훗날에 벌어진 사건의 원인을 과거에서 찾는 과정에서 만들어진 것이다. 고대 기록에서는 이처럼 뒤의 결과를 앞의 원인으로 바꾸는 경우가 종종 있다.

혜성의 등장

760년(경덕왕 19년)에 혜성이 나타났다. 이 혜성은 유명한 핼리 혜성이다. 75~76년을 주기로 지구를 방문하는 혜성으로, 제일 유명한 혜성이라 할 수 있다. 1700년대 천문학자 에드먼드 핼리Edmund Halley가 이 혜성의 존재를 파악했기에 그의 이름이 붙었다. 760년에 나타난 이 혜성에 대한 기록은 중국 측 사료에도 남아 있다.

《삼국유사》에는 10여 일간 이일병현二日竝現, 즉 두 개의 해가 떠 있었다는 말로 핼리 혜성이 등장한다. 흔히 고대사에서 자연 재이災

異는 정치에 문제가 있음을 경고하는 징조로 해석되었기 때문에 이러한 재앙을 빨리 해소해야만 했다. 일관이 말하길 '산화공덕散花功德'을 시행하면 된다고 했다. 산화공덕이란 꽃을 뿌려 부처의 덕을 찬양하는 행위를 뜻한다.

경덕왕은 제단을 만든 뒤에 인연이 있는 승려가 지나가길 기다렸다. 이때 승려 월명月明이 길을 지나가다가 왕의 눈에 띄었다. 경덕왕이 불러서 산화공덕을 위한 글을 지으라고 했다. 그러자 월명은 이리 답했다.

> 소승은 국선(화랑을 의미)의 무리에 속한 자로, 향가나 할 줄 알지 염불에는 익숙하지 않습니다.

월명 스님은 화랑에 소속된 승려였다. 왕은 개의치 않고 말했다.

> 이미 인연이 있는 중으로 뽑혔으니 향가라도 괜찮소.

월명사가 이에 「도솔가兜率歌」를 지어서 불렀다.

> 오늘 이에 산화가를 부르니 / 뿌린 꽃아 너는
> 곧은 마음의 명령을 부림이니 / 미륵좌주를 모셔라

향가를 끝내자 해가 다시 하나로 변하였다. 왕은 크게 기뻐하여 큰 선물을 내렸다. 승려 월명은 피리도 잘 불었는데, 그가 달밤에 피리를 불면 달이 멈춰서 귀를 기울였다고 한다. 그리하여 그의 법명이 '월명'이라 하였다. 월명은 일찍 죽은 누이동생을 위해 향가를 지은 적이 있었다. 「제망매가祭亡妹歌」라 불리는 이 향가는 깊은 뜻을 담고 있다.

생사의 길이 / 예 있으매 두려워
나는 간다는 말도 / 못 다 이르고 가느냐
어느 가을 이른 바람에 / 여기저기 떨어지는 잎처럼
한 가지에 나고도 / 가는 곳은 모르나니
아, 미타찰에서 만날 나는 / 도 닦으며 기다리련다

> 조선 후기에 쓰인 《오주연문장전산고(五洲衍文長箋散稿)》에는 통일신라의 명필가 김생의 신비한 일화들이 적혀 있다. 김생은 미천한 가문 출신으로, 다섯 살 때 풍월(風月) 두 글자를 배우고 모래밭에 글씨를 쓰며 서예를 익혔다. 그는 스무 살이 되자 명필로 이름을 날렸다. 일본 승려 혜담(惠曇)이 김생의 글씨에 감탄하여 왕희지의 글씨를 선물했는데, 김생은 그 선물을 이용해 왕희지의 서체를 익혔다. 천신인 제석천이 사자를 보내 김생에게서 《제석경》을 받기도 하고, 용왕의 아들이 김생에게서 글씨를 배우기도 했다. 안양사(安養寺)의 법당은 남쪽으로 기울어져 있었는데, 김생이 편액을 써서 걸자 법당이 똑바로 섰다는 전설도 전해진다. 김생은 97세인 809년(애장왕 10년)에 세상을 떠났다.

고구려 유민
이정기 일가의 일대기

　이정기李正己, 732~781라는 사람을 제대로 이해하려면 당나라에서 절도사節度使라는 직책이 무엇인지 먼저 알아야 한다. 절도사는 본래 번진藩鎭을 다스리는 장군들인데, 번진이란 곧 변방 지대를 지키는 조직을 의미한다. 안녹산이란 인물은 세 지역을 관장하는 절도사를 맡고 있었다. 안녹산을 향한 당나라 현종의 신임은 원래 두터웠으나 양귀비의 친척 양국충이 권력을 얻은 후 현종과 안녹산의 관계가 나빠졌다. 안녹산은 양국충을 토벌한다는 명목으로 반란을 일으켰다. 워낙 충신 행세를 하고 살았기 때문에 현종은 그가 반란을 일으켰다는 사실조차 믿지 못했다. 안녹산이 이끈 군대가 기세를 몰아 순식간에 수도 장안을 함락했고, 현종은 사랑하던 양귀비마저 죽여야 했다. 황태자가 양위를 받아 사태를 수습하기 시작했으니, 훗날 '숙종'으로 불린다. 숙종이 등극한 후 반란군은 내분으로 몰락했다. 이때 당나라 조정은 안녹산의 군대를 통제하기 위해 절도사를 변경이 아닌 내지에도 설치하였다. 절도사는 군사권과 행정권을 겸비한 막강한 직책으로, 실질적으로 해당 지역을 통치하는 왕과 다를 바 없다. 막강한 군사력과 수많은 백성을 거느리게

당나라 현종(좌)과 안녹산(우)

당나라의 제6대 황제 현종은 며느리였던 양씨를 후궁으로 삼았고, 그녀는 귀비가 되어 황제의 총애를 독점했다. 양귀비와 사랑에 빠진 현종은 그때부터 정치를 방기하였고, 양귀비의 사촌형제인 양국충을 필두로 한 외척과 환관이 정사를 장악하게 되었다. 중앙 정치가 혼란스러워지자 안녹산은 간신을 제거한다는 명분으로 반란을 일으켰다.

되었으니 자연히 황제가 되겠다는 꿈을 품을 수 있다. 따라서 당나라 국정의 첫 번째 목표는 절도사 세력을 제압하는 것이었고, 중앙 조정과 지방 절도사는 계속 충돌하였다. 결국 고래 싸움에 새우등이 터진 농민들은 '황소의 난'이라는 반란을 기점으로 저항을 시작했고 당나라는 멸망하고 말았다.

이런 혼란한 시대에 유의미한 발자국을 남긴 이정기는 고구려 멸망 후 당나라 영주營州 지역으로 끌려온 고구려 유민의 후예였다. 《구당서》의 〈이정기 열전〉에는 이정기를 고구려인이라고 말한다. 본명은 이회옥李懷玉이다. 이정기는 무술이 뛰어나 전쟁에서 두각을 드러냈다. 안녹산의 난이 진압되고 얼마 지나지 않은 758년, 오늘날 산동반도(산동

색칠된 부분이 평로치정절도사가 된 이정기와 그의 후손이 지배한 제나라의 영역이다. 이 지도에는 본문에서 언급한 절도사의 위치만 표시했다.

반도) 일대를 관장하던 평로절도사平盧節度使 왕현지王玄誌가 병사했다. 후임 절도사로는 왕현지의 아들이 유력했는데, 이정기는 왕현지의 아들을 죽이고 본인의 고종사촌이자 같은 고구려 유민 출신인 후희일侯希逸을 평로절도사로 추대했다. 후희일은 왕현지가 절도사가 될 때 도와준 인물이기도 했다.

절도사들에게 한 수 접고 있던 당시 당나라 조정은 결국 762년 후희일을 평로치정절도사平盧淄靑節度使로 추인했다. 당시 '평로'는 요동반도(랴오둥반도) 일대를, '치청'은 산동반도 일대를 가리킨다. 평로치정절도사란 바로 이 두 지역을 모두 관리하는 직책이다. 이는 안녹산의 난 이후 당나라가 흔들리는 상황에서 후희일이 북방 유목 세력에 밀려 남쪽으로 후퇴한 결과이기도 했다. 아무튼 조정으로부터 추인을 받은 후희일은 765년, 필요가 없어진 이정기를 내쫓았다. 그러나 병사들의 신망은 이정기에게 있었다. 이정기는 후희일을 밀어내고 평로치청절도사 자리를 차지했다. 당 조정은 이정기의 행동을 묵인했을 뿐만 아니라 그를 '요양군왕饒陽郡王'으로 책봉했다. 더구나 해운압신라발해양번등사海運押新羅渤海兩蕃等使라는 관직을 하사해 신라와 발해를 관리-감독할 권한을 부여했다. 이후 이정기는 발해에서 말을 구입했다. 오늘날 러시아의 연해주에 해당하는 발해 솔빈부率賓府는 명마 생산지로 명성이 자자했는데, 이정기는 매년 발해에서 말을 사들여 전력을 보강했다.

773년, 하북 일대를 주름잡은 이영요李靈曜가 반란을 일으켰다. 이정기는 이영요 세력을 토벌하며 자기 관할 구역을 넓혔다. 777년 이정기는 하남 일대까지 포함해 총 15주를 다스리게 되어 당나라 절도사 중 가장 넓은 영역을 지배하였다. 하남 땅에 있던 철광산과 구리광산은 이정기의 주요한 수입원이었다. 그는 자기 영역을 엄격하게 통제했다. 휘하 장군이 출정하면 그의 가족을 인질로 잡았고, 변절하면 인질을 모두 죽여버렸다. 법령이 엄격했음에도 모든 이에게 공평하게 적용했고 조세는 가벼웠다. 백성들은 이정기 치하에서 편안한 삶을 구가하였다. 덕분에 이정기의 권세는 날이 갈수록 막강해졌다.

당 조정은 10만 대군을 거느리던 이정기를 껄끄럽게 여겼다. 이정기가 전횡을 일삼자 779년 새로 즉위한 당나라 황제 덕종은 이정기의 요청을 거부하기 시작했다. 덕종은 강력한 장군이었던 삭방절도사朔方節度使 곽자의郭子儀의 군사권을 회수하는 등 여러 조치를 도입해 절도사들을 단속했다. 이에 이정기는 낙양을 공격하기로 계획했다. 하지만 군의 사기가 그다지 높지 않았다. 현명하고 어진 군주께서 계시거늘 반역이 성공할 리 없다는 회의적인 분위기가 군중에 파다했다. 하지만 핍박을 가만히 감내만 할 수도 없었다. 위박절도사魏博節度使 전열田悅이 먼저 칼을 꺼냈다. 이정기는 이에 호응해 대운하를 차단하며 덕종을 압박했다. 강남에서 오는 식량과 물자가 없으면 조정은 큰 곤란에 직면한다. 전쟁이 전면전으로 확대되려던 781년 7월, 이정기가 악성종양인 등창으로 사망했다. 그의 나이 49세였다.

이정기의 아들 이납李納이 뒤를 이으려 했으나 당 조정은 당연히 이납을 인정하지 않았다. 이정기가 죽어 당황한 탓인지 이정기의 사촌형인 서주자사徐州刺史 이유李洧가 조정에 투항했다. 이에 당나라는 물자를 다시 확보하였다. 위기에 몰린 이납은 오히려 강경하게 대응했다. 그는 782년 11월 제왕齊王, 즉 제나라의 왕을 자처하며 당나라와의 관계를 끊었다. 이납의 반란을 필두로 절도사들의 반란이 줄을 이으며 덕종은 위기에 처했다. 이를 '4왕의 난'이라 부른다. 결국 황제는 또다시 장안에서 도망쳐야 했고, 784년 이납을 비롯한 네 명의 절도사를 사면하는 조서를 발표했다. 왕을 자처한 이납은 덕종과 화해했는데 792년 5월, 34세의 젊은 나이에 사망하였다. 덕종은 3일간 정사를 폐하며 이납의 죽음을 애도했다.

이납의 아들 이사고李師古가 뒤를 이었다. 당나라 조정은 이납과 달리 이사고의 지위를 곧바로 인정하였다. 이납은 제왕을 자칭했으나 아들 이사고는 독자적인 세력을 구축했음에도 왕을 자처하지 않았다. 당나라에서 완전히 분리되는 순간 당의 전력과 맞서 싸워야 했기 때문에 확실한 우위를 점하기 전까지는 그럴 필요가 없었을 것이다.

이납의 후계자 이사고는 당나라를 적대했으나 806년 32세의 젊은 나이로 숨져 뜻을 이룰 수 없었다. 이사고는 평소에 이복동생 이사도李師道가 재능이 없어 자신의 뒤를 이을 수 없다고 생각했다. 하지만 부하들은 남몰래 이사도를 불러와 그를 옹립했다. 이사도는 형의 지위를 이어받으려 했으나 변수가 있었다. 새로 등극한 황제가 녹록하지 않았다. 이사도가 형의 지위를 이어받기 1년 전인 805년 8월, 당나라 헌종이 즉위했다. 헌종은 덕종이 실패한 번진 절도사 개혁에 착수했다. 실제로 서천절도사西川節度使 유벽劉闢이 반란을 일으키자 헌종은 군사를 동원해 신속하게 진압했다. 불안에 빠진 이사도는 헌종에게 화해의 신호를 보냈고, 헌종은 이를 수락하여 그를 정식 절도사로 임명했다.

814년 회서절도사淮西節度使 오원제吳元濟가 반란을 일으켰다. 이사도는 그를 지원하기 위해 반란에 동참했다. 815년에는 낙양에 자객을 보내 재상 무원형武元衡을 암살하고, 또 다른 재상 배도裴度에게 중상을 입혔으며, 궁궐에 불을 지르기도 했다. 이사도는 부하들을 몰래 침입시켜 낙양에서 변란을 획책했다. 그러나 사전에 계획이 들통나며 부하들이 몰살당하였다. 이때 활약한 장군이 왕지흥王智興인데, 그의 밑에서 신라 출신의 장보고가 복무하고 있었다. 고구려 유민 출신 절도사와 신라 출신 이민자의 묘한 인연이 이때 스쳤다.

816년 이사도는 거대한 궁궐을 짓기 시작했다. 당나라로부터의 독립 의지를 드러낸 것이다. 하지만 817년 반란을 일으킨 오원제가 진압되었다. 이사도는 당나라 조정에 3주를 바치고, 장남을 황제의 곁을 지키는 숙위宿衛로 보내겠다고, 달리 말해 실질적으로 아들을 인질로 보내겠다고 청했다. 당나라는 이를 허락했다. 일시적이나마 당나라 조정과 이사도가 화해하는 듯했다. 이사도가 투항하려고 하자 오히려 이사도 진영 내부에서 큰 반발이 터져 나왔다. 특히 그의 참모 역할을 맡았던 첩들이 극심히 반발했다.

> 오원제는 몇 개 있지도 않았던 주(州)로 수년을 싸웠는데, 우리는 12주에 병사가 수십만이거늘 무엇이 두려워 땅을 떼어줍니까? 우리가 땅을 주지 않으면 저들은 군사를 동원할 수밖에 없는데, 힘껏 싸우고도 이기지 못할 때 땅을 떼어주어도 늦지 않습니다.

이사도는 약속을 뒤집었다. 군심이 따르지 않아 3개 주를 반납하지 못하겠다고 말이다. 818년, 헌종은 이사도를 다시 회유했다. 이사도는 이번에도 마음이 움직였다가 측근들의 반대로 다시 돌아서고 말았다. 헌종도 이제 더는 기다리지 않았다. 헌종은 6개 번진의 절도사들을 대동해 이사도 공격을 명령했다. 이사도는 겁에 질려 공포정치로 내부를 단속하고자 했다. 사람들이 모이면 모반을 논할 것이라 두려워 집에서 잔치를 벌이는 것도 금지했다. 길에서 이야기하는 것도 금지했다. 당나라와의 전면전이 개시되자 이사도가 불리했다. 이사도는 우장군 유오劉悟에게 30만의 병력을 내주어 결전을 맡겼다. 그런데 전황은 불리하고 후방에서는 이사도가 닦달하니, 유오는 군사를 뒤로 돌려 이사도를 베어버렸다. 55년간 이어진 이정기 가문의 종말이었다.

헌종은 이사도 토벌을 위해 신라에 원군을 요청했다. 신라 헌덕왕은 순천군順天軍 장군 김웅원金雄元에게 3만의 병력을 내주어 원정을 가라 명령했다. 하지만 이사도는 819년 2월에 사망했고, 신라가 원정군을 보냈다는 시점은 819년 7월이라고 기록되어 있다. 따라서 신라군이 정말로 참전했는지는 알 수 없다. 실제로 참전한 후 귀국했을 때 기록이 적혔을 가능성도 있고, 참전 요청을 받고 토벌을 준비하다가 사태가 정리되어 실제로는 가지 않았을 가능성도 있다.

이정기가 고구려의 부흥을 꾀했다는 이야기가 많이 보이는데, 그가 실제로 고구려 부흥을 목표로 삼았는지는 알 수 없다. 단지 사서에 기록된 내용을 볼 때, 이정기 본인이 고구려 사람으로서의 정체성을 유지하고 있었던 것 같다.

모반의 시대, 흔들리는 통일신라

혜공왕은 신라 중대의 마지막 왕이다. 《삼국사기》는 신라사를 세 시기로 구분하는데, 상대(박혁거세~진덕여왕), 중대(태종 무열왕~혜공왕), 하대(선덕왕~경순왕)로 나누었다. 중대는 이른바 무열왕계가 지배한 시대다. 《삼국유사》는 이와 다르게 상고(박혁거세~지증왕), 중고(법흥왕~진덕여왕), 하고(무열왕~경순왕)로 나누었다. 《삼국유사》는 왕명을 기준으로 시대를 나누었는데, 고유칭호—불교식 칭호—중국식 칭호로 시대를 구분했다.

모반의 시대

혜공왕은 8세에 즉위했다. 이 때문에 어머니인 만월부인이 섭정을 했다. 왕조 국가는 국왕이 중심을 잡지 못하면 위기를 맞이한다. 768년(혜공왕 4년) 당나라는 만월부인을 대비로 책봉했다. 신라 왕후가 정식으로 책봉을 받은 유일한 사례였다. 당의 책봉을 받았으니 국내 정치가 안정화되어야 하는데 이때는 그렇지 않았다. 오히려 만월부인과 혜공왕이 당의 인정을 받자 반대파는 큰 위협을 느꼈다.

일길찬 대공大恭과 그 동생 대렴大廉이 반란을 일으켰다. 이들은 한 달이 넘게 왕궁을 포위했다. 대공·대렴 형제만 반기를 든 게 아니었다. 전국에서 96명의 각간이 제각기 싸웠다. 이를 96각간의 난이라 부른다. 그중에는 근왕파도 있었을 것이고 반란파도 있었을 것이다. 이 난리는 석 달 동안 이어졌다. 결국은 근왕파가 승리하여 반란군을 처형했다. 이때 구족을 멸했다고 나온다. 흔히 사극에서 나오는 "삼족을 멸한다."라는 대사의 삼족이란 본가—처가—외가를 가리킨다. 구족을 멸한다는 것은 처가와 외가의 삼족까지 멸한다는 의미다. 처형 범위가 무척 넓었다는 사실을 알 수 있다. 다만 신라는 인척 사이의 혼인이 자유로웠던 덕분에 그 피해가 오늘의 구족만큼 넓지 않았을 수도 있다.

770년(혜공왕 6년) 대아찬 김융金融이 또 반란을 일으켰다. 김융이 어떤 사람인지는 알려진 바가 정확하지 않다.《삼국유사》에는 당시 김유신의 혼령이 미추왕릉에 나타나 "지난 경술년(770년)에 신의 자손이 죄 없이 죽임을 당했다."라는 기록이 적혀 있다. 이를 토대로 김융 본인이 김유신의 후손이거나 김유신의 후손이 김융의 난에 연루되었다는 것으로 해석할 수 있다. 달리 말해 무열왕계를 지탱한 유신계가 이 시기에 이르러 왕실과 소원해졌다고 볼 수 있다.

774년(혜공왕 10년) 김양상金良相은 상대등이 되었다. 김양상은 성덕왕의 딸 사소부인四炤夫人의 아들로, 혜공왕의 고종사촌이다. 혜공왕이 즉위할 때 김양상은 시중이었는데, 774년에 이르러 귀족의 우두머리인 상대등이 되었다. 그동안 귀족들은 왕권에 억눌렸으나 경덕왕 때 녹읍이 부활한 후 점차 힘을 회복하기 시작하였다. 그 결과가 96각간의 난으로 볼 수 있다. 따라서 상대등이란 직책이 이전보다 훨씬 중요해졌다.

775년(혜공왕 11년)에도 반란이 이어졌다. 반란을 일으킨 김은거金隱居는 혜공왕 집권 초반에 시중을 지낸 인물이었고, 그 뒤에 반란을 일으킨 정문正門은 현역 시중이었다. 집사부의 시중은 왕의 최측근이라 볼 수 있다. 그런데 어째서 그런 시중이 반란을 일으켰던 것일까? 776년(혜공왕 12년)에는 경덕왕이 새로 만든 관직명을 옛 명칭으로 되돌리는 일이 생겼다. 당시 혜공왕의 나이는 19세였다. 충분히 직접 통치할 수 있는 나이다. 이 무렵부터 혜공왕은 직접 통치를 시작한 것이 분명하다. 죽은 경덕왕의 왕비인 만월부인은 남편의 정책을 번복할 필요가 없다. 그렇다면 친정을 시작한 혜공왕이 귀족 세력에 밀려 아버지의 업적 중 하나를 뒤집어야 했을지도 모른다. 이렇게 생각한다면 시중이 반란을 일으켰다가 처형당했다는 사건이 혜공왕의 수족을 끊어내기 위한 귀족 세력의 공작이었을 것이다. 당시를 기록한 문헌 내용이 너무나도 간략한 탓에 추측에 의존해야 하는 형편이 아쉬울 따름이다.

혜공왕은 정치에 별 뜻이 없었다. 음악을 좋아하고 여색에 빠져 있었다. 혜공왕에게는 두 명의 왕비가 있었던 것으로 기록되어 있는데, 신라 역사에 유례가 없는 일이다. 그래서 혜공왕이 여색에 빠졌다는 식으로 서술된 듯하다. 그렇지만 혜공왕이 정치에 큰 흥미가 없었다는 점만큼은 분명하다. 재위 기간에 이렇다 할 정치 행위가 보이질 않는다. 거기다 모후가 섭정을 하면 자연스레 외척이 정치에 관여한다. 혜공왕 때도 비슷한 일이 벌어졌다면 이를 못마땅하게 여긴 신하들이 외척과 대립하는 일도 자연스럽게 발생했을 것이다. 국내 기반이 취약해진 혜공왕 지지파는 매년 당나라에 사신을 보내 대국의 위세를 등에 업어 통치 질서를 장악하고 싶어했다. 이런 점을 고려한다면 혜공왕이 정실왕비를 두 명이나 둔 것은 어떻게든 자기 세력을 넓히기 위한 조치였을 것이다.

777년(혜공왕 13년) 김주원金周元이 시중이 되었다. 김주원은 무열왕계 인물이다. 상대등 김양상과 시중 김주원은 친밀한 듯했다. 두 사람 모두 무열왕계와 가까웠기에 이들은 혜공왕을 따르는 근왕파라 볼 수 있다. 그러다 780년(혜공왕 16년) 다시 반란이 일어났다. 이번에는 반란군이 궁궐에 침입했다. 김양상은 이찬 김경신金敬信 혹은 金敬愼과 함께 군사를 소집해 서둘러 달려왔지만 때는 이미 늦었다. 왕실은 도륙이 난 뒤였다. 혜공왕, 만월부인, 혜공왕의 두 왕비까지 모두 해를 입은 뒤였다. 혜공왕은 23세의 나이에 후손도 없이 사망했다.

반란을 진압한 후 상대등 김양상이 왕위에 올랐다. 그가 바로 제37대 선덕왕이다. 상대등은 김경신이 차지했다. 반란 진압이 목적이었는데 불구하고 어쩔 수 없이 왕위에 오른 김양상은 어떻게든 빨리 퇴위하기를 원했다. 784년(선덕왕 5년)에 물러나고자 했으나 신하들이 세 번이나 상소를 올려 어쩔 수 없이 퇴위를 번복했다. 하지만 다음 해에 병이 걸려 운명을 달리하고 말았다. 선덕왕에게는 아들이 없었기 때문에 왕위는 또 공중에 뜨고 말았다.

다음 왕위 후보로 떠오른 사람은 혜공왕 때 시중을 지낸 김주원이었다. 당시에는 무열왕계가 왕위를 잇는 것이 당연한 일이라 여겨졌다. 하지만 김주원보다 김경신이 먼저 왕궁으로 들어가 왕좌를 차지했다. 《삼국사기》에는 그날 큰비가 내리는 바람에 강물이 불어났고, 그리하여 김주원이 강을 건너지 못해 김경신이 왕위에 올랐다고 나온다. 선덕왕이 죽은 시점은 1월이었다. 겨울에 큰비가 내려 강물이 불었다는 말은 사실이 아닐 가능성이 높다.

김경신은 내물왕 12세손으로 제38대 원성왕으로 등극했다. 이때 원성왕의 아버지가 만파식적을 아들에게 바쳤다. 만파식적은 신문왕이 만든 것으로 무열왕계의 상징적인 물건이다. 그런데 이를 내물

왕의 후손에게 바쳤다는 것은 원성왕이 신라왕으로서 손색이 없다는 의미를 상징한다.

《삼국유사》에는 일본이 만파식적을 청했다는 이야기가 실려있다. 일본에서 만파식적을 금 50냥에 사겠다고 청했는데, 원성왕은 만파식적이 어디 있는지 모른다는 변명을 하며 거절했다. 다음 해 일본이 금 1,000냥을 지불하고 만파식적을 보기만 하고 돌려주겠다고 청했으나 원성왕은 일본 사신에게 은 3,000냥을 하사하고 그냥 돌려보냈다. 사실 이때만 하더라도 신라와 일본은 소통을 재개하지 않았다. 따라서 이런 이야기 역시 원성왕의 정통성을 높이기 위해 후대에 창작된 이야기일 것이다.

성덕대왕신종을 둘러싼 낭설

혜공왕 때 성덕대왕신종이 만들어졌다. 이 종은 현재 국립경주박물관에서 볼 수 있다. 성덕대왕신종은 세간에 '에밀레종'이라는 이름으로 알려졌으나 에멜레종 설화는 성덕대왕신종과 무관하다. 이 이야기는 중국 설화가 한반도로 넘어와 큰 종에 따라 붙은 이야기로 전승되었다. 조선 말기나 일제강점기에 있었던 에밀레종 이야기들을 살펴보면, 성덕대왕신종이라고 특정하지 않는다. 평양이나 한양에 있던 큰 종에도 이런 이야기가 뒤따랐다.

에밀레종 설화가 성덕대왕신종 이야기로 유명해진 까닭은 친일파 극작가 함세덕의 연극 때문이었다. 태평양전쟁 시기, 일본의 식민지였던 조선에서는 온갖 쇠붙이가 공출이라는 명목으로 수탈됐다. 에밀레종 이야기에서 쇠붙이를 모으는 내용은 이러한 시대 배경과 연

성덕대왕신종 | 국가유산청
높이 3.66미터, 입지름 2.27미터, 두께는 최소 11센티미터고 최대 25센티미터, 무게는 18.9톤이다. 1962년 국보 제29호로 지정되었다.

결되어 있다. 이를 발표한 함세덕의 작품은 일본어로 쓰였고 배우들은 일본어로 공연했다.

   사실 에밀레종 이야기는 내용 자체도 이상하다. 대자대비하신 부처의 불법을 전하는 종을 제작하려고 하는데 아무런 죄도 없는 어린아이를 죽인다니, 공포스럽기 짝이 없다. 더구나 이런 천인공노할 짓을 저지른 사람들은 아무런 벌도 받지 않았다. 이 설화의 원전이 되는 중국 설화에서는 후일담이 있다. 종이 울리면 '엄마'라는 소리가 울리며 성벽이 무너졌다고 한다. 이에 세상이 난리가 나자 측천무후가 사건의 진상을 조사했다. 진상을 알게 된 측천무후가 결국 종을 다 없애게 조치한 후 관리들을 처벌하는 것으로 이야기가 끝난다. 이처럼 '권력에 대항하는 민초의 이야기'가 한반도에서는 나라의 요구대로 수행하지 않으면 엄청난 벌을 받는다는, '권력 순응의 이야기'로 변질되었다. 마땅히 사라져야 하는, 구시대의 가치관을 담은 이야기라 하겠다.

성덕대왕신종은 경덕왕 때부터 제작하고자 했던 종이었으나 혜공왕 때에 와서야 완성되었다. 종이 오랫동안 제작되었다는 점에서 에밀레종 설화를 덧붙이기 좋았다고 할 수 있다. 그런데 경덕왕 때 성덕대왕신종보다 더 큰 황룡사 종도 제작되었다. 754년(경덕왕 13년)에 제작된 황룡사 종은 그 무게가 49만 7,581근이나 되는 거대한 종으로, 기록만 따지면 세계에서 제일 큰 종이라 할 수 있다. 성덕대왕신종은 제작 당시 구리 12만 근을 사용했다고 하니, 황룡사 종의 크기를 짐작할 수 있다. 이렇게 큰 종도 만든 신라가 성덕대왕신종을 제작하는 데에 오랜 시간이 걸렸던 이유는 알 수 없다. 하지만 함세덕의 극본에 나오는 것처럼 기술력이 부족해서는 결코 아니었을 것이다.

원성왕계의 시대

원성왕은 788년(원성왕 4년) 독서삼품과讀書三品科를 실시했다. 과거 제도처럼 시험을 쳐서 관리를 뽑는 제도다. 원성왕 이전에는 활쏘기로 사람을 선발했다고 한다. 원성왕 때에 이르러 유교 경전의 이해 수준을 기준으로 관리를 선발한 것이다. 물론 완벽하게 정착하진 않아 왕의 마음에 들면 독서삼품과를 거치지 않더라도 관리가 될 수 있었다.

원성왕은 나라의 질서를 다시 세우고자 자신의 가계를 신성화하여 종묘를 재구성하는 등 노력을 기울였으나 매사 쉽게 진행되지는 않았다. 특히 아들들이 모두 일찍 죽어 왕위가 손자에게 넘어갔는데, 원성왕 사후 등극한 소성왕도 2년 만에 죽었다. 소성왕의 아들이 13세의 어린 나이로 등극해 애장왕이 되었다. 애장왕이 보위에 올랐을 때, 병부령 김언승金彦昇이 섭정을 맡았다. 김언승은 소성왕의 동생으로, 애장왕의 숙부였다.

802년(애장왕 3년), 애장왕이 신궁에 제사를 지내고 후궁을 맞이하

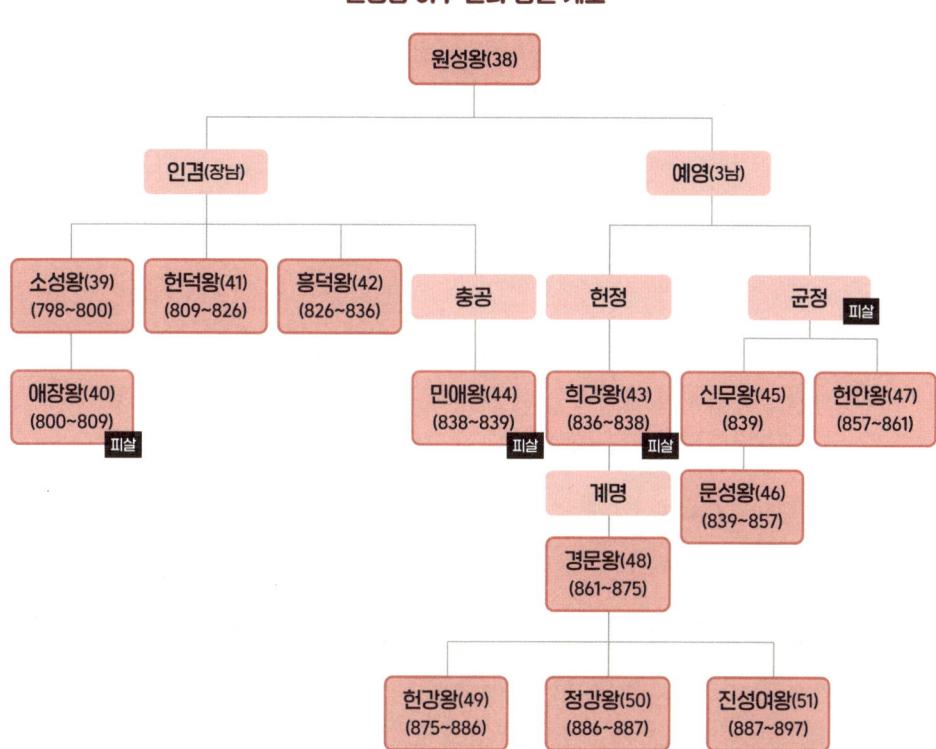

원성왕 이후 신라 왕실 계보

는 행위를 했으니 이때부터 친정을 시작했다고 볼 수 있다. 애장왕은 적극적으로 정치를 주도했다. 805년(애장왕 6년) 법령 20여 조목을 반포하는 등 나라의 기강을 잡으려 했고, 사찰의 사치를 금하는 교서를 내리기도 했다. 각 지방에 관리를 파견해 규율을 바로 세우고자 했다. 807년(애장왕 8년)에는 김헌창金憲昌을 시중으로 삼았다. 김헌창은 과거 원성왕에게 왕위를 내준 김주원의 아들로, 무열왕계 인물이었다. 김헌창이 행정의 중심인 시중이 되자 김언승 등을 비롯한 왕의 숙부들이 크게 경계하였다. 실제로 김헌창 이전의 시중은 왕의 숙부인 김수종金秀宗이었다. 김수종은 훗날 흥덕왕이 된다.

802년 애장왕은 일본과의 관계를 회복하고자 했다. 이때 숙부 김균정金均貞을 가짜 왕자로 둔갑해 일본에 보내려 했는데, 김균정이 거절하여 뜻을 이루지 못했다. 어린 애장왕에게 숙부들은 위험한 존재였다. 김균정을 보내진 못했으나 다음 해에 일본과 사신을 교환하고 우호 관계를 맺었다. 804년 일본의 견신라사로 오토모노스쿠네 다케마로大伴宿禰뢱萬里가 찾아왔다. 그는 일본의 정6위상 병부소승兵部少丞으로, 애장왕을 알현하고 금 300냥을 바쳤다.

이렇게 분주히 움직인 애장왕을 상대로 결국 병부령이자 애장왕의 숙부인 김언승이 난을 일으켰다. 왕위에 욕심을 낸 김언승이 동생 김제옹金悌邕과 함께 궁으로 침입했다. 애장왕과 왕의 아우까지 모두 죽이고 왕좌를 차지한 김언승은 제41대 헌덕왕으로 등극했다.

원성왕계는 자기 집안 사람들끼리 정치를 하는 데 익숙했다. 헌덕왕도 원성왕 때부터 정치에 나섰고, 훗날 흥덕왕이 될 그의 동생 김수종 역시 애장왕 때 시중으로 일했다. 헌덕왕도 나라를 잘 다스리고 싶기는 했을 것이다. 《삼국사기》의 〈녹진祿眞 열전〉을 읽어보면, 헌덕왕의 동생인 상대등 충공忠恭에게 집사시랑 녹진이 충언을 올린 이야기를 볼 수 있다. 녹진의 충언은 그렇게 특별하지 않았다. 뇌물을 금지하고 유능한 사람을 등용하며 법령을 올바르게 시행해야 한다는, 뻔한 이야기였다. 헌덕왕은 녹진의 충언을 전해 듣고는 그를 크게 칭찬했다고 한다. 녹진도 유능하고 좋은 사람이긴 했을 것이다. 그렇지만 신라의 정치는 그다지 개선되지 않았다.

국제문제로 떠오른 해적의 인신매매

816년(헌덕왕 8년) 당나라 헌종은 신라인을 노비로 삼지 말라는 칙령을 반포했다. 이때 신라 왕자 김장렴金張廉이 태풍으로 표류하여 당나라에 들어갔는데, 그가 이런 내용을 건의했을 가능성이 있다. 그만큼 당시 동아시아 해적들의 인신매매가 극성이었는데, 그 피해가 신라 백성에게도 크게 미치고 있었던 것이다. 조칙은 반포되었으나 조칙만으로 악행이 근절될 리 없었다. 821년(헌덕왕 13년) 당나라 평로절도사 설평薛平은 더욱 엄격한 조칙이 필요하다는 상소를 올렸다. 그만큼이나 신라 백성을 노비로 거래하는 범죄가 성행했던 것이다. 평로절도사의 관할 영역은 앞서 말한 것처럼 이정기가 다스린 지역이었다. 819년 당나라는 그 지역의 통치권을 수복했는데, 그렇다고 곧장 질서를 확보한 것은 아닌 듯했다. 그런 이유로 이 지역은 해적들이 날뛰는 영역이 되어 평로절도사가 그들을 제압하지 못하고 있었다. 또한 신라의 헌덕왕도 해적들을 제압하지 못하고 있었다.

거기다 헌덕왕 때의 신라는 자연재해도 심각했다. 814년(헌덕왕

6년)부터 821년(헌덕왕 13년)까지 거의 매년 자연재해, 그중에서도 기근이 유독 심각하게 발생했다. 특히 816년에는 대기근이 들어 신라 백성들이 당나라로 건너가 식량을 구하기까지 했다. 신라와 당나라의 공권력이 모두 제대로 작동하지 못하니 범법자들의 난동도 그칠 리가 없었다. 당나라 목종이 설평의 상소를 받아들여 다시 한번 노비매매 금지 조칙을 반포했으나 828년(흥덕왕 3년)에도 근절되지 않아 또 칙령을 내려달라는 상소가 올라왔다. 해적의 난동은 당시 일본에도 영향을 미쳤다. 거기다 822년(헌덕왕 14년) 신라에서는 김헌창의 난이 일어났다. 김헌창 세력에 웅천주, 무진주, 완산주, 청주, 사벌주와 국원경, 서원경, 금관경이 가담했다. 5개의 주와 3개의 소경이 가담했으니, 신라 영토의 절반이 김헌창의 난에 동참한 셈이다. 이를 계기로 신라 정부의 지방 장악력은 현저히 떨어졌다. 이런 상황에서 당나라에 사신으로 간 김주필金柱弼은 당에 잡혀 온 신라인들을 귀국할 수 있게 도와달라는 상소를 당나라 목종에게 올렸다.

> 엎드려 바라옵건대, 여러 도 근처의 해변 주현에 공문을 내려 매양 출항하는 배가 있으면 편의대로 돌아갈 수 있도록 맡기고 주현으로 하여금 제약을 두지 않게 하옵소서. … (중략) … 본국 백성으로 돌아가기를 원하는 자는 책임지고 살펴 고국으로 돌아갈 수 있도록 하여 주시옵소서.

이런 노력으로 많은 신라인이 노비 신세에서 풀려나 귀국할 수 있었다.

〈신라촌락문서〉

1933년 일본 황실의 유물 창고인 쇼소인에서 〈신라촌락문서〉가 발견되었다. 쇼소인은 일본 나라현의 불교 사찰인 도다이지東大寺, 동대사에 있는데, 그곳에는 한반도 유물도 여럿이 보관되어 있다. 그곳에 보관된 '화엄경론질華嚴經論帙'을 수선하던 중 〈신라촌락문서〉가 발견됐다. 질帙이란 불경의 덮개를 가리키는데, 이 불경 덮개 안쪽에 〈신라촌락문서〉가 붙어 있었다. 신라의 지방행정문서가 불경 덮개를 만들기 위한 이면지로 쓰인 것이다. 쇼소인에서는 불경 수선을 마친 뒤 문건을 덮개 속에 넣어버려 현재 이 문건은 사진으로만 볼 수 있다. 또한 쇼소인에 보관하던 유기그릇인 좌파리가반佐波理加盤을 싼 포장지에서도 문서의 일부가 발견되었다.

〈신라촌락문서〉는 신라의 지방행정에 관한 자료가 생생하게 기록

쇼소인(정창원) | 국사편찬위원회
일본 나라현에 있는 사찰 도다이지(東大寺)의 북서쪽에 있는 보물 창고다. '쇼소(正倉, 정창)'는 세금을 거두는 창고란 뜻이다. 쇼소인은 땅의 습기를 피하고자 건물 전체를 높이 들어 올린 상태로 건축됐는데, 이런 건축 방식은 고대 한반도에서도 흔히 쓰였다.

된 사료임이 분명하다. 하지만 안타깝게도 문서가 작성된 시기, 즉 제작 연대를 정확히 확정할 수 없다. 이 문서의 제작 연도가 60년 단위로 반복되는 십이간지로만 적혀 있기 때문이다. 이 문서는 '을미년'에 만들어졌다고 하는데, 을미년을 서기로 계산하면 695년(효소왕), 755년(경덕왕), 815년(헌덕왕), 875년(경문왕)이 후보로 꼽힌다. 학계에서는 4개의 후보 중 695년과 815년을 두고 팽팽하게 맞서고 있다. 작성 연도에 대해서는 학계에서 치열하게 논전하고 있는데, 매우 전문적인 이야기라 본문에서는 자세히 논하지 않겠다. 여기서는 815년 가설에 따라 〈신라촌락문서〉가 무엇인지 말하고자 한다.

〈신라촌락문서〉는 통일신라의 지방행정을 기록한 사료로, 당시 신라를 이해하기 위한 중요한 문서다. '신라장적' 또는 '신라민정문서'라는 이름으로도 불린다. 이 문서에는 서원경(청주)에 있던 4개 촌락의 정보가 담겨있다. 촌락의 이름으로는 사해점촌沙害漸村과 살하지촌薩下知村만 확인할 수 있다. 이 문서에서는 각 가구를 연烟이라고

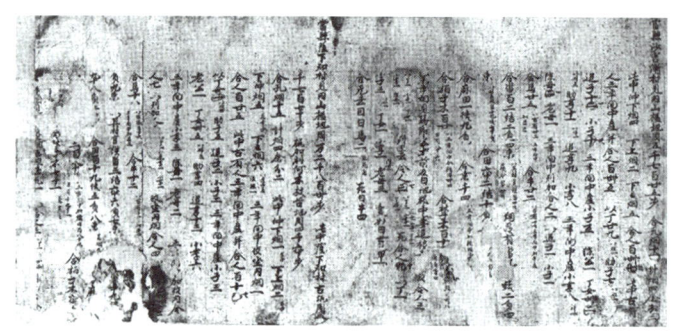

〈신라촌락문서〉 | 국립중앙박물관
통일신라 때 충청북도 청주시 부근에 있었던 4개 촌락의 경제 상황을 기록한 문서다. 이 문서를 보면 신라가 조세수취제도를 어떻게 운영했는지 유추할 수 있다.

표시한다. 후대에 한 가구(가정)를 호戶라고 부르는 것과 같은 의미로 쓰였다. 연은 9등급으로 나뉘는데, 등급을 나눈 기준이 무엇인지는 학계에서도 여전히 치열하게 논쟁하고 있다. 가구의 노동력, 소유한 토지의 규모, 집안의 재산이 기준이라는 주장들이 있다. 이 문서에는 인구, 주거지, 경작지 이외에도 주변의 산과 강에 대해서도 기록되어 있다. 인구의 경우 3년간의 출생과 사망, 마을을 이동한 사람과 노비까지 포함해 적혀 있다.

연에 대한 기록은 공연孔烟, 계연計烟, 등급연等級烟, 3년간 중 수좌내연三年間 中 收坐內烟으로 세분된다. 공연이 무엇인지를 두고 '하나의 가구'라는 견해와 '몇 개의 가구를 통칭'한다는 견해가 있다.

계연은 촌락의 경제력을 계산한 것이다. 촌락의 경제력을 수치로 나타낸 값을 '계연수'라고 하는데, 이를 기준으로 국가는 촌락마다 형평에 맞추어 세금과 군역을 부과했다. 등급연은 각 연을 9등급으로 나누어 기록한 것이다. 마침 당나라가 635년에 9등호제를 만들었는데, 신라가 당의 제도를 도입한 것으로 보인다. 하나의 촌마다 공연은 10여 개, 인구는 100여 명이었다.

학자들은 〈신라촌락문서〉가 현에서 기록한 후 상급기관에서 정리한 행정문서일 것이라 추정한다. 즉 현에서 기록하고, 주에서 정리한 다음, 왕경으로 보고된 문서인 것이다. 이 사료는 신라가 지방을 세밀한 기준으로 분류하여 철저히 통제하고 있었음을 알려준다. 마을을 이끄는 촌주에게 '촌주위답'이라는 토지를 따로 제공하는 등 촌주의 살림을 보장했다는 사실도 이 문서를 통해 알 수 있다. 이들 촌주 중 강력한 세력은 후일 후삼국시대 때 호족으로 발전한다.

김헌창의 난

애장왕 때 시중이었던 김헌창은 무열왕계 인물이다. 그는 813년(헌덕왕 5년)에 무진주 도독이 되어 외방으로 떠났다. 1년 만에 다시 돌아와 집사부 시중이 되었다. 2년 후에는 청주 도독이 되었고, 821년(헌덕왕 13년)에는 웅천주(웅주) 도독이 되었다. 지방을 돌아다닌 김헌창은 기근으로 고생하는 백성들의 모습을 잘 볼 수 있었다. 더불어 나라 곳곳에서 왕실을 향한 불만이 드높았고, 사방에서 도적이 들끓었다. 때때로 구휼을 하기도 했지만 기본적으로 군사를 동원해 도적을 때려잡기만 하여 문제의 원인은 해결되지 않았다. 백성들은 자식을 팔아 끼니를 때우는 판이었으니, 난리가 나기까지는 시간문제였다.

웅천주 도독이 된 김헌창은 아버지 김주원이 정당한 왕위 계승자였는데 왕위를 찬탈당했다고 주장하며 822년(헌덕왕 14년)에 반란을 일으켰다. 국호는 장안長安, 연호는 경운慶雲으로 정했다. 5개의 주(웅천주, 무진주, 완산주, 청주, 사벌주)와 3개의 소경(중원경, 서원경, 금관경)이 김헌창의 난에 참여했다. 김헌창의 아버지 김주원은 왕위 경쟁에서 밀린 후 명주(강릉)에서 살았다. 즉 김헌창의 근거지는 명주였는데 거기서 멀리 떨어진 곳에서 반란을 일으킨 셈이었다. 당연히 김헌창의 장악력은 그렇게 높지 않았다. 반란군 내부에서 이탈자가 속속 발생했다. 덕분에 조정에서는 김헌창의 세력을 자세히 알 수 있었다. 정부군은 남쪽으로 진군하던 반란군을 무찌르고, 북쪽 군세를 차례차례 격파하며 김헌창이 자리 잡은 웅진으로 진격했다.

김헌창의 난이 발발했을 당시 그의 세력권은 거의 후기 백제의 영

지도5 김헌창의 난

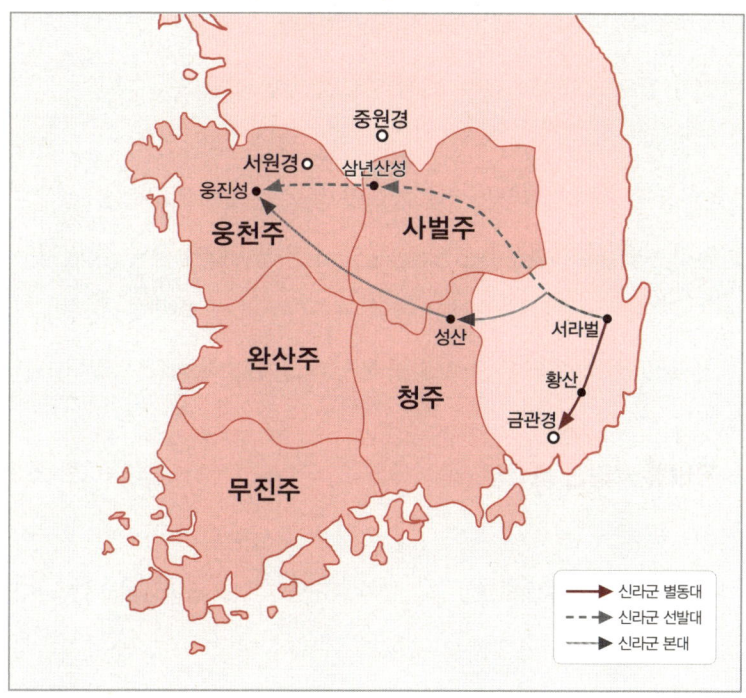

김헌창의 난이 발발하자 9주 5소경 중 5주 3소경이 가담했다. 신라는 반란군의 세 방면을 공격했다. 먼저 화랑들을 별동대로 꾸려 황산(경남 양산)을 거쳐 금관경 인근의 낙동강 하류를 방비했다. 선발대는 삼년산성(충북 보은군)을 거쳐 반란군의 근거지 웅진성을 공격했다. 마지막으로 신라군 본대는 성산(경북 성주)을 거쳐 웅진성으로 진격했다.

역만큼 넓었다. 다만 정부군의 대응이 신속하고 정확한 탓에 순식간에 진압되었다. 김헌창은 군사를 이끌고 성 밖에서 일전을 벌였지만 상대가 되지 못했다. 간신히 성으로 달아나 몸을 숨겼다. 하지만 이렇게 된 이상 되돌릴 길은 없었다. 김헌창은 성에서 열흘을 버텼지만 결국 성이 함락되자 자살로 생을 마감했다. 신라는 오랜 왕위 다툼과 기근 등으로 허덕거렸으나 여전히 강력한 국력을 보유하고 있었다. 헌덕왕과 그의 동생 충공에게 시무책을 진언한 녹진도 김헌창의 난을 평정하는 과정에 참여하여 큰 공을 세웠다. 나라에서 표창하고자 했으나 녹진 본인이 이를 사양하고 받지 않았다.

김헌창의 난을 처리하는 동안 신라는 김헌창의 친족과 그 무리 239명을 죽였다. 그런데 이때 김헌창의 아들 김범문金梵文을 놓치고 말았다. 3년 후 김범문은 고달산의 도적 무리 100여 명과 함께 평양에 도읍을 세우고자 각오하고 먼저 북한산주를 공격했다. 하지만 의기만 높았을 뿐 실력이 따르지 못해 신라군에 잡혀 죽고 말았다.

왕비를 사랑한 흥덕왕

헌덕왕의 뒤를 이어 즉위한 흥덕왕은 소성왕과 헌덕왕의 동생이다. 헌덕왕에게 아들이 없어서 그가 부군副君, 왕위 계승권자이 되었다고 한다. 그런데 헌덕왕에게는 분명히 아들이 있었다. 그것도 셋이나 있었다.《삼국유사》에 따르면, 승려 심지心地는 헌덕왕의 아들로 태어났고 15세에 출가하였다고 한다. 이를 보면 헌덕왕의 두 아들은 일찍 죽었고, 남은 아들은 승려가 되어 왕위를 계승할 수 없었던 것이 아닐까 싶다.

흥덕왕은 왕위에 오르기 전 28세에 집사부 시중직을 맡았고, 43세에는 상대등이 되었다. 그로부터 3년 후 부군이 되었다. 즉위했을 때 그의 나이는 50세였다. 즉위한 해에 왕비 장화부인章和夫人이 죽었다. 장화부인은 소성왕의 딸이다. 말하자면 숙부들이 죽인 애장왕의 남매다. 현대인의 감각으로는 원수와 함께 살기가 참 쉽지 않은 듯한데, 흥덕왕은 아내를 엄청 사랑해서 이런 문제를 극복할 수 있었던 것 같다. 아내가 죽은 후에는 새로운 왕비를 들이라는 청도 거절한 채 환관들만 곁에 두었다.

당나라에 사신으로 갔단 온 이가 앵무새 한 쌍을 왕에게 바쳤는데, 얼마 지나지 않아 암컷 앵무새가 죽었다. 수컷이 슬피 울자 왕은 앵무새 앞에 거울을 두었다. 앵무새는 자기 짝이 돌아온 줄 알고 좋아했다가 곧 그림자에 불과하다는 것을 알고는 다시 울다 죽었다. 흥덕왕은 "짝을 잃은 슬픔을 새도 아는데 하물며 좋은 배필을 잃었으니 내 심정이 어떻겠는가? 차마 무정하게 다른 아내를 얻을 수 없다."라고 말했다. 이처럼 아내를 사랑했던 흥덕왕은 사후에 왕비와 합장했다.

827년(흥덕왕 2년) 고구려 승려 구덕이 당나라에서 불경을 가져왔다는 기록이 있다. 고구려계 출신이라는 뜻인지, 발해 출신을 고구려 출신이라 말한 것인지 알 수 없다.

828년(흥덕왕 3년) 당나라에 갔던 사신이 차나무 종자를 가지고 왔는데 이것을 지리산에 심었다. 이때부터 한반도에서 차 문화가 크게 성행했다.

823년(흥덕왕 7년)과 833년에는 연달아 큰 가뭄이 들고 전염병도 돌았다. 도적들도 사방에서 날뛰기 시작했다. 흥덕왕 때 얼마나 사정이 좋지 않았는지, 효자 손순孫順은 자기 자식을 버려 늙은 어머니를 봉양했다고 한다. 손순은 모량리 사람으로, 아내와 함께 품팔이를 하며 늙은 어머니를 봉양했다. 두 사람에게는 어린 아이가 하나 있었는데, 이 아이가 항상 늙은 어머니의 음식을 훔쳐 먹었다. 손순의 벌이로는 어머니와 아이 모두를 배불리 먹일 수 없었다. 고민하던 손순이 아내에게 말했다.

> 아이는 다시 얻을 수 있으나 어머니는 다시 구할 수 없지 않소? 아이가 늘 음식을 훔쳐먹으니 어머니가 얼마나 배가 고프시겠소. 아이를 묻고 어머니를 봉양합시다.

손순이 아이를 업고 아내와 함께 멀리 나가 땅을 파기 시작했다. 그런데 땅에서 돌로 만든 종이 나왔다. 부부는 종을 나무에 걸어놓고 쳐보았는데, 그 소리가 은은하면서도 사랑스러웠다. 아내가 이리 말했다.

> 특이한 물건을 얻은 것은 우리 아이의 복입니다. 아이를 묻어서는 안 되겠습니다.

손순도 아내의 생각에 동의하여 돌로 만든 종을 가지고 돌아왔다. 종을 들보에 매달고 쳐보니 그 종소리가 대궐까지 닿았다. 이를 들은 흥덕왕은 소리에 놀라 신하들에게 말했다.

> 맑은 종소리가 서쪽에서 울리니 속히 조사하도록 하라.

왕명을 받은 이가 손순의 집에 와서 자초지종을 듣고 흥덕왕에게 보고했다. 흥덕왕이 기뻐하며 말했다.

이는 하늘께서 효심의 본보기로 내린 것이다.

흥덕왕이 손순에게 집을 한 채 내려주고 매년 벼 50석을 받아가게 했다. 손순은 종을 걸어놓았던 집을 절로 만들었다. 진성여왕 때 후백제의 군사들이 돌로 만든 종을 가져가 사라졌다고 한다.

손순의 이야기를 살펴보면 식량 때문에 아이를 죽여야만 하는 백성의 곤궁한 처지를 엿볼 수 있다. 흥덕왕에게는 애민의식이 있었으나 신라의 어려움을 풀 재능은 없었다. 그뿐만 아니라 잠시 안정화된 것만 같았던 왕위 계승이 흥덕왕 사후 다시 어지러워지게 되었다. 836년 흥덕왕이 60세로 죽자 왕위를 놓고 또다시 피비린내 나는 칼부림이 벌어졌다.

희강왕의 자살과 민애왕의 등극

흥덕왕 사후 왕위를 원한 사람은 둘이었다. 원성왕의 3남 김예영金禮英의 아들 김균정金均貞, 김예영의 손자 김제륭金悌隆이었다. 김제륭은 김예영의 또 다른 아들인 김헌정金憲貞의 아들이다. 즉 왕위를 두고 경쟁한 김균정과 김제륭은 삼촌과 조카 사이다. 김균정 측에는 아들 김우징金祐徵, 매제 김예징金禮徵, 무열왕계 김주원의 증손자인 김양金陽이 있었다. 한편 김제륭 측에는 시중 김명金明, 아찬 김이홍金利弘, 배훤백裵萱伯 등이 있었다. 김명은 원성왕의 손자 김충공金忠恭이 낳은 아들로, 훗날 민애왕으로 등극한다. 김제륭을 지지한 세력은 관료층이었던 듯하다.

흥덕왕이 죽자 김균정은 재빨리 보위에 올라 본인이 왕임을 선언했다. 하지만 곧이어 김제륭이 군사를 이끌고 왕궁을 포위했다. 용맹심이 뛰어나고 전장에서의 잔뼈가 굵던 김양은 분개하여 활을 이용해 10여 명을 쏘아죽였다. 하지만 그도 배훤백이 쏜 화살에 다리를 맞고 말았다. 김양이 쓰러지자 김균정이 말했다.

저들의 수가 많으니 막을 수가 없을 것이다. 그대는 물러나 후일을 도모하라.

김양은 포위를 뚫고 달아났는데, 김균정은 몰려드는 병사들에게 살해되고 말았다. 김양은 태양을 보면서 복수를 맹세하고 통곡했다. 김균정을 처치한 김제륭이 왕위에 오르니 제43대 희강왕이다. 희강왕은 본인을 도운 시중 김명을 상대등으로 삼고, 아찬 김이홍을 시중에 임명했다. 왕위를 뺏긴 김균정의 아들 김우징은 청해진으로 달아나 장보고에게 의탁했다.

청해진은 828년(흥덕왕 3년) 4월에 설치된 군사기지였다. 왕권도 차마 건드리지 못하는 그곳으로 김우징의 세력이 속속 모여들었다. 더군다나 희강왕 세력은 내분을 겪었다. 상대등 김명과 시중 김이홍이 손을 잡고 희강왕을 공격한 것이다. 김우징의 처분을 두고 의견이 갈렸을 가능성이 있다. 김명의 공격을 받은 희강왕은 살아날 길이 없다고 체념하며 목을 매 자살했다. 이윽고 김명이 제44대 민애왕이 되었다.

김명의 아버지 김충공은 원성왕의 장남 인겸仁謙이다. 즉 민애왕은 원성왕의 증손자가 된다. 그런데 김충공은 자신의 누이동생과 남매

혼을 한 특이한 인물이다. 자식도 많았는지, 기록에 남은 아이만 1남 3녀였다. 심지어 민애왕 본인은 희강왕의 처남이기도 하였다. 이처럼 신라 왕실과 끈끈하게 얽혀 부귀영화를 누렸건만 민애왕의 운명은 아군에게 배신당해 자살한 희강왕과 별반 다르지 않았다.

선덕왕이 죽었을 당시, 김주원은 훗날 원성왕이 될 김경신과 왕위를 두고 경쟁했다. 무열왕계의 후손이었던 김주원에게 우선권이 있어서 왕궁으로 향하던 중 큰비가 내려 강물이 넘친 탓에 왕위를 김경신에게 빼앗겼다고 한다. 이와 관련하여 《삼국유사》에 흥미로운 이야기가 적혀 있다. 어느 날 김경신은 복두(귀족이 쓰는 모자)를 벗고 흰 삿갓을 쓴 뒤에 가야금을 들고 천관사(天冠寺)의 우물에 들어가는 꿈을 꿨다. 점쟁이가 해몽하길 "복두를 벗었으니 관직을 잃을 것이고, 가야금을 들었으니 목에 칼을 찰 것이며, 우물에 들어갔으니 옥에 갇힐 것입니다."라고 말했다. 꿈에서 깬 김경신이 근심에 빠졌을 때, 여삼(餘三)이라는 관리가 이렇게 말했다. "그 꿈은 좋은 꿈입니다. 복두를 벗었으니 위에 사람이 없다는 뜻이고, 흰 삿갓은 면류관을 쓴다는 말이며, 가야금은 열두 줄이니 열두 세대까지 왕위가 이어진다는 것입니다." 여삼은 북천신(北川神)께 제사를 지내면 왕이 될 수 있다고 조언했다. 여삼의 조언대로 북천신께 제사를 지낸 후 얼마 지나지 않았을 때 선덕왕이 사망했다. 그런데 북천 강물이 넘쳐 흘러 김주원이 강을 건너지 못했고, 결국 김경신이 왕위에 올라 원성왕이 됐다. 김경신이 왕이 되었을 때에는 여삼은 죽고 없었으므로 원성왕은 그 자손을 불러 벼슬을 주었다고 한다.

호국삼룡과 여의주

원성왕 시기에 신비한 이야기가 몇 가지 전해진다. 795년(원성왕 11년), 당나라에서 온 사신이 서라벌에서 한 달을 머물고 떠났다. 다음 날, 두 여자가 원성왕 앞에 나타났다. 전혀 본 적이 없는 얼굴이었으니 원성왕도 놀랐을 것이다. 여자들이 입을 열었다.

> 저희는 동쪽 연못과 동천사(東泉寺)의 연못에 사는 용의 아내들입니다. 당나라 사신이 하서국(河西國) 사람을 거느리고 와서 우리 남편 둘과 분황사 우물의 용까지 합쳐 용 셋을 작은 물고기로 변하게 하여 통 속에 넣어 가지고 갔습니다. 폐하께서 부디 명을 내려 용들을 되찾아주십시오.

원성왕이 즉시 당나라 사신들을 쫓아가 결국 이들을 따라잡았다. 원성왕은 크게 잔치를 열어 사신들을 초청했다. 사신들이 오자 하서국 사람에게 말했다.

너희는 어찌하여 우리나라의 용 셋을 잡아서 여기까지 데리고 왔느냐? 사실대로 고하지 않으면 극형에 처할 것이다.

하서국 사람은 발뺌하지 못하고 용을 내놓았다. 원성왕이 이들을 원래 살던 곳에 풀어놓게 하였다. 물고기가 들어가자 연못 물이 한 길이나 치솟아 올랐다. 용들이 본 모습을 되찾은 것이다. 본래대로 돌아온 그들은 기뻐하며 뛰다가 사라졌다. 당나라 사신들은 왕의 밝은 지혜에 감복했다.

이 이야기는 원성왕의 신비함을 선전하기 위해서 만들어진 것이다. 하지만 이런 이야기 속에 들어있는 상상력은 오늘날에도 음미할 만한 부분이 있다. 위대한 용을 물고기로 변하게 하여 잡아간다는 발상이 유독 재미있다.

다음으로 황룡사의 일이다. 황룡사 승려 지해智海가 궁에 들어와 불교 경전 중 하나인 《화엄경》을 강해했다. 그를 따라 궁으로 들어온 사미沙彌 중 묘정妙正이라는 아이가 있었다. '사미'는 수행하는 어린 남자 승려를 일컫는다. 묘정은 우물가에서 바리때를 씻었는데, 그 우물 안에 자라 한 마리가 있었다. 묘정은 자라를 귀여워하여 늘 남은 밥을 나누었다. 어느덧 지해가 절로 돌아갈 날이 다가오자 묘정은 자라에게 마지막으로 밥을 주며 이리 말했다.

내가 너한테 은덕을 베푼 지 오래되었는데, 너는 내게 무엇으로 보답하겠느냐?

그러자 자라가 사라졌다가 며칠 지나 나타났는데, 구슬 하나를 토했다. 묘정은 그 구슬을 보답으로 알고 허리띠에 묶었다. 다음 날 원성왕이 우연히 묘정을 보더니, 그를 사랑하게 되어 곁에 두었다. 늘 같이 다니며 곁을 떠나지 못하게 했다. 이 무렵 당나라에 사신으로 가는 이가 있었는데, 그 사람도 묘정을 총애하여 그를 데리고 당나라로 가길 원했다. 원성왕이 이를 허락하여 두 사람은 함께 당나라로 향했다.

당나라에 도착하자 당의 황제도 묘정을 보고 총애했다. 당나라의 승상과 신하들도 모두 묘정을 좋아했다. 관상을 보는 이가 이 현상을 관찰하고는 황제에게 고했다.

> 묘정의 얼굴을 살펴보니 관상에 길한 곳이 하나도 없는데, 모두 그를 믿고 존경합니다. 분명 어떤 이상한 물건을 몸에 지니고 있는 것입니다.

황제가 묘정의 몸을 수색하게 했더니 허리띠 끝에서 구슬이 하나 나왔다. 황제의 낯빛이 변했다.

> 짐에게 여의주가 네 개 있었는데, 그중 하나를 작년에 잃어버렸다. 지금 이 구슬을 보니 짐이 잃어버린 그 구슬이다. 너는 이것을 어떻게 얻었느냐?

이에 묘정이 엎드려 구슬을 얻게 된 사연을 이야기했다. 황제가 여의주를 잃어버린 시기와 묘정이 여의주를 얻은 시기가 일치했다. 황제가 구슬을 빼앗고 묘정을 돌려보냈다. 이후 묘정을 총애하는 이는 아무도 없었다.

   이 이야기는 매우 독특하다. 묘정은 못생겼지만 마음은 착한 사미였던 모양인데, 선행의 대가로 잠시 상황이 좋아졌다가 도로 원 상태로 되돌아간 것으로 이야기가 끝난다. 이야기의 교훈은 대가를 바라고 선행을 한다면 보상을 받지 못한다는 것이다. 한편으로는 원래 신분을 벗어나는 일은 불가능하다고 말하고 있는데, 타고난 신분에 만족하고 감히 그 이상을 원하지 말라는 보수적인 교훈을 담고 있다고 볼 수도 있다. 다만 상상력을 자극하는 이런 이야기는 우리의 소중한 문화 유산이라고 할 수 있다.

장보고와 청해진

장보고는 5두품 이하의 미미한 신분 태생이었으나 신라의 운명과 동아시아 해상로를 지배하는 거물이 되었다. 신분제에 묶인 신라를 떠나 당나라에서 성장했기 때문이다. 당시 신라의 낡은 사회제도로는 장보고 같은 인물을 품을 수 없었다.

당나라로 건너간 장보고와 정년

장보고는 828년(흥덕왕 3년) 4월에 청해진을 설치했다. 장보고는 어릴 적부터 바닷가에서 살았다. 친구 '정년鄭年'과 함께 컸는데, 둘 다 싸움에 일가견이 있었다. 또 헤엄을 잘 쳐서 정년은 잠수하여 50리를 헤엄쳐도 숨이 차지 않았다 한다. 장보고는 정년에겐 조금 미치지 못했지만 정년은 장보고를 형이라 불렀다. 둘은 서로 경쟁하며 기량을 키웠다.

두 사람은 골품제의 신라를 떠나 당나라로 향했다. 장보고의 원래 이름은 궁복弓福 또는 궁파弓巴였는데, 당나라에서 장보고라는 이름을 지었다. 이때의 당나라에는 고구려계 절도사 이사도를 정벌하기 위한 병력이 필요했다. 장보고와 정년은 이에 지원했다. 두 사람이 말에 올라 창을 쓰면 대적할 사람이 없었다. 장보고는 821년(헌덕왕 13년) 또는 822년에 당나라 군대에서 나온 것 같다. 장보고는 바다에 익숙했으니 군대를 떠난 후 해상무역에 종사했을 것이다. 824년

(헌덕왕 16년)에는 일본으로 갔고, 거기서 환속승 이신혜李信惠를 구출해 함께 당나라로 돌아왔다. 이신혜가 머물 곳을 만들기 위해 오늘날 산동성에 있는 등주 문등현 적산촌에 법화원法華院을 세운 것 같다. 장보고는 명성을 얻은 뒤 신라로 돌아가 흥덕왕을 만났다.

중국(당나라)을 돌아보니, 우리나라 사람을 노비로 삼고 있습니다. 부디 청해에 진을 설치하여 적도(賊徒, 해적 무리)들이 사람들을 서쪽(당나라)으로 잡아가지 못하게 해주십시오.

장보고가 말한 청해는 오늘날 전라남도 완도를 가리킨다. 동아시아에서 해적의 인신매매는 헌덕왕 때부터 심각한 국제문제였다. 흥덕왕은 장보고의 청을 승낙했고, 장보고는 왕의 재가를 받아 청해진에 부하 1만 명을 두었다. 장보고는 곧장 능력을 발휘했다. 한반도 서남해에서 활약하던 해적들을 소탕하자 신라인이 노비로 잡혀가는 일이 더는 없게 되었다.

동아시아 해상무역의 지배자

그 무렵 당나라에 있던 정년의 형편이 몹시 나빠졌다. 정년이 장보고를 따라서 귀국하지 않은 까닭은 둘 사이에 다툼이 있었기 때문이다. 그가 귀국을 준비하자 당나라 장수는 "신라로 돌아가면 장보고 손에 죽을걸세."라고 경고하며 만류했다. 그러나 정년의 의지는 굳건했다.

상관없네. 굶주림과 추위에 죽는 것은 차라리 통쾌하게 싸우다 죽는 것만 못하네. 하물며 고향에서 죽는 것을 마다하겠는가?

장보고는 정년과 싸우기는커녕 그를 환대했다. 정년의 능력을 잘 알고 있었기 때문이다. 장보고는 청해진 근처에 법화사를 창건했고, 당나라에는 법화원을 세웠다. 신라와 당나라에 각각 사찰을 세운 것이다. 당시의 불교 사원은 종교 장소로만 쓰이지 않았다. 재물을 모으는 역할도 맡았다. 따라서 장보고가 세운 사찰도 무역 거점으로 쓰였다. 장보고는 이처럼 해상무역을 장악해 부를 축적했고 '청해진

완도 청해진 유적 | 국가유산청

청해진은 오늘날 전라남도 완도 앞바다에 있는 '장도'라는 섬에 설치되었다. 장도 전체에 계단식 성의 흔적이 있는데, 앞바다를 제외한 주변 바다는 수심이 얕아 방어용 목책을 박아 외부의 접근을 차단했다. 성터 안에서 토기를 비롯한 여러 유물이 출토되었고, 인근에는 장보고가 세웠다고 전해지는 법화사의 옛 터가 있다.

대사'라는 지위를 차지해 영화를 누렸다. 와중에 신라 왕실에서는 변란이 발발했고, 왕위 쟁탈에서 밀린 김우징이 청해진으로 찾아와 장보고에게 의탁했다. 얼마 지나지 않아 김우징의 심복들도 모여들었다. 김양도 군사를 모아 찾아왔다. 그사이에 김명이 희강왕을 죽이고 민애왕으로 등극했다. 우징은 장보고에게 민애왕을 공격해달라고 청했다.

네가 나를 위해 원수를 제거해준다면 그대의 딸과 결혼하여 왕비로 삼을 것이다.

장보고는 병사 5,000명을 동료인 정년에게 맡기며 이렇게 말했다.

네가 아니면 이 화란을 평정할 수 없을 것이다.

838년(민애왕 원년) 12월, 김양이 평동장군平東將軍이 되어 정년, 염장閻萇 등을 거느리고 서라벌로 진군했다. 민애왕도 군대를 보냈다. 오늘날 광주광역시에 해당하는 무주에서 처음으로 충돌했는데, 김양은 기병 3,000명으로 민애왕의 군사를 격파했다.

해가 넘어가 윤1월 19일에 지금의 대구광역시인 달벌(달구벌)에서 다시 대전을 벌였다. 민애왕의 군사는 절반 넘게 죽었다. 당황한 민애왕이 도망쳐 숨었지만 결국 병사들에게 들켜 살해당했다. 김우징이 즉위하니, 그는 제45대 신무왕이 되었다. 희강왕을 배신해 민애왕을 옹립한 김이홍은 내전 중 달아났는데, 신무왕이 그를 찾아 죽

지도6 청해진과 신라방

였다. 그후 신무왕은 꿈에서 김이홍이 쏜 화살에 등을 맞았다. 꿈에서 깨어나니 그 자리에 종기가 생겼고, 왕이 된 지 반년 만에 죽고 말았다. 신무왕의 아들이 왕위에 올랐으니 그를 제46대 문성왕이라 하였다.

장보고와 청해진의 최후

문성왕은 아버지를 도운 공을 잊지 않겠다고 말하며 장보고를 진해장군鎭海將軍으로 제수했다. 문성왕은 아버지가 사망하여서 지키지 못한 약속도 지켜야 한다고 생각했다. 장보고의 딸을 후비로 맞이하고자 했다. 하지만 조정 신하들이 "바닷가 촌놈의 딸을 어떻게 왕비로 맞이할 수 있는가?" 같은 반응을 보이며 반대하였다. 신하들의 노골적인 반대에 문성왕조차 선왕과 장보고의 약조를 포기하고 말았다.

장보고는 당연히 발끈했다. 결국 846년(문성왕 8년) 장보고가 청해진을 근거지로 삼아 반란을 일으켰다. 장보고 부하들의 용맹은 문성왕도 익히 아는 바였다. 문성왕은 공포에 질렸다. 그때 김양과 함께 싸웠던 염장이 문성왕을 찾아왔다.

신은 병졸 하나 없이 장보고의 목을 바칠 수 있나이다.

염장은 그 길로 장보고를 찾아갔다. 염장의 용맹한 공적과 성품을 정년에게 들은 바 있던 장보고는 아무런 의심도 하지 않고 그를 받아주었다. 걸출한 장사가 찾아왔다는 기쁨에 잔치를 벌였고, 술을 거나하게 마셨다. 염장은 기회를 엿보다가 번개처럼 움직여 장보고의 목을 베었다. 삼국을 오가며 해상의 제왕으로 군림했던 장보고의 최후는 이처럼 허무했다. 염장이 우두머리의 목을 베고 장보고의 부하들을 설득하자 구심점을 잃은 그들 전원이 투항했다.

신라 조정이 조금이라도 미래를 생각했다면 청해진을 보존하고 해상무역로를 계속 운영하며 무역의 이점을 확보해야 했다. 하지만 이미 사병화된 집단의 무서움을 겪은 신라 조정은 미래를 고려할 겨를이 없었다. 851년(문성왕 13년), 신라는 청해진을 없앴고 다시는 해상에서의 우위를 점할 수 없게 되었다. 대신에 신라 왕실은 편안해졌다. 문성왕은 이후 벌어진 여러 반란을 모두 진압하였다.

부마 자격으로 왕이 된 경문왕

문성왕은 왕위를 숙부에게 넘겼다. 아들이 있었던 문성왕이 숙부에게 왕위를 물려준 까닭은 정확히 알 수 없다. 헌안왕의 무력이 두려웠던 탓일지도 모른다. 헌안왕은 신무왕의 이복형제였는데, 헌안왕 본인에게는 아들이 없었다. 그에게는 두 딸이 있었는데, 일부 신하는 선덕여왕이나 진덕여왕처럼 공주를 여왕으로 옹립하자고 주장했다. 하지만 헌안왕은 사위 '응렴鷹廉'을 후계자로 지목했다.

김응렴은 원성왕계 후손으로, 제43대 희강왕의 손자였다. 따라서 왕위 계승에 하자가 있다고 볼 수는 없었다. 응렴이 헌안왕의 사위가 되기 전 화랑이었을 때, 헌안왕과 응렴은 이런 대화를 나누었다.

헌안왕 그대는 국선(화랑의 우두머리)으로 세상을 돌아다녔는데, 어떤 이상한 일을 본 바 있는가?

응렴 신은 아름다운 행실을 지닌 사람 셋을 보았습니다. 다른 사람의 윗자리에 있을 만한 사람이면서 겸손하여 그 밑에 있는 이가 첫째이옵고, 큰 부자이면서도 검소하게 옷을 입는 사람이 둘째이며, 본래 귀하고 세력이 있으면서도 그 위세를 보이지 않는 이가 셋째입니다.

응렴의 대답을 들은 헌안왕은 상대의 어진 품성을 깨닫고 기뻐했다.

짐에게 두 딸이 있는데, 그대의 시중을 들게 하고 싶네.

응렴이 일단 자리를 물러나와 이 일을 부모와 상의했다. 응렴의 부모는 "왕의 딸 중 둘째 공주님이 아름다우니, 둘째 공주께 장가를 가는 게 좋겠다."라고 조언했다. 응렴이 그렇게 하고자 결심했는데, 그를 따르던 낭도 중 승려 범교사範敎師가 찾아와 조언했다.

둘째 공주님과 결혼하시면 아니 됩니다. 그렇게 하시면 저는 응렴공 앞에서 죽을 것입니다. 첫째 공주님과 결혼하면 세 가지 이점이 있으니 살펴보시기 바랍니다.

응렴은 범교사의 지혜로움을 익히 알고 있었기에 그의 말대로 했다. 헌안왕은 응렴을 사위로 맞이하고 얼마 되지도 않아 병석에 누왔다. 헌안왕이 부마駙馬 응렴에게 왕위를 물려준 뒤 범교사가 다시 찾아왔다.

> 제가 드렸던 말씀대로 세 가지 좋은 일이 완수되었습니다. 맏공주에게 장가를 가서 왕위에 오르게 된 것이 첫째이고, 이제 둘째 공주와 결혼할 수 있으니 이것이 둘째이며, 맏공주와 결혼한다고 해서 선왕께서 즐거워하신 점이 셋째입니다.

경문왕으로 즉위한 응렴은 범교사에게 큰 상을 내렸다.

경문왕의 당나귀 귀 설화

제48대 국왕 경문왕은 잠버릇이 특이했다. 잠잘 때 혀를 길게 내밀고 잔다든가, 뱀들을 침소에 들였다. 궁인들이 뱀이 무서워 쫓아내려 했으나 경문왕은 뱀이 없으면 잠을 잘 수 없다고, 그렇게 하지 못하게 막았다. 왕이 된 뒤에는 귀가 길어지기 시작했다. 다른 사람들은 아무도 몰랐다. 왕비조차도 몰랐다. 왕의 복두(모자)를 제작하는 장인만 알고 있었다. 하지만 입이 무거운 복두쟁이는 평생 아무에게도 왕의 비밀을 말하지 않았다.

복두쟁이는 죽음이 임박했을 때가 되어서야 답답한 속마음을 풀어놓고 싶었다. 그는 대나무가 우거진 곳을 찾아가 "우리 임금님 귀는 당나귀 귀!"라고 외쳤다. 이후 바람이 불면 대나무 숲에서 "우리 임금님 귀는 당나귀 귀!"라는 소리가 들렸다. 화가 난 경문왕이 대나무를 모두 베어버리게 했으나 그곳에서 산수유나무가 자라나자 또

소리가 들렸다. 이번에는 "우리 임금님 귀는 기다랗다."라고 바뀌었다. 당나귀는 커다란 귀를 가진 가져 생김새가 우습다. 거기다 고집도 센 동물이라 못난이 취급을 받을 때가 많다. 서양의 이솝 우화에서는 바보 캐릭터로 등장하는 단골 동물이기도 하다.

경문왕의 치세 동안 반란이 들끓었다. 경문왕이 반란을 성공적으로 진압하긴 했지만 신라 하대는 왕권이 안정되지 못한 시대였고, 반란이 고질적인 병폐처럼 빈번했다. 봉기와 진압이 반복될수록 다른 곳에 쓰여야 할 자원이 낭비된다. 이렇게 어지러운 세상이 군주를 '당나귀'라는 못난이로 묘사하는 데에 일조한 것이 아닐까?

경문왕은 즉위 초에 선정을 베풀고자 애썼으나 치세 말년의 상황은 참담했다. 867년(경문왕 7년) 서라벌에서 전염병이 창궐했는데 자연재해까지 발발했다. 전염병이 돌면 재해에 잘 대처할 수 없다. 전염병은 3년 후에 또 유행하며 신라를 뒤흔들었다. 872년(경문왕 12년)에는 메뚜기 떼가 논밭을 습격했고, 다음 해에는 역병이 또 돌았다. 이런 와중에 반란도 끊이지 않았다. 백성들의 삶이 갈수록 피폐해졌다.

젊은 시절 세상을 돌아다니며 백성의 고충에 귀를 기울이던 화랑 응렴은 사라졌다. 응렴은 백성들의 고충을 듣지 않는 경문왕이 되었다. 백성들이 느낀 배신감이 경문왕의 귀를 당나귀 귀로 바꾸었다. 고집불통의 왕은 백성들의 소리가 듣기 싫다고 탄압했는데, 이런 모습은 대나무를 잘랐다는 이야기로 바뀌었다. 이후 자라난 산수유나무는 당나귀 귀라는 말은 하지 않았고, 그저 왕의 귀가 길다고만 말했다. 귀가 길다는 것은 남의 말을 잘 듣는다는 뜻이다. 긴 귀로 온갖 이야기를 듣는다는 뜻이다. 즉 강직한 대나무를 잘라버리고 아첨꾼(산수유나무)들이 빈자리를 차지했다는 의미로 해석할 수 있다.

경문왕은 2남 1녀를 두었는데, 이들은 모두 왕이 되었다. 헌강왕, 정강왕, 진성여왕이 경문왕의 자식들이다. 경문왕 일가의 치세가 끝나며 박씨 왕이 다시 등장한다. 오랜 세월 존속된 김씨 왕가의 뒤를 이어 박씨 왕이 등장했으니, 왕권의 정통성을 강조하고자 김씨 왕가를 폄훼하는 당나귀 귀 이야기를 퍼트렸다는 해석도 존재한다.

이른바 '임금님 귀는 당나귀 귀' 이야기는 그리스 신화에서도 나온다. 음악의 신 아폴론과 자연과 목축의 신 판Pan이 악기로 대결했다. 아폴론은 리라를 켰고 판은 피리를 불었다. 미다스 왕은 판의 연주가 더 좋았다 평했고, 이에 분개한 아폴론은 미다스 왕의 귀를 잡아당겨 당나귀 귀로 변형시켰다. 창피했던 미다스 왕은 모자로 귀를 감추었는데, 이발사에게는 숨길 수 없었다. 사실을 누설하면 죽는다는 협박을 당한 이발사는 결국 참지 못해 땅에 구멍을 파고 "미다스 왕의 귀는 당나귀 귀!"라는 말을 했다. 그곳에서 갈대가 자라나자 바람이 불면 "임금님 귀는 당나귀 귀!"라는 소리가 들리게 되었다. 미다스 왕은 손을 대면 황금이 되는 이야기의 주인공이기도 하다. 투자하는 족족 성공하는 사람을 부르는 '마이더스의 손'이라는 말도 이 미다스 왕으로부터 나왔다.

이 이야기는 전 세계에서 발견된다. 이집트, 모로코, 세르비아, 포르투갈, 인도, 아일랜드, 몽골 등 다양한 지역에서 비슷한 이야기가 있다. 이처럼 재미있는 설화는 사방으로 퍼져나가곤 한다. 그러니 설화를 지나치게 역사와 일대일 대응하는 식으로 접근하면 잘못 해석할 수 있다. "이런 의미가 담겨 있다." 정도로 보는 편이 좋을 것이다.

> 경문왕은 당나라와의 관계를 잘 유지했고, 학생 여럿을 유학생으로 보냈다. 최치원이 당나라 빈공과(賓貢科)에 합격한 시기도 경문왕 때였다. 하지만 화랑 시절 유능한 인재로 평가받았던 것과 달리 어진 정치를 펼쳤다고 평가하긴 어렵다. 말년까지도 반란군이 궁궐에 침입할 정도였으니, 뱀과 함께 잠들었다는 이야기는 자기를 보호하기 위해 사람들을 속인 것일지도 모른다.

조신의 꿈

통일신라 후반인 9세기 초엽의 일이다. 오늘날 강원도 영월 땅에 세달사世達寺라는 절이 있었다. 훗날 궁예가 출가하여 중으로 지낸 절이기도 하다. 이 절이 경영하는 장원이 있었는데 여기 관리인의 이름이 조신調信이었다. 조신은 승려의 몸이었지만 태수 김흔金昕의 딸을 사랑하였다. 당시 의상대사가 세운 낙산사洛山寺의 관음보살상이 영험하다고 소문이 자자했는데, 조신은 오늘날 강원도 양양 땅에 있는 낙산사를 여러 차례 방문하여 김흔의 딸과 맺어지고 싶다는 소원을 빌었다. 하지만 소원은 이루어지지 않은 채 속절없이 세월만 흘렀고 김흔의 딸은 다른 곳에 시집가고 말았다. 김흔은 왕족이었고 조신은 성이 없는 것으로 보아 평민이거나 하층 귀족이었을 것이다. 기적이 일어나지 않는 한 혼인할 수 없었기에 관음보살께 매달린 것이다.

조신은 분하고 슬퍼서 낙산사를 찾아가 관음보살 아래서 원망의 소리를 내뱉으며 날이 저물 때까지 울었다. 조신은 울다 지쳐 깜빡 잠이 들고 말았다. 조신은 방문이 열리는 소리에 눈을 떴다. 어두운 밤이었지만 갑자기 방안이 환해지는 느낌을 받았다. 달덩이 같은 얼굴을 한 김흔의 딸이 조신을 찾아온 것이었다.

제가 일찍이 스님의 얼굴을 뵙고 마음으로 사랑하였습니다.

김흔의 딸은 하얀 이를 내보이며 수줍은 듯 웃었다.

스님을 잠시도 잊지 못하였으나 부모의 명을 거역할 수 없어 억지로 다른 사람에게 시집가게 되었습니다. 하지만 지금은 스님과 한 무덤에 묻힐 반려자가 되고 싶어 이렇게 찾아왔습니다.

조신은 기쁨에 어쩔 줄을 몰랐다. 그 길로 고향으로 가서 김흔의 딸과 함께 살았다. 그렇게 40여 년을 살며 다섯 자녀를 두었다. 하지만 얼마 안 되는 재산을 다 털어먹었다. 집이라 해봤자 벽 네 개가 서 있는 수준에 불과했고, 나물죽으로도 세 끼를 챙길 수 없었다. 뾰족한 수가 없으니 날품팔이를 하며 전국을 떠돌았다. 고생을 너무 많이 해서 옷이 해졌고, 결국에는 옷이 몸을 가리지도 못하였다. 고갯길을 오르던 열다섯 살 아이가 고생 끝에 허기를 견디지 못해 죽었다. 일가족은 강릉 땅에 이르러 띠풀을 엮어 만든 움집에서 구걸하며 살았다. 열 살 먹은 딸은 동냥하다 개에 물렸다. 딸이 아프다 울며 돌아오니, 참담하기가 이만저만이 아니었다. 부부가 아이를 얼싸안고 눈물을 줄줄 흘리다가 부인이 큰 결심을 하고 말했다.

내가 당신과 처음 만났을 때는 얼굴도 아름다웠고 나이도 젊었으며 예쁜 옷가지도 많았습니다. 맛 좋은 음식이면 한 가지라 해도 나누어 먹었고, 몇 벌 안 되는 옷도 나누어 입었습니다. 함께 산 지 벌써 50년. 정은 더할 수 없이 깊고, 사랑은 얽히고 묶였으니 실로 두터운 연분입니다.

  조신과 김흔의 딸이 스물에 만났다 해도 50년을 함께 살았으면 일흔 노인이 된 셈이다. 그런데 딸의 나이는 불과 열 살이니 무언가 이상하다. 그렇다면 이 숫자는 이들이 함께 산 햇수가 아니라 이들의 나이를 가리키는 게 아닐까? 아무튼 조신은 할 말이 없었다. 아내가 처연한 얼굴로 말을 이어갔다.

  최근에는 늙고 병들어 해마다 어려움이 더해지고, 추위와 배고픔도 날로 절박해지고 있습니다. 한 칸의 곁방살이도, 한 병의 마실 것도 사람들이 내어주지 않습니다. 대문 앞에서 당하는 수모는 산더미처럼 무겁네요. 아이들은 추위에 떨고 굶주림에 지쳤거늘 면해줄 방도가 없습니다. 그러니 우리가 어디 사랑을 나눌 틈이나 있나요? 부부의 즐거움도 사라진 지 오래입니다. 젊은 얼굴에 예쁜 웃음은 풀잎 위의 이슬 같고, 영지와 난초 간의 백년가약도 거센 바람에 날리는 버들개지가 되었습니다. 당신은 제게 짐이 되고, 저는 당신에게 근심이 되었습니다. … (중략) … 지난날의 즐거움을 돌이켜 생각하니 그것이 바로 우환에 접어드는 길목이었네요. 우리는 어찌하다 이 지경이 되었을까요? 새들이 함께 굶어 죽는 것보다 난새가 짝을 잃고 거울을 보며 우는 것이 나을 판입니다. 좋을 때만 가까이하고 어려울 때는 버리는 게 사람 할 일이 아니지만, 운명이 이러하니 우리가 헤어져 따로 살아갈 수밖에 없겠습니다.

조신도 동의했다. 부부는 아이를 두 명씩 나누어 헤어지기로 했다. 아내가 말했다.

저는 고향으로 갈 터이니, 당신은 남쪽으로 가세요.

조신은 아내의 손을 차마 놓지 못하다가 결국 작별인사를 하고 말았다. 그 순간 그는 꿈에서 깨어났다. 새벽이 부옇게 밝아오는 중이었다. 등잔불은 가물가물 스러지고 있었다. 이 하룻밤 사이에 조신의 머리는 하얗게 변했다. 모든 애욕이 스러져버린 것을 느꼈다.

조신은 관음보살상을 바라보며 자신의 무례함과 무지함을 참회한 후 낙산사를 나왔다. 그는 고갯길로 가서 아이를 묻었던 곳을 파보았다. 그곳에서 돌로 만든 미륵보살상이 나왔다. 이후 조신은 미륵상을 잘 씻어서 근처 절에 봉안하였다. 그리고 서라벌로 가서 장원 관리자의 책임을 면하였다. 사바세계(속세)와 얽힌 일을 더는 하지 않았다. 그는 자신의 재산을 모두 팔아서 절을 세우고 이후 수도에만 힘을 썼다.

망국으로의 길

신라는 안으로 곪은 상태였으나 신라의 수도 서라벌은 대국의 중심으로 여전히 번영하는 듯이 보였다. 헌강왕은 민가에서 모두가 기와를 올려 지붕을 만들고 숯으로 밥을 짓느냐고 물었고 그렇다는 대답을 들었다. 그리고 신하들은 이 모든 업적이 임금의 덕망이 어진 덕분이라고 말했다. 기근과 가뭄으로 신라는 지방에서부터 무너지고 있었음에도 왕은 이 사실을 전혀 몰랐던 것 같다.

잦은 왕위 교체

헌강왕은 경문왕의 큰아들이다. 헌강왕은 자신의 동생 각간 위홍魏弘을 상대등으로 임명했는데, 위홍은 훗날 진성여왕의 애인이 된다. 헌강왕이 바닷가로 놀러 갔을 때, 구름과 안개가 끼어 앞이 보이지 않는 일이 있었다. 일관이 말하길 "이것은 동해 용의 조화입니다. 좋은 일을 해서 풀어야 합니다."라고 간언했다. 이에 사찰을 세우기로 하자 안개가 걷혔다. 그런 이유로 그곳의 지명을 개운포開雲浦, 지금의 울산광역시라고 했다. 동해의 용은 헌강왕의 후의에 감사를 표하며 일곱 아들을 데리고 왕 앞에 나타나 춤을 추고 악기를 연주했다. 그중 용의 아들 중 하나가 헌강왕을 따라와 정사를 도왔다. 그의 이름이 '처용'이었다.

이 설화에서 '동해의 용'과 '처용'은 바다를 오가는 상인이었을 것이다. 아라비아 상인이라는 가설도 있다. 암튼 설화에서 헌강왕은 처용을 아름다운 여성과 결혼시켜 신라 땅에 붙들고자 했다. 처용은 밖으로 돌아다니는 것을 좋아했던 모양이다. 늘 밤늦게 집으로 돌아오곤 했다. 어느 날 집에 늦게 돌아오니, 아내가 낯선 사람과 자고 있었다. 이 광경을 목격한 처용은 노래를 부르며 집에서 물러났다. 이 노래가 바로 「처용가」라는 향가다.

> 동경 밝은 달에 / 밤 들어 노닐다가
> 집에 돌아와 자리를 보니 / 다리가 넷이어라
> 둘은 내 것인데 / 둘은 뉘 것인고
> 본디 내 것이다만 / 빼앗긴 것을 어찌하리오

노래를 들은 사내가 침상에서 튀어나와 용서를 빌었다. 설화에서는 이 사내를 '역신疫神'이라고 표현하는데, 아마도 아내가 처용에게 오기 전에 사랑했던 애인이었을 가능성도 높다. 처용이 이방인이었다면, 말과 풍속이 다른 사람과 난데없이 결혼해야 했던 한 여성의 슬픔도 이 설화에서 읽어내야 할 것이다. 한편 해당 노래에서 '동경'은 서라벌을 가리키는 말이다. 당대 사람들은 신라의 수도를 동경이라 부르기도 했다.

헌강왕 치세 당시 나라가 어지러웠다는 사실을 《삼국유사》에서는 산신들이 헌강왕 앞에 나타나 춤을 추었다는 내용으로 표현했다. 헌강왕이 포석정에서 놀고 있던 중 경주 남산의 신 '상심祥審'이 나타나 춤을 추었다. 상심을 춤을 추며 "지리다도파도파智理多都波都波"라고 말했다. 이는 "지혜가 많은 사람은 도성을 떠나고, 도성이 곧 파괴된다."라는 뜻이었으나 아무도 이 말의 뜻을 알아채지 못했다. 이런 설

경주 포석정 | 국가유산청

통일신라 지배층의 연회장소로 추정한다. 제사장소라는 주장도 있으나 잘못된 이야기다. 1915년 일제강점기 때 수로의 원형이 훼손되었다.

화는 후대에 창조되어 붙여지는 법이니, 헌강왕이 포석정 같은 곳에서 놀이를 즐겼다는 뜻으로 볼 수 있다.

885년(헌강왕 11년) 3월 최치원이 당에서 귀국했다. 최치원은 시독侍讀 겸 한림학사翰林學士 수병부시랑守兵部侍郎 지서서감사知瑞書監事에 임명되었다. 수병부시랑의 '수守'는 관리의 실제 품계보다 더 높은 관직을 맡았다는 사실을 표시하는 글자다. 요즘 식으로 말하자면 어느 회사에서 임시 프로젝트팀을 구성했는데 과장이나 부장이 맡아야 할 팀장 자리를 대리가 맡을 때 '수'라는 글자를 앞에 붙이는 셈이다. 시독은 왕이나 태자에게 글을 가르치는 관직이고, 한림학사는 왕의 글을 짓는 관직이다. 두 직책 모두 학문의 수준이 높아야 맡을 수 있다. 병부시랑은 병사의 일을 담당하는 자리로, 지금의 국방부차관이라 생각하면 된다. 서서감사는 외교문서 작성을 담당하는 서서원의 자리다. 최치원은 6두품 출신이지만 당나라에서 활약한 덕분에 중책을 맡았다. 하지만 최치원을 등용한 헌강왕은 다음 해에 승하했다. 헌강왕에겐 아들이 한 명 있었으나 아직 돌도 지나지 않아서 왕위는 동생에게 넘어갔다. 제50대 정강왕이 즉위했다.

887년(정강왕 2년) 한주의 귀족 김요金蕘가 반란을 일으켰다. 정강왕은 군사를 보내 바로 반란을 진압했다. 이때만 하더라도 신라가 지방의 반란을 진압할 군사력을 유지하고 있었다. 그런데 정강왕은 바로 병에 걸려 거동하지 못하게 되었다. 왕은 자신의 후계로 어린 아들이 아닌 여동생 만曼을 지목했다.

> 내 병이 위중하여 필시 다시는 일어나지 못할 것이다. 불행히도 내게 대를 이을 아들이 없구나. 여동생 만은 천성이 총명하고 민첩한 데다 뼈대도 남자와 비슷하다. 경들은 마땅히 선덕과 진덕의 옛일(선덕여왕, 진덕여왕)을 본받아 여동생을 왕위에 세우는 것이 좋겠다.

최치원이 귀국한 후, 짧은 기간 동안 왕이 세 번이나 바뀌었다. 최치원을 후원하던 헌강왕이 일찍 죽어 중앙 정계에서 활동이 어려워진 최치원은 지방직을 청해서 수도를 떠났다.

진성여왕의 즉위

최치원은 진성여왕의 본명 '만'을 '탄坦'이라 썼다. 선덕여왕의 이름은 덕만德曼이었고, 진덕여왕의 이름은 승만勝曼이었는데, 진성여왕의 이름에도 만曼이 들어있다. 어쩌면 만曼이라는 글자가 여왕을 뜻하는 문자였을지도 모른다.

진성여왕의 즉위는 이전 왕들이 자꾸 젊은 나이에 죽어서 생긴 결과이기도 했다. 아버지인 경문왕은 30세에, 장남 헌강왕과 차남 정강왕 모두 20대 중반에 죽었다. 진성여왕도 20대 초반이라는 젊은 나이에 왕위에 올라 30대 중반에 사망했다. 헌강왕에게 아들 요嶢가 있긴 했으나 진성여왕이 즉위할 때 그의 나이는 세 살에 불과했다.

진성여왕은 이런 왕실의 불행과 가뭄으로 고통받는 백성들을 위로하고자 대사면을 실시하고, 상황이 어려운 주와 군의 조세를 면제했다. 왕실 사찰인 황룡사에서 큰 법회도 열었다. 향가를 모아서《삼대목三代目》이라는 책자도 편찬했다.《삼대목》을 편찬한 사람은 대구화상大矩和尙과 각간 위홍이었다. 위홍은 진성여왕의 숙부이자 진성여왕과 사통하는 애인이었다. 위홍은 경문왕 때부터 국정에 참여한 기록이 있고, 헌강왕 때는 국정 최고 책임자인 상대등을 맡았다. 왕실의 일원으로 왕위에 오를 수도 있었을 테지만 조카들의 왕위 계승을 묵묵히 바라만 보았다.

888년(진성여왕 2년) 위홍이 죽었다. 경문왕의 친동생이었으므로 그리 많지 않은 나이였을 것이다. 진성여왕은 충격에 빠졌다. 위홍을 추증하여 혜성대왕惠成大王에 봉했다.《삼국유사》는 위홍을 여왕의 남편이라 말한다. 하지만 위홍은 유부남이었고, 그의 아내는 부호부인鳧好夫人이었다.《삼국유사》에는 진성여왕의 막내아들이라며 양패良貝라는 인물이 등장하는데 실제로 진성여왕에게는 아들은커녕 딸도 없었다. 어쩌면 양패는 위홍의 아들이었을지도 모른다.

위홍의 갑작스러운 죽음으로 충격을 받은 진성여왕은 어린 남자들을 잠자리에 끌어들였다. 예쁜 남자들을 골라 잠자리 시중을 들게 했고, 이들에게 국정을 맡겼다. 오직 미남이라는 이유로 자격도 없는 사람들이 막강한 권력을 행사하니 국정이 제대로 처리될 리가 없었다. 여왕에게 아첨하는 간신과 무언가 단단히 챙기고자 뇌물을 바치는 인간들이 줄을 섰다.

후삼국시대의 시작

당시 익명의 누군가가 부패한 정치를 비판하는 글을 써서 조정 관료들이 출근하는 길목에 붙였다. 정치를 비난하는 벽보를 쓴 것이다. 진성여왕은 격노하여 범인 색출을 지시했다. 하지만 찾을 수 없었다. 누군가 밤에 몰래 붙인 벽보였다. 당시에는 벽서범壁書犯을 찾을 방법이 없었다. 그러자 이 기회를 틈타 무고한 이를 헐뜯는 사람이 등장했다.

> 이는 필시 문인 중에 뜻을 펼치지 못한 자가 한 짓일 겁니다. 대야주(大耶州)에 숨어 사는 거인(巨仁)이 이런 일을 할 만합니다.

대야주는 지금의 경상남도 합천 지역이다. 그곳에 사는 사람이 서라벌에 벽보를 붙이는 일이 가능할 것 같지 않았으나 진성여왕은 즉각 그를 잡아들였다. 거인이 오자 바로 투옥하고 사형에 처할 것을 결정했다. 아닌 밤중에 날벼락을 맞은 거인은 정말 억울했을 것이다. 거인은 감옥 벽에 자신의 억울한 심정을 적었다.

> 우공(于公)이 통곡하자 3년 동안 가뭄이 들었고, 추연(鄒衍)이 슬퍼하자 5월에 서리가 내렸다. 지금 내 깊은 근심도 옛일과 비슷하건만 하늘은 아무 말 없이 푸르기만 하구나.

'우공'은 중국 한나라 때 동해군이라는 지역을 담당하던 관리였다. 평소 공정하기로 소문난 사람으로, 누구도 우공의 판결에 불만을 느끼지 않을 정도였다. 우공이 관리로 있었을 적에 동해군에는 효심이 지극한 과부가 살았다. 그녀의 시어머니는 젊은 나이에 과부가 된 며느리가 안쓰러워 재가를 권했으나 과부는 완강히 거부했다. 시어머니는 자기가 짐이 되어 그런다고 생각해 스스로 목숨을 끊었다. 그러자 죽은 여인의 딸이 며느리가 시어머니를 죽였답시고 관아에 고발했다. 과부는 끌려와 혹독한 고문을 받고 거짓으로 자백하고 말았다. 우공은 이 일이 이상하다 생각해 태수에게 이의를 제기했으나 받아들여지지 않았다. 결국 과부는 사형에 처해지고 말았다. 우공은 통곡한 뒤 사직하였다. 그 후 동해군에는 3년 동안 가뭄이 들었다. 태수가 과부의 무덤에 제사를 지내 위로하고 정표를 세워 효심을 기리고 나서야 비가 내렸고 풍년이 들었다고 전해진다.

추연은 전국시대 음양가陰陽家의 대표적인 지식인으로, 본래 제나라 사람이었으나 연나라 왕의 스승이 되었다. 그런데 다음 왕 때에 이르러 그를 무고하는 사람이 있었고, 새로 즉위한 연나라 왕은 그를 옥에 가두었다. 추연이 하늘을 향해 곡을 하자 여름이었는데도 서리가 내렸다.

　신라의 거인은 자신의 마음이 역사 속 억울한 사람들의 심정과 같은데 어째서 하늘은 변괴를 보여주지 않느냐고 한탄한 것이다. 거인이 이런 글을 적은 그날 저녁, 구름과 안개가 하늘을 뒤덮더니 곧 천둥과 함께 우박이 쏟아졌다. 이러한 이변에 진성여왕은 크게 두려워했다. 결국 진성여왕은 거인을 풀어주었다.

　왕이 범인을 지목해 잡았다가 바로 풀어주었다. 이런 행위는 왕의 권위를 무너뜨리는 자충수였다. 이렇게밖에 할 수 없었던 것도 왕권이 이전 시대보다 약화했음을 알려준다. 진성여왕은 이런 상황에 지친 탓인지 병에 걸렸다. 사면을 실행하고 승려 60명에게 도첩(승려 자격증)을 내주자 병이 나았다고 한다. 이런 기록 역시 진성여왕이 줏대 없이 주변에 휘둘린다는 것을 알려준다. 설상가상으로 그해에 극심한 가뭄이 들었다. 조세가 제대로 걷히지 않았다. 가뜩이나 즉위했을 당시 조세를 감면했는데, 이제는 가뭄이 들어 조세가 들어오지 않았다. 진성여왕은 여기서 최악의 수를 둔다. 굶고 있는 사람들에게 조세를 바치라고 독촉한 것이다. 결국 각 지역에서 반란이 일어나며 통일신라의 시대가 종식되고 만다. 후삼국의 시대가 도래한 것이다.

　진성여왕은 나라가 어지러워지자 국정을 감당하지 못하고 헌강왕의 서자 요嶢에게 왕위를 물려주었다. 그가 제52대 효공왕이다. 효공왕의 탄생과 관련된 설화가 있다. 헌강왕이 어느 날 사냥을 나섰다가 길가에서 용모가 수려한 여인을 보고는 수레에 타게 했다. 곧바로 장막으로 이끌고 가서 관계를 가졌는데, 회임하고 아들을 낳아 이름을 '요'라고 했다. 민간에서 컸으나 진성여왕이 이 사실을 알고 궁으로 불러들였다. 진성여왕이 그의 몸을 만져보고 곧 헌강왕의 자식임을 인정했다.

> 우리 형제자매는 골격이 남들과 다른데, 이 아이의 등에도 두 뼈가 솟아있으니 헌강왕의 아들이 맞도다.

이에 태자로 정했고, 다음 왕위를 물려주었다. 이토록 불안한 정국에서 어린아이가 신라의 왕좌에 올랐다. 신라의 몰락은 정해진 수순이었다.

신라 화랑의 역사를 적은 《화랑세기》라는 책이 있다. 지은이는 진골 귀족인 김대문으로, 신문왕 때부터 경덕왕 때까지 활동한 인물로 알려져 있다. 이 책은 실전된 것으로 알려졌으나 현대에 와서 '박창화'라는 인물이 보관하고 있었다고 주장하며 세상에 알려졌다. 진본이라면 엄청난 경사였겠으나 면밀한 연구 끝에 위서로 판명되었다. 하지만 여전히 소설이나 드라마에서 무분별하게 이용되고 있으니 주의가 필요하다.

당나라에서 벌어진 쟁장 사건

쟁장爭長 사건이란 윗자리를 원해 다툰 사건으로, 당나라에서 벌어진 서열 싸움이다. 897년 7월, 당시는 신라 효공왕 집권 1년 차이자 발해 국왕 대위해 집권 4년 차였다. 발해에서는 신년을 축하하기 위해 당나라로 '하정사賀正使'라는 직책의 사신을 보냈는데, 그해에는 발해 하정사 역할을 왕자 대봉예大封裔가 맡았다. 그런데 대봉예는 사신들이 당나라에서 도열할 때 발해 사신이 신라 사신보다 앞에 서게 해달라 요청했다. 발해가 신라보다 강성한 국가라는 점이 그 이유였다. 하지만 당나라 황제 소종은 이를 허락하지 않았다.

국명의 선후는 강약을 서로 따져 칭하는 것이 아니다. 조정이 (외국 사신들의) 등위(순위)를 어찌 번성하고 쇠퇴하는 것에 따라 고치겠는가? 마땅히 관례대로 할 것이니 이에 따르도록 하라.

소종이 내린 조칙은 "발해가 신라보다 강성한 국가라는 점은 인정하나 신라 사신과 발해 사신의 자리를 바꿔줄 수는 없다."라는 뜻을 담고 있었다. 신라의 최치원은 이에 감사의 뜻을 표하는 표문을 올렸다. 그 표문을 〈사불허북국거상표謝不許北國居上表〉라고 하는데, '북국(발해)이 윗자리에 위치하는 것을 불허함을 사례하는 표문'이라는 뜻이다. 이를 보면 신라와 발해가 서로 경쟁의식을 느꼈다는 것을 알 수 있다.

이보다 과거인 872년에는 이런 사건도 있었다. 당시는 신라 경문왕 집권 12년 차, 발해 대현석 집권 2년 차였다. 발해 사람 오소도烏昭度 또는 烏炤度가 당나라 빈공과 시험에서 수석을 차지했다. 빈공과는 외국인 대상으로 시행되는 과거시험이다. 급제자는 2명 정도뿐이었으니 경쟁이 치열했다. 이때 신라 사람 이동李同도 시험을 쳤는데, 오소도 뒤에 이름이 올랐다. 합격 자체가 영광이긴 하다만 신라인으로서 발해인 다음으로 거론된 것은 창피한 일이었다. 당시 최치원은 이를 두고 "사방 이웃 나라에 웃음거리가 되었고, 나라의 수치로 영원히 남았다."라고 분개했다. 2년 후인 874년 최치원이 빈공과에 합격하는데 "수치를 씻었다."라고 표현했다. 발해 사람보다 시험 성적이 좋았던 모양이다.

906년(신라 효공왕 10년, 발해 대인선 원년)에 오소도의 아들 오광찬烏光贊이 빈공과에 급제했다. 그런데 그의 순위는 신라인 최언위崔彦撝보다 밑이었다. 사신으로 와 있던 오소도는 이에 항의하는 표문을 올렸다.

> 신이 지난날 입조하여 급제했을 때 이름이 신라인 이동 앞에 있었습니다. 지금 신의 아들 광찬도 마땅히 최언위 앞에 있어야 합니다.

오소도는 자기 아들이 최언위보다 시험을 잘 쳤다고 확신하고 있었던 모양이다. 하지만 당 소종은 이 요청을 들어주지 않았다. 최언위의 재주와 학식이 뛰어나다고 말한 것으로 보아 실력 차이가 확실히 있었던 모양이다. 이처럼 통일신라와 발해는 서로를 의식하며 경쟁하였다.

발해국왕

대수	시호	이름	재위 기간
1	고왕	대조영	698~719년
2	무왕	대무예	719~737년
3	문왕	대흠무	737~793년
4	없음(폐왕)	대원의	793년
5	성왕	대화여	793~794년
6	강왕	대숭린	794~809년
7	정왕	대원유	809~812년
8	희왕	대언의	812~817년
9	간왕	대명충	817~818년
10	선왕	대인수	818~830년
11	알려지지 않음	대이진	830~857년
12	알려지지 않음	대건황	857~871년
13	알려지지 않음	대현석	871~894년(?)
14	알려지지 않음	대위해	894(?)~906년(?)
15	알려지지 않음	대인선	906(?)~926년

14대 대위해는 재위 기간을 알 수 없다. 이 때문에 13대 대현석으로부터 언제 왕위를 물려받았는지와 15대 대인선이 언제 즉위했는지도 모르게 되었다.

제 **2** 장

발해

발해는 불가사의한 나라다. 발해를 세운 대조영이란 인물부터 누구인지 논의가 분분하다. 어떤 기록에는 고구려인, 어떤 기록에는 말갈인으로 나오기 때문이다. 발해라는 국명도 이상하다. 요동반도 안쪽 바다를 가리키는 '발해만'은 만주에 세워진 발해와는 아무 상관이 없다. 그런데도 713년 당나라 황제 중종은 발해의 국왕에게 '발해군왕'이라는 왕호를 하사했다.

대조영이 동모산에서 건국한 나라에 왜 '발해'라는 국명이 붙었을까? 역사학자 최진열 박사는 발해의 국명과 관련하여 《발해 국호 연구》(2015)라는 저서를 집필했다. 이 책에서 최진열 박사는 발해만 지방에 '고씨' 가문이 있었다는 점에 착안했다. 고구려 멸망 후 당으로 끌려온 고구려계 유민들은 자신들의 족보를 세탁할 때 '발해 고씨' 행세를 하곤 했다. 또한 당나라는 대조영의 나라를 고구려의 후계국으로 인정할 수 없었다. 고씨는 중국에도 있는 성씨이므로 대조영의 나라를 발해만 지방의 씨족으로부터 생겨난 국가로 취급하겠다는 심산으로 '발해'라는 이름을 주었을 가능성이 있다.

발해의 불가사의한 점은 국명뿐만이 아니다. 왕이 몇 명이었는지도 정확하지 않다. 발해 후반의 왕들은 이름만 알려져 있고, 우리가 흔히 아는 왕명인 '묘호'도 알 수 없다. 이렇게 된 이유는 발해가 멸망한 후 역사가 정리되지 않았기 때문이다. 발해를 멸망시킨 거란은 발해의 역사에는 관심이 없었다. 그리고 이후 백두산이 폭발해 기록이 소실되었을 가능성도 있다. 그렇지만 228년이나 존속된 나라인 만큼 기록이 아예 없는 것은 아니다. 그리고 발해가 남긴 유적들도 있다. 발해 이후 만주를 기반에 둔 나라가 있긴 했으나 발해의 중심지와 그곳 동쪽에는 큰 변화가 없었다. 심지어 청나라는 만주를 봉금封禁 구역으로 지정해 사람의 출입을 막고 개발도 하지 않았다. 따라서 여태 발견되지 않은 발해의 유적이 많으리라 생각한다.

발해가 멸망한 후 지배층의 상당수는 고려로 귀부歸附했다. 고려는 발해유민을 형제로 포용했고, 발해를 멸망시킨 거란을 적대시했다. 발해를 부흥시키고자 노력한 사람들이 없었던 것은 아니었으나 발해는 다시 세워지지 못했다. 고구려의 후계국은 발해 이후 한반도의 고려로 확정됐다. 발해 역사가 고려에서 잘 정리되지 않은 가장 큰 이유는 아마도 이러한 정통성 문제였을 것이다. 발해를 고구려의 계승국으로 간주하면, 고려의 건국 이념과 충돌하고 만다. 결국 발해 역사를 정리할 수 있었던 고려 초기의 시간은 허무하게 지나가고 말았다. 사정이 이러하니 발해가 지배하던 만주 땅에 대한 집착이 엉뚱한 결론을 낳고 말았다. 만주에서 여진족이 세운 금나라와 청나라가 사실 한민족의 국가였다는, 기이한 주장을 펼치는 사람들이 생겨난 것이다.

금나라는 고려와 대립했다. 그런데 [고구려-발해-금나라]로 이어지는 계보가 성립된다면, 고려는 그저 신라를 물려받은 나라에 불과해진다. 국명이 고려인데 고구려의 계승국이라는 명분이 사라지는, 우리 역사에서 고구려라는 나라를 지우게 되는 이상한 결과를 초래하는 것이다. 청나라의 경우는 문제가 더욱 심각해진다. 청나라는 조선을 정벌했던 나라고, 훗날 《흠정만주원류고欽定滿洲源流考》를 저술해 고구려의 존재를 지우려 했다. [고구려-발해-금나라-청나라] 같은 계보는 결코 성립될 수 없다. 거대한 것을 무조건적으로 숭배하는 사람들의 망상에나 이런 계보가 존재할 뿐이다. 그런고로 이번에는 발해의 역사를 있는 그대로 서술하고자 한다. 독자 여러분이 발해사의 재미에 풍덩 빠질 수 있다면 기쁠 것이다.

발해를 건국하기까지

고구려는 타국과 구별되는 구들 문화를 향유했다.
발해도 고구려의 구들 문화를 발전시켰다. 당시 구들은 방바닥 전체를 덮히지 않았다. 한쪽에만 열기를 전달하는 쪽구들이었다. 고구려는 하나의 고래(통로)만 갖는 '외구들'이 대부분이었는데 발해 때는 고래가 세 개까지 늘어났다. 또한 고구려와 발해는 의자 생활을 하는 문화를 누렸다.
이토록 세밀한 풍습만 봐도 발해가 고구려를 계승했다는 사실을 알 수 있다.

고구려 멸망 이후

고구려를 멸망시킨 당나라는 668년 12월 평양에 안동도호부安東都護府를 설치하고 설인귀를 안동도호에 임명했다. 하지만 순순히 지배하기는 어려웠다. 고구려의 마지막 왕인 보장왕의 서자 '안승'이 있었기 때문이다. 안승의 출신에 관해 여러 가설이 존재한다. 보장왕의 서자, 보장왕의 외손, 연개소문의 동생 연정토淵淨土의 아들이라는 가설이 있다. 안승은 고구려 유민 4,000여 호戶를 이끌고 남쪽으로 달아났다. 또한 고구려인의 반발도 거칠었다. 당나라는 고구려인 약 3만 호를 중국 남부의 황무지로 이주시켰다. 평양에는 가난하고 쇠약한 사람들만 남게 되었다. 하지만 당나라의 사민 정책도 고구려 유민들의 저항을 끝낼 수 없었다. 670년에 고구려 수림성水臨城의 검모잠劍牟쪽이 백성들을 규합해 남쪽으로 달아난 안승과 합류했다. 불행하게도 안승은 검모잠과 불화하여 그를 살해하고 신라에 투항했다. 앞서 말했듯이 신라는 안승을 보덕국왕에 임명하고, 지금의 전북 익산 지역인 금마저의 왕으로 봉했다.

삼국과 당나라는 조공-책봉의 관계를 맺었다. 당나라에서 삼국의 왕에게 관직을 하사하면, 삼국은 당나라에 조공을 바치는 형태다. 각 나라의 독립성은 유지하고 당나라는 원칙적으로 내정에 간섭하지 않았다. 그러다 백제와 고구려가 멸망한 뒤에 당나라의 외교정책이 '기미정책羈縻政策'으로 변화하였다. 기미란 말에 씌우는 굴레와 고삐를 가리키는데, 기미정책은 전근대의 중국이 타국을 간접적으로 지배하는 형태를 말한다. 직접 영토화 하는 것보다는 느슨하지만 조공-책봉 시스템보다 훨씬 강도 높은 지배 체제를 구축하게 된다. 당나라는 기미정책을 실시하는 곳에 '기미주'를 설치하고, 도호부나 도독부를 신설하였다. 도호부가 도독부보다 상위의 기관이다. 도호부와 도독부의 책임자인 '도호'와 '도독'은 원칙적으로 현지인으로 골랐다. 그런데 당나라는 고구려 지역에 설치한 안동도호부에는 당나라 장군 설인귀를, 백제 지역에 설치한 웅진도독부에는 왕문도王文度를 파견했다. 즉 당나라 사람으로 하여금 고구려와 백제 땅을 직접 다스리도록 했다. 그 밑에 설치된 주현의 우두머리로는 현지인을 임명했다. 고구려와 백제 땅에 새로운 지배 시스템을 이식하려는 실험이 시작된 것이다. 당나라가 한반도를 완전히 자국 영토로 삼으려 했던 것으로 볼 수 있다.

그러나 백제 지역에서는 이미 부흥운동이 벌어져 실질적으로 지배가 불가능했다. 왕문도는 백제 땅에 도착하자마자 급사하여 웅진도독부를 구축할 새도 없었다. 고구려 지역의 상황도 크게 다르지 않았다. 평양 일대가 저항하여 안동도호부는 요동 지역으로 근거지를 옮겨야 했다. 당나라는 한반도를 지배하길 원했고, 신라는 당나라 태종의 약속을 명분으로 내세워 평양 이남의 땅을 확보하고자 했다. 양국 사이에 긴장이 높아지다가 결국 신라의 선공으로 나당전쟁이 발발했다. 신라는 요동에서 전쟁의 첫 포문을 열었다. 고구려 부흥군과 손을 잡은 것이다.

나당전쟁에서 당나라의 패색이 짙어지자 점령지를 영토화하려는 노력을 포기하고, 원래의 기미정책으로 회귀했다. 당나라는 677년 보장왕을 요동도독으로, 의자왕의 아들 부여융扶餘隆을 웅진도독으로 임명했다. 그러나 도독이라 해도 한반도에 파견할 수 없었기 때문에 부여융에게 안동도호부를 총괄하게 하고, 안동도호부를 신성新城으로 옮겼다. 신성은 오늘날 중국 요령성遼寧省(랴오닝성)에 있는 북관산北冠山의 산성으로, 고구려 때 쓰이던 곳이었다. 하지만 보장왕이나 부여융에게는 실권이 없었다. 실권을 행사한 이는 연개소문의 아들이자 당나라에 투항한 연남생淵男生이었을 것이다.

말갈족의 대두

나당전쟁이 끝날 무렵, 당나라는 고구려 땅 전체에 대한 지배력을 상실했고 요동 일부만 다스렸다. 만주 동부와 한반도 북부는 권력의 공백지대로 방치되었다. 한반도 북부의 많은 사람이 당나라에 끌려가거나 신라로 도망쳤기 때문에 해당 지역의 인구도 희박해졌을 것이다. 황폐해진 영역에는 주목할 만한 권력집단이 등장할 수 없었다. 반면 만주에는 말갈족이라는 권력집단이 일찍이 존재하였다.

말갈족은 반半농·반半수렵의 여러 부족으로 이루어져 있었다. 크게 일곱 부족으로 나뉘어 말갈7부라 했다. 고구려는 일찌감치 이들을 복속시키고자 했으나 말갈족은 고구려의 공격을 받을 때마다 돌궐이나 수나라 등으로 투항하기도 했다. 고구려는 631~647년에 천리장성을 쌓았는데, 중국 측 공격을 방어하기 위한 조치이기도 했지만 말갈족이 중국과 연결되는 것을 막기 위한 조치이기도 했다. 말갈족 중 송화강 중류에 살던 속말말갈粟末靺鞨과 오늘날 연변 조선족 자치주 부근에 살던 백산말갈白山靺鞨은 일찌감치 고구려에 복속되어 고구려화되었을 것이다(이와 관련하여 163쪽 지도8을 참고하면 좋다). 그러나 이보다 북쪽에 일단 백돌말갈伯咄靺鞨, 흑수말갈黑水靺鞨은 여전히 당나라 또는 튀르크계 유목민족인 설연타薛延陀 같은 북방민족과 연결되어 있었다.

고구려가 멸망한 후에 말갈부족도 혼란에 빠졌다. 상당수의 부족은 흩어져 역사에 이름을 남기지 못했다. 수렵 생활로 단련된 말갈족 전사들은 일당백의 병력이었다. 고구려는 종종 이들을 전쟁에 동원했고, 이들의 무력에 놀란 당나라 태종은 고구려 병사들만큼은 포로 잡았으나 말갈 병사는 생매장하는 강수를 두기도 했었다. 이 말갈족이 발해의 건국과 밀접하다.

677년, 요동으로 돌아온 보장왕은 말갈족과 연대하여 당에 저항하고자 했다. 이 말갈족은 요동 일대로 끌려온 속말말갈로 추정된다. 679년 5월에 안동도호부에 있던 연남생이 죽었고, 10월에는 당나라에 복속된 돌궐이 부흥운동을 추진했다. 당나라의 정세가 혼란스러워지자 보장왕은 고구려 부흥을 위한 활로를 뚫기 위해 속말말갈과 손을 잡았다. 하지만 보장왕의 시도는 어떤 결과를 창출하기도 전에 당나라에 발각되었다. 당은 681년 보장왕을 중국 서남쪽의 머나먼 공주邛州로 유배 보냈다. 그곳은 오늘날 중국의 사천성(쓰촨성) 지역으로, 흔히 촉蜀으로 불리는 땅이다. 보장왕이 유배를 떠나는 동안 고구려 유민과 말갈족도 중국 하남(허난) 지방으로 강제이주를 당했는데, 이들은 요서 지방과 영주를 거쳐 이동하였다. 여기서 영주란 오늘날 중국 요령성의 조양시朝陽市(차오양시)를 가리킨다. 이 과정에서 대조영, 걸사비우乞四比羽 등 발해 건국 세력의 핵심 인물이 영주 지역에 머물게 되었다.

683년에 돌궐이 부흥했다. 돌궐은 당의 지배를 물리치고 687년에 제2제국을 건설했다. 이 일로 당나라의 북쪽은 소요 상태에 빠졌다. 당나라는 요동 지방을 안정시키고자 보장왕의 손자 고보원高寶元을 조선군왕으로 책봉했으나 실제로 부임하지는 않은 듯하다. 돌궐의 부흥으로 소란해진 틈을 타서 696년 5월 송막도독 거란족 이진충李盡忠, 같은 거란족 출신 귀성주자사歸誠州刺史 손만영孫萬榮이 영주 땅을 점령했다. 이들은 기세를 떨쳐 당의 영역을 공격했고, 당은 돌궐에 구원을 요청할 지경에 이르렀다. 영주를 장악한 이진충과 손만영은 696년 9월 요동으로 진격해 안동도호부를 공격했다. 이때 요동도독 고구수高仇須가 반격하여 697년 1월 이들을 몰아냈다. 고구수는 고구려 출신이자 당의 기미정책으로 요동성을 다스리는 도독의 지위에 오른 인물이다. 거란족 출신 손만영이 요동을 공격한 당시에는 안동도호부가 제 기능을 상실한 상태였다. 해당 지역은 각지에서 독자적으로 혼란에 대처하는 중이었다. 이토록 혼란스러운 상황 덕분에 요동 땅에는 권력의 빈틈이 많아졌다. 즉 발해 건국에 유리한 정황 조건이 형성된 것이다.

697년 6월 손만영이 돌궐에 패하고 사망하여 거란의 발흥은 일단락되었다. 당은 돌궐에 공주를 시집보낸다고 조건을 걸었는데, 돌궐이 승리하자 측천무후의 무씨 집안 여자를 시집보내려고 했다. 당시 중국에서는 측천무후가 칭제하며 국호를 당에서 '주周'로 바꾸었다. 나라가 주로 바뀌었으니 무씨 집안 여성을 돌궐로 보내는 게 약속을 어겼다고 보긴 어려우나 돌궐은 약속한 바를 지키지 않았다고 반발하며 중국과 전쟁을 벌였다.

대조영이 등장하다

696년 이진충이 거병했을 때, 영주에 있던 고구려 별종 걸걸중상 乞乞仲象과 말갈족 걸사비우도 여기에 합류했다. 걸걸중상은 바로 대조영의 아버지인데, 그를 가리키는 '고구려 별종'이라는 표현 때문에 대조영의 출신을 두고 논쟁이 벌어진다. 걸걸중상은 '사리舍利'라는 관직에 있었다고 하는데, 사리란 거란어로 장관帳官이라는 뜻으로 '장帳, 천막집을 다스리는 관리'였다. 이진충이 당나라를 상대로 거병한 직접적인 이유는 흉년과 그로 인한 고난이었다. 흉년이 거란족에게만 닥친 것은 아니었다. 그런즉 이진충의 거병에 고구려 유민과 말갈족이 합류한 것도 당연한 수순일 수밖에 없다. 또한 이들은 요동 지리에 해박하여 손만영이 요동을 공격할 때 합류하였다. 손만영의 거란군은 패배하고 흩어졌으나 걸걸중상과 걸사비우는 독자 세력을 이끌고 요동에 군림했다. 측천무후는 걸걸중상에게 진국공震國公의 벼슬을, 걸사비우에게 허국공許國公의 벼슬을 하사해 그들을 회유하고자 했다. 그러나 걸사비우가 반발하며 측천무후의 회유책은 무위로 돌아갔다.

697년 당시 위주자사衛州刺史 적인걸狄仁傑은 외방의 어지러움을 근거로 제시하며 측천무후에게 요동 영토를 포기할 것을 진언했다. 요동을 포기하고, 해당 지역을 고씨에게 맡겨 나라의 안정을 꾀하자고 한 것이다. 이에 보장왕의 손자 고보원을 충성국왕忠誠國王으로 임명해 옛 고구려 땅을 다스리게 하였다. 당나라는 또한 요동도독 고구수를 안동도독으로 임명했다. 안동도호부가 안동도독부로 축소된 것이다. 다음 해 안동도독의 지위는 보장왕의 아들 고덕무高德武가 이어받았다.

당나라가 요동을 고보원에게 맡기기 위해서는 걸걸중상과 걸사비우를 제거해야 했다. 손만영의 휘하에 있다가 당나라에 귀순한 이해고李楷固가 이를 해결하고자 출동했다. 걸걸중상은 이때 이미 병으로 세상을 뜬 상태였다. 무리를 이끌던 걸사비우는 이해고와의 일전에서 패배하여 목이 잘려 죽었다. 일패도지一敗塗地에 몰린 이들을 구원한 사람은 걸걸중상의 아들 대조영이었다. 대조영은 고구려 유민과 말갈족이 뭉친 집단을 이끌며 요동 내륙으로 달아났다. 이해고는 대조영을 끝까지 추격했는데 대조영은 이해고를 천문령天門嶺에서 격파했다. 천문령은 오늘날 중국 길림성(지린성) 송화강의 지류인 휘발하揮發河와 요하강의 지류인 혼하渾河(훈허)의 분수령인 합달령哈達嶺으로 보고 있다.

마침 이 무렵 돌궐이 거란을 복속하며 당은 요동으로 가는 통로를 잃어버리고 말았다. 이해고도 더는 대조영과 싸울 수가 없게 되었

지도7 대조영의 발해 건국

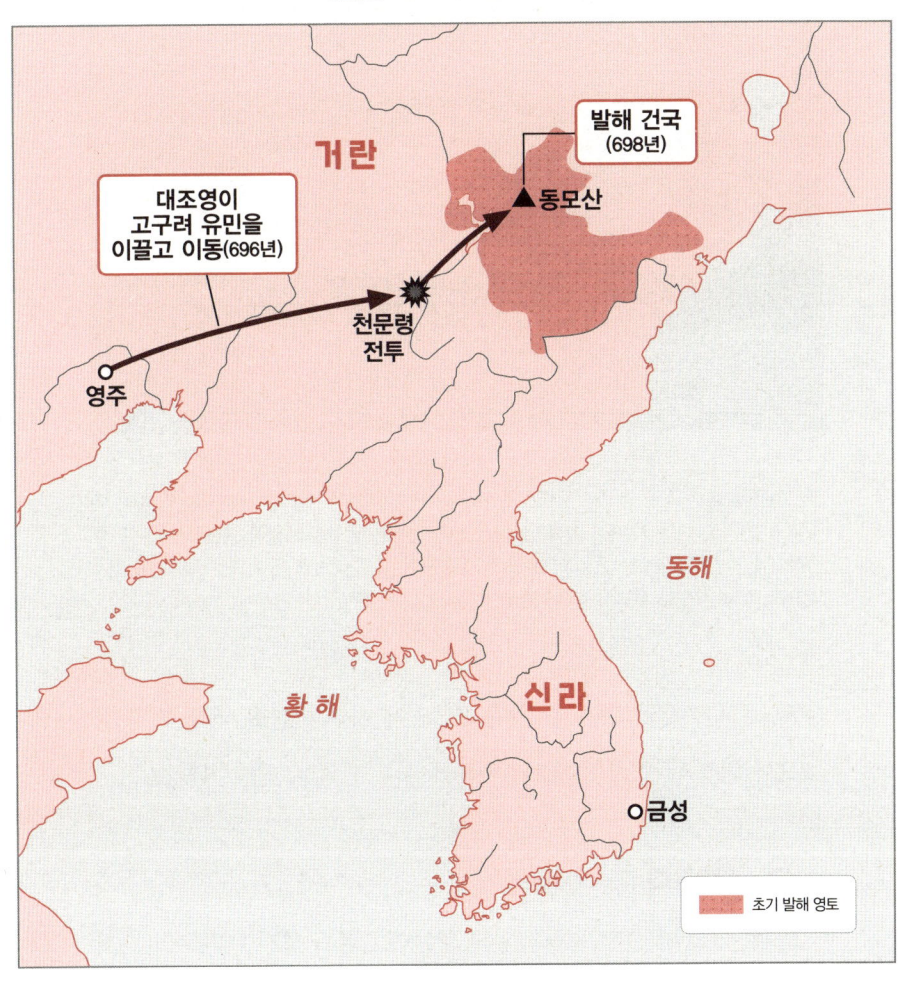

다. 대조영은 승리를 거두었으나 당나라의 추격을 우려해 목단강牡丹嶺의 동모산까지 이동했다. 동모산은 옛 고구려의 5부 중 하나인 계루부의 근거지이기도 하였다. 오늘날 길림성의 돈화시敦化市 부근에 있을 거라 추정한다. 대조영은 이곳에서 진국왕의 자리에 올랐다.

동모산 추정지 돈화 성산자산성 전경 | 동북아역사재단

대조영이 발해(진국)를 건국한 동모산의 위치가 어디인지는 기록으로 전해지지 않는다. 대조영의 전투 및 이동 경로를 고려해 오늘날 중국 길림성 돈화시 서남쪽 성산자산성으로 추정하였다. 그런데 2020년 중국 학계에서는 성산자산성보다 한반도에 가까운 길림성 도문시 마반촌산성을 새로운 후보지로 제시했다.

698년 하반기였을 것으로 본다. 대조영은 나라 이름을 '진국'이라 정했으나 이후 발해로 이어갔기 때문에 이후 발해로 지칭한다.

발해의 정체성

발해는 일반적으로 고구려인과 말갈인으로 구성된 나라로 알려져 있다. 그런데 말갈에도 여러 종족이 있었다. 여기서 한 가지 문제가 발생한다. 고구려 사람이 지배층이고 말갈 사람이 피지배층이라고 하면, 발해는 중국의 북방왕조 같은 점령왕조였던 것인가? 그렇다면 발해는 한국사의 영역에 들어올 수 없는 것이 아닐까?

중국 고대의 은나라 유민 '기자箕子'가 고조선을 다스렸다는 이야기를, 오늘날에는 일반적으로 부정한다. 그렇다고 해서 이른바 '기자조선'의 역사를 중국사로 분류하지도 않는다. 피의 순결성을 따지는 사이비역사가들은 '위만'이 중국의 연나라 사람이라면 위만 조선도 한국사가 아니라는 입장을 견지하는데, 이는 마치 일제강점기에는 일본인이 통치했으니 그 시절의 한반도 역사는 한국사가 아니라는 해괴한 주장과 다를 바가 없다. 이렇듯 "지배계급이 무엇인가?"라는 기준 하나로 역사의 영역을 결정하는 사고방식은 어리석기 그지없다. 그런데 명확함을 좋아하는 인간의 특성상 정확한 결론을 원하기 마련이고, 자연스레 발해의 정체성은 대체 무엇이냐는 질문에 도달할 수밖에 없다. 발해의 지배계급만 고구려인이었다면, 발해는 말갈인의 국가였다고 봐야 하는 것이 아니냐는 주장도 나오는 것이다.

중국의 문헌에서는 발해를 건국한 주체 세력을 '고구려의 별종'이라고, 속말말갈이라 기록했다. 대조영이 고구려 사람이냐 아니냐를 떠나서, 대조영이 이끌었던 주요 세력이 속말말갈이라는 점에는 이의가 없다. 거기다 일본 사료《유취국사類聚國史》에는 이런 구절이 등장한다.

> 발해국은 고려(고구려)의 옛 땅에 있다. … (중략) … 그 나라는 (넓이가) 2,000리에 걸쳐 있다. 주현(州縣)과 관역(館驛, 관리나 사신이 머무는 객사와 역사)이 없고, 곳곳에 촌리(村里, 촌락)가 있는데 모두 말갈부락이다. 그 백성은 말갈이 많고 토인(土人)이 적은데, 모두 토인을 촌장으로 삼는다.

《유취국사》(위)와 《일본서기》(아래)

일본 고대사를 기록한 고서 중 6종의 정사를 '육국사'라 부른다. 본문에서 내용을 직접 인용한 육국사에는 《일본서기》, 《속일본기》, 《일본후기》가 있다. 《유취국사》는 육국사의 내용을 유서(類書) 형식으로 재편집한 사료다. 유서란 기존 문헌의 일부나 전부를 주제별로 재인용해 모아둔 책으로, 오늘날 백과사전과 비슷하다.

《삼국사기》나 《삼국유사》에서는 발해를 '발해말갈'이라 부른다. 물론 신라 측 사료일 것이므로 발해를 헐뜯기 위해 그렇게 썼을 가능성도 있다. 다만 그렇다 해도 발해와 말갈의 밀접한 관계를 부인할 수는 없다. 고구려의 변방에 있었던 이들을 말갈이라 불렀던 것은 사실인데, 고구려가 그들을 자국민으로 여기지 않았다고 단정하기도 어렵다. 즉 고구려 자체가 자국 안에 '예맥족'과 '말갈족'이 함께 있었다고 파악했을 수도 있다는 뜻이다. 발해는 이러한 고구려의 형태를 그대로 이어받았다. 대조영에 관련된 기록에서 그를 '고구려 별종'이라 부르는 것처럼 말갈족은 고구려의 구성원으로서 존재하였다.

이쯤 되면 "말갈도 원래 한민족의 한 갈래가 아니었을까?"라는 생각도 할 수 있다. 그리고 이렇게 되면 "발해 이후 나라를 세운 금나라, 청나라의 여진족이 곧 말갈이다. 그러니 이들의 역사도 다 한국사가 된다."라는 엉뚱한 생각을 하는 사람도 등장할 수 있다. 이런 생각을 하게 되는 주된 이유는 '민족'이라는 개념이 한 번 정해지면 영원히 변치 않는 속성이라 간주하기 때문이다. 하지만 그렇지 않다. 가령 한국 성씨 중 아주 많은 성씨가 사실 중국에서 유래되었다. 그렇다면 대한민국은 중국 한족과 한반도의 한민족이 연합하여 세운 나라인가? 물론 이렇게 생각하는 사람은 없을 것이다.

《수서》의 〈말갈전〉을 보면, 흑수말갈은 고구려에 복속되지 않았다고 적혀 있다. 이후 중국의 사서에서도 말갈과 흑수말갈을 분리하여 기술했다. 여진족이 세운 금나라의 역사가 기록된 《금사》를 보면, 발해를 세운 속말말갈과 흑수말갈을 분리해서 서술한다. 금나라는 발해인을 자신들과 다른 종족으로 취급했다. 금나라를 세운 태조 아쿠타完顏 阿骨打는 "여진과 발해는 한 집안"이라 말했다. 아쿠타는 발해인을 끌어들이고자 이렇게 말했는데, '여진'과 '발해'라고 굳이 나누어 발언한 대목에서 알 수 있듯이 당시 두 종족은 서로를 다른 존재로 이해하였다. 실제로 여진족이 세운 금나라에서 발해인은 여진인과 동등한 대접을 받지 못했고 중국 한인漢人과 똑같은 수준으로 취급받았다. 청나라 황실이 편찬한 《흠정만주원류고》에서는 자신들의 선조를 '물길'이라 말하고, 그 후손 '흑수부'가 강대해져 말갈, 나아가 여진으로 발전했다고 주장한다. 최근 중국은 이런 전통적 인식에서 벗어나 [발해-금나라-청나라]라는 연속성을 세우고 발해사를 중국사의 일부라고 주장한다. 한국의 사이비역사가들이 주장하는 [발해-금나라-청나라] 계승설은 이처럼 중국의 동북공정에 동조하는 결과를 야기한다는 점을 명심해야 한다.

발해는 만주를 지배하는 주체가 한민족에서 여진족으로 전환되는 과정에서 존속된 국가였다. 점차 '발해인'이란 정체성을 확립하던 말갈인은 228년 만에 발해가 멸망하며 그 정체성을 상실했고, 결국 자신들의 국가를 건립하게 된 것이다. 이렇듯 발해는 역사 속에서 두 갈래로 뻗어가는 분기점에서 세워진 나라였다.

말갈은 기존에 7부로 분류되었는데 그중 '속말부(속말말갈)'는 송화강 중류 지역에, '백돌부(백돌말갈)'는 부여현 일대, '백산부(백산말갈)'는 백두산에서 연변 부근에 이르는 지역에서 존속했을 것이라 추정한다. 이 영역이 고구려의 영역이었다는 점에는 이의가 없다. 이렇게 말갈7부의 대다수는 이미 고구려에 복속된 상태였고, 고구려와 멀리 떨어져 흑룡강 일대에 있던 흑수말갈만 독자적으로 존재했다. 사정이 이러하니 말갈7부가 '말갈'이라는 이름 아래 동일한 집단이었는지조차 의문스럽다. 사료가 부족하고, 고고학적 연구도 부족한 상태이긴 한데, 흑수말갈과 여타 말갈이 동일한 문화와 역사를 공유하는 민족이었을 가능성은 낮다. 이들이 고구려에 흡수되고 있었다는 것은 고구려 멸망 후 그들만의 독자 세력을 구축하지 못했다는 점에서 알 수 있다.

발해가 세워진 후 북쪽 말갈족에서는 7부에 속했던 흑수, 불열拂
涅 이외에 월희越喜, 철리鐵利 등 새로운 명칭의 집단들이 나타났다. 이
들은 발해의 지배를 받았으나 끝까지 발해와 거리를 유지했고, 결국
여진이라는 새로운 정치체로 발전했다. 이러한 역사적 과정이 고구

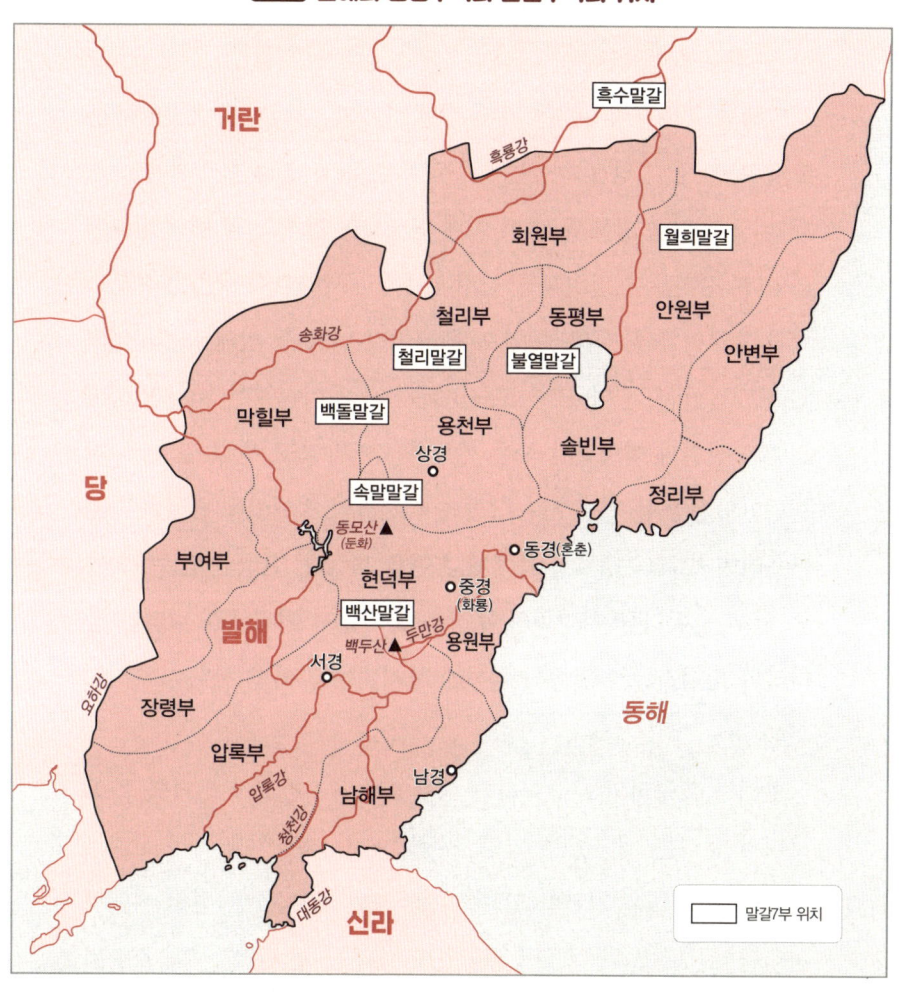

지도8 발해의 행정구역과 말갈부족의 위치

려-발해와 말갈의 관계를 살펴보는 데에 걸림돌이 된다. 발해가 말갈을 피지배 종족으로 억압했다는 증거, 고구려 유민과 다르게 대했다는 증거가 없다. 다만 문화 수준이 상대적으로 높았던 고구려 유민이 관직을 맡았을 가능성이 높고, 이런 상황이 《유취국사》에 기록되었을 것으로 보고 있다. 특정 사료 하나로 과거의 한 국가를 총체적으로 평가하긴 어렵다. 발해 관련 사료가 부족한 탓에 나타난 현상 중 하나라고 감안해야 한다.

발해의 지배세력이었던 귀족 집단 중 7개 성씨가 주목받았는데, 고高, 이李, 왕王, 양楊, 하賀는 고구려계로, 오烏, 모慕는 말갈계로 본다. 이들 집단은 발해 무왕 때 이미 형성되어 발해 멸망 때까지 유지되었다. 정리해서 말하자면 말갈(인)은 고구려의 한 구성요소였고, 점차 고구려화되는 집단이었으나, 고구려 멸망 후 발해로 재구성되었다고 말할 수 있다. 그중 고구려화가 가장 더디었던, 머나먼 북방의 흑수말갈과 불열말갈 등은 발해화하지 않았고, 발해 멸망 후 자신들만의 국가를 건설했다. 그들은 자신들의 정체성을 발해까지 끌어올리며 발해의 정체성 문제에 혼란을 보탰다. 한국의 민족주의자 중 일부는 이러한 여진족의 주장을 끌어들여 여진족의 나라인 금나라와 청나라를 한민족의 역사에 붙이려는 기이한 시도를 하기도 한다.

발해는 고구려의 후신이라는 정체성을 유지하고자 노력했고, 고구려의 문화를 계승했다. 멸망 후에는 태자 대광현을 따라 고려로 망명했다. 이들은 거란이 고려를 침공하던 때 목숨을 걸고 싸웠던 사람들이기도 했다. 하물며 중국의 당나라는 발해를 자국에 소속된 부류로 여긴 적이 없었다. 발해인은 신라인처럼 외국인을 위한 과거 시험인 빈공과에 응시했고, 발해는 조공-책봉 질서에 소속된 '다른 나라'였을 뿐이다. 이렇게 사실상 아무 문제 없이 과거의 역사 속에 있던 나라를 중국이 자국의 역사 일부라고 주장함으로써 분란을 일으켰고, 이에 따라 우리나라에서도 발해 역사가 어디에 귀속되는가 라는 문제를 심각하게 생각하게 되었다.

발해의 건국 관련 기록은 모두 고구려의 멸망과 연관되어 적혀 있다. 당시를 살았던 사람들은 발해가 고구려의 후신국이라는 사실에 아무런 의문을 표하지 않았다.

지금은 러시아 땅인 크라스키노(Kraskino)에는 발해의 염주성(鹽州城) 유적이 있다. 이곳에서 '고누판'과 '고누말'이 발굴되었다. 고누는 원이나 사각형의 그림을 그려놓고 선이 교차하는 곳에 말을 놓아 이동시키며 상대방의 말을 움직이지 못하게 만들거나 집아먹는 놀이다. 이 놀이에는 다양한 규칙이 있었고, 놀이의 형태도 다채롭다. 고누는 신라에서도 유행하던 놀이로, 몽골에서 제주도까지 동아시아의 넓은 영역에 퍼져 있다.

고구려를 계승하고
당나라를 모방한 발해

발해는 광대한 영역을 차지한 나라였다. 고구려의 핵심 지배층은 멸망과 동시에 당나라로 끌려가거나 신라에 투항했다. 고구려의 핵심 지역인 한반도 북부는 황폐화된 상태였고, 요동 지역은 당나라가 장악했기 때문에 발해는 고구려의 변방에 세워질 수밖에 없었다. 이런 이유로 발해의 문화는 그 성격이 복잡하다. 발해는 고구려가 말갈의 땅이라 부르던 지역을 중심으로 건국되었기 때문에 후대의 기록에서는 발해를 '말갈국'으로 보는 경우도 적잖다. 특히 중국 학자들이 발해의 말갈적 성격만 부각해 한민족과는 무관한 나라로 설명한다.

하지만 전근대 중국에서는 발해를 고구려의 후신으로 인정한 바 있다. 송나라 때 고려에 사신으로 온 서긍徐兢, 1091~1153은《고려도경高麗圖經》이라는 저서에서 고구려 멸망 후 걸우곤-걸중상(걸걸중상)-대조영으로 이어지는 왕위를 인정하고 "대조영이 그 백성 40만을 이끌고 계루에 터를 잡고 당의 신하가 되었다."라고 서술했다. 서긍은 발해가 멸망하고 200년이 지난 후에 저서를 집필했으니 그만큼의 한계는 있다. 그렇지만 여기서 고구려 유민과 말갈을 구분하지 않고 '계루부'라는, 고구려의 주요 부족 이름을 사용했다는 점에 주목해야 한다. 즉 송나라에서는 발해가 고구려의 후신이라는 사실에 의문을 표하지 않았다는 것이다. 송나라 때 제작된 지도 「당십도도唐十道圖」에서도 안동도호부가 있었던 요동의 일부만 당나라의 영토로 그렸다. 그곳의 동쪽과 북쪽은 당나라의 땅으로 보지 않았다. 그리고 그곳에는 발해가 있었다.

고구려의 후계국인 고려도 발해를 고구려의 후신으로 인정했다.《고려사》를 보면 "고구려인 대조영이 발해군왕이 되었다."라고 말한다. 중국 송나라 때의 학자 사마광이 저술한《자치통감》에서는 고려 왕건이 후진後晉에 보낸 사신을 통해 다음과 같이 말했던 내용이 기록되어 있다.

> 발해는 우리와 혼인관계에 있는데 그 왕이 거란 포로가 되었으니 청컨대 조정과 더불어 그들을 쳐서 빼앗기를 바랍니다.

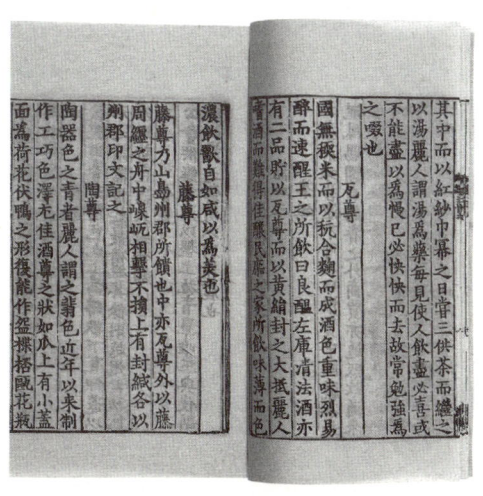

《고려도경》 | 한국학중앙연구원
송나라 사신 서긍이 고려를 방문한 후 보고 들은 것을 기록한 책으로, 당시 송나라 황제 휘종의 연호를 넣어《선화봉사고려도경》이라 부른다. 원래는 그림도 수록되어 있었지만 현재는 글만 전해진다.

제2장 발해

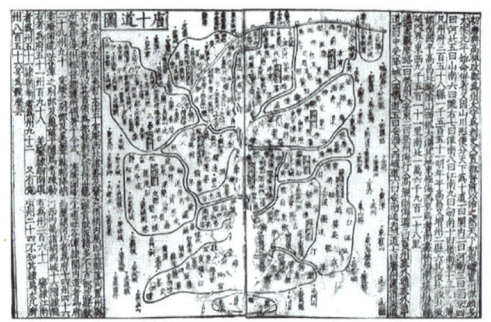

「당십도도」 | 타이완 국립고궁박물관(國立故宮博物院)
중국 송나라 때 편찬된 《역대지리지장도(歷代地理指掌圖)》에
수록된 지도로, 당나라의 기본 행정구역 10도를 표현했다.

왕건은 후진과 협력해 거란을 공격할 것을 원했으나 후진의 황제 석경당石敬瑭, 재위 936~942은 거란과 적대할 의사가 없어 협공은 이루어지지 않았다. 여기서 우리가 주목해야 할 부분은 왕건이 발해와 '혼인한 사이'라 발언한 지점이다. 또한 《자치통감》에서는 왕건이 "발해는 본래 우리(고려)의 친척 국가"라고 말한 것으로 전하고 있다. 이러한 기록은 단순한 발언에 그치지 않는다. 훗날 발해가 멸망했을 당시 발해 태자 대광현이 수만 명의 백성과 함께 고려로 귀부할 때 고려 조정이 취한 행동을 봐도 당시 고려인과 왕건의 인식을 알 수 있다. 왕건은 대광현에게 왕씨 성을 내려주고, 그의 이름을 '왕계王繼'로 고쳤으며, 종실 족보에 기재하도록 배려했다. 즉 대광현과 발해유민을 같은 동족으로, 발해를 고구려를 계승한 국가로 인정했다는 사실을 알 수 있다. 고려와 발해 사이에 혼인이 있었다는 말을 보면, 고려의 공주가 대광현에게 시집을 갔거나 대광현의 딸이 왕건에게 시집을 갔다는 식으로 이해할 수 있을 것이다.

실제로 발해유민 고모한高模翰은 고려 공주와 결혼했다. 고모한은 용맹하긴 했으나 절제가 부족했는지, 뭔가 큰 죄를 지어 거란으로 달아났다가 그곳에서도 사람을 죽여 옥에 갇혔다. 거란 태조는 그의 용맹을 알아보고 사면한 뒤 장수로 삼았고, 고모한은 그곳에서 명장으로 이름을 날렸다.

발해 문화에는 고구려 문화가 많이 남아있다. 가옥에는 고구려처럼 온돌이 사용되었고, 무덤 양식도 고구려의 돌방무덤을 활용했다. 연꽃무늬 기와, 네 귀 달린 항아리 등도 고구려 문화를 계승한 결과다. 상경용천부上京 龍泉府에서 발굴된 돌사자 문화재도 역시 고구려에서 유래한 양식으로 제작되었다. 발해가 지방행정에 적용한 5경 제도는 고구려의 5경 제도에서 유래되었다. 발해가 길이를 계산할 때 사용한 '척R'이란 단위는 오늘날 약 35센티미터로 계산하는데, 이 길이 또한 고구려 때 쓰인 길이와 동일하다. 또한 말갈의 문화도 유산처럼 계승되었다. 움무

고구려 기와(좌)와 발해 연꽃무늬 기와(우) | 국립중앙박물관

고구려 기와(수막새)는 4~5세기에 제작된 것으로, 발해 기와(수막새)는 8세기 중반경에 제작된 것으로 추정한다.

발해 연꽃무늬 막새기와 | 서울대학교박물관

덤, 토기 등에서 말갈 문화를 엿볼 수 있다. 고구려와 말갈이 두 개의 종족으로 나뉘었다는 뜻이 아니다. 정복왕조였던 요나라는 거란인을 다스리는 북면과 한족을 다스리는 남면으로 행정을 분리했으나 발해는 요나라와는 다르게 이러한 통치기구를 별도로 설치하지 않았다. 이런 점을 보더라도 발해가 지배층이 고구려인, 피지배층이 말갈족으로 분리된 이중 구조로 운영되지 않았다는 사실을 알 수 있다.

한편 발해는 당나라의 국가 운영제도를 많이 본받았다. 상경성_{上京}

발해 돌사자상(좌)과 정혜공주묘 표지석(우) | 동북아역사재단

1949년 중국 학자들은 발해 문왕의 둘째 딸 정혜공주의 무덤을 발굴했다. 정혜공주의 무덤을 살펴 보면 발해가 고구려의 문화를 계승했음을 알 수 있다. 정혜공주 무덤은 고구려 무덤 양식으로 축조되었다. 정혜공주 무덤에서 출토된 돌사자상(석사자상)도 고구려 문화를 계승했음을 알리는 유물이다. 고구려에서는 궁전과 사찰을 수호하기 위한 염원을 담아 돌사자상을 제작했는데, 발해 역시 고구려의 전통을 이어 유사한 석상을 제작했다.

당나라 장안성(위)과 발해 상경 용천부(아래)

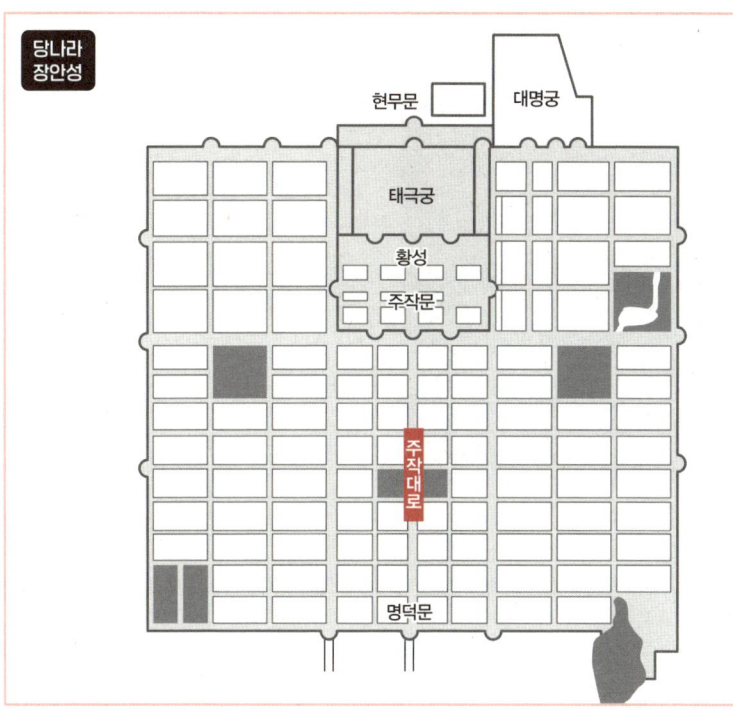

발해 정효공주 묘비 | 중국길림성박물원
발해 문왕의 넷째 딸 정효공주의 무덤은 정혜공주 무덤과는 상반되게 중국 당나라의 양식으로 제작되었다. 발해가 고구려 문화를 계승하고 당나라 문화를 수용하며 독자적인 문화를 형성했음을 알 수 있다.

城의 구조는 당나라 수도 장안성과 흡사하다. 정치기구 역시 당의 3성6부제를 참고했다. 각 부처의 명칭은 달라도 제도의 작동 방식은 당을 모방했다. 발해는 일찌감치 당과 문화 교류를 활발히 했고, 당나라에 유학생도 많이 보냈다. 유학 문제에서 신라와 선두를 다퉜던 만큼 당나라의 제도와 유교 문화를 많이 수용하였다. 정효공주 묘비에 적힌 문장이 당나라에서 유행하던 변려체로 적혔다는 점만 봐도 이를 알 수 있다.

오늘날 중국은 발해를 중국의 지방정권에 불과하고, 나라를 세운 주체도 속말말갈로 둔갑시키고자 한다. 하지만 발해는 고구려의 후계국을 자처했고, 대외적으로 주장하진 않았으나 나라 안에서만큼은 황제국으로 자칭했다. 황제국이 타국의 속국일 리 없다. 발해는 고구려의 문화를 계승하고, 선진국가인 당나라의 제도를 배워 국가를 정비했다. 엄연히 다른 문화를 꽃피운 독립된 국가였다.

발해를 건국한 대조영

《삼국사기》에서 발해는 별도로 언급되지 않는다. 신라와 관계된 기록 몇 개만 전할 뿐이고, 발해를 '발해말갈'이라고 부르는 경우가 많다. 당나라에서는 대조영을 발해군왕에 책봉하며 나라 이름을 발해라 불렀다. 대조영은 자국을 '진국'이라 불렀으나 이 이름은 이후 사용되지 않았다.

국명을 둘러싼 논쟁

대조영은 '진국왕'에 올랐다. 그의 시호는 고왕高王이다. 그런데 이 진국(왕)의 진을 두고 사료마다 '우레 진震' 혹은 '떨칠 진振'이라고 다르게 쓴다. 당나라 측천무후가 걸걸중상에게 '진국공震國公'이란 왕호를 내렸다는 점을 볼 때, 震이라는 명칭은 여기서 왔을 것이다. 그런데 《신당서》에서는 震國이라 하는데, 《삼국사기》, 《구당서》는 물론이고 북송 시대의 《책부원귀冊府元龜》와 사마광이 저술한 《자치통감》에는 振國으로 나온다. 이를 보면 《신당서》는 측천무후가 걸걸중상에게 내려준 '진국공'이란 칭호를 고려해 震國이라 표현했을 수 있다.

유교 경전 중 하나인 《주역》에서는 진震이란 글자가 '동방'을 가리킨다. 따라서 대조영이 스스로 震國이라 표방했을 수도 있다. 하지만 당나라에 반기를 들고 건국한 대조영이 당나라를 중심에 둔 방위를 따져 국명을 정했을 가능성은 크지 않을 것이다. 한편 '떨칠 진

振'은 '떨쳐 일어나다'는 뜻을 지녔다. 나라의 위력을 사방에 떨치는 큰 국가라는 뜻으로 국명을 이리 정한 것이라 보는 게 더 타당할 것이다.

대조영은 건국 직후 사방의 위험을 가라앉히기 위해 이웃나라에 사신을 파견했다. 사신을 파견한 나라는 당과 대립하던 돌궐, 당과 함께 고구려를 멸망시킨 신라였다. 이때만 하더라도 신라는 나당전쟁의 여파로 당나라와 서먹한 사이였다. 상황이 상황이라 신라에서도 당을 견제할 세력을 굳이 싫어할 이유가 없었다. 신라는 대조영에게 대아찬 벼슬을 내려주어 우호적인 관계를 표명했다. 대아찬은 신라 관등 중 5등위에 불과하나 진골만이 받을 수 있었다. 신라는 자국에 항복한 금관가야의 왕족에게 진골 신분을 하사한 적이 있었다. 따라서 신라 입장에서는 최고의 대접을 한 셈이었다.

진국에서 발해로

대조영은 고구려 장군 출신이었다. 따라서 고구려가 멸망한 668년에 최소한 20대 중반은 넘어섰을 것으로 추정한다. 대조영은 22년간 왕위를 지키다 719년에 사망했다. 고구려 멸망 때 20대였다면 나라를 세웠을 때는 50대, 사망했을 때는 70대가 된다. 그런데 신라의 최치원은 당나라 태사시중에게 보낸 편지에서, 발해가 나라를 세운 때를 다르게 볼 수 있는 기록을 남긴 바 있다.

의봉(儀鳳) 3년(678년)에 이르러 그 사람들(고구려인)을 하남과 농우(隴右) 지방으로 옮겼습니다. 고구려 유민들이 모여 북으로 태백산(백두산) 아래에 의거하여 나라 이름을 발해라고 하였습니다.

– 《삼국사기》〈최치원 열전〉

최치원의 기록 때문에 발해를 건국한 해가 698년이 아니라 의봉 3년인 678년이라 주장하는 사람도 있으나 이때는 고구려 유민을 중국 내륙으로 옮긴 해라 그 점을 기록한 것이고 그 후에 발해가 세워졌다고 해석해야 한다. 해당 기사에서 주목해야 할 지점은 건국 시점이 아니다. 최치원이 발해의 건국 주체를 고구려 유민으로 보고 있다는 점에 주목해야 한다. 하지만 최치원은 상반된 주장도 기록으로 남겼다.

발해의 원류는 고구려가 멸망하기 전 본디 이름도 없는 조그마한 부락으로, 말갈의 족속이 번성해져 무리를 이루게 되자 속말(粟末)이라는 소번(小蕃, 작은 제후국)의 이름을 갖게 되었습니다. 이들은 일찍이 고구려의 유민들을 따라 내지로 옮겨져서 살았습니다. 측천무후가 조정을 다스릴 때에 이르러 영주에서 반란이 일어나자 걸사비우와 대조영 등이 그 기회에 그곳에서 도주하여 문득 황폐한 땅을 차지하고는 비로소 진국(振國)이라 칭하였습니다.

이 글은 앞서 소개한 〈사불허북국거상표〉에서 등장한다. 발해를 신라와 대비되는 '북국'이라 부르는 기록이기도 하다. 발해가 신라보다 의전 서열이 높아야 한다고 요청했을 때 당나라가 발해의 부탁을 거절했는데, 최치원은 이에 감사한 마음을 표하고자 이 글을 썼다. 여기서 최치원은 발해 건국 세력을 고구려 유민보다는 말갈족으로 간주한다. 다만 이 글을 쓴 이유를 고려한다면 발해를 폄훼하려는 의도가 반영되었다고 볼 수 있다.

대조영은 용맹하고 용병술에 뛰어난 장군이었다. 그가 당나라 장군 이해고를 무찌른 것은 기적적인 일이어서 여기에는 재미있는 전설이 뒤따른다. 대조영의 군대는 이해고의 추격을 간신히 뿌리치고 달아났으나 식량이 부족해 굶주림에 허덕였다. 대조영이 식량을 장만할 방법을 고민하던 참에 속말말갈의 한 노인이 홀연히 나타나 도움을 주었다. 북쪽에 있는 호수 경박호鏡泊湖 아래에는 왕이 살고 있는데, 말갈 사람과 사이가 좋으니 그에게 물고기를 달라고 부탁하자는 것이었다. 대조영은 노인의 말대로 편지를 써서 경박호 물속에 넣었다. 그러자 꼬리가 붉은 물고기인 '홍미어'가 수없이 나타나 군사들에게 배불리 먹일 수 있었다 한다. 배를 채운 병사들은 힘을 내서 이해고의 군사를 무찔렀다.

경박호는 동모산으로부터 아주 먼 곳에 있으므로 이런 이야기가 사실일 리는 없다. 경박호 부근에는 훗날 발해 수도가 되는 상경성이 세워진다. 이 전설은 그 시절에 생겼을 것이다. 고대사에서는 이런 일이 비일비재하다. 평양에는 발도 들인 적이 없던 고구려의 동명성왕 전설이 평양에 있는 것과 마찬가지다.

당나라는 대조영의 진국을 공격할 여력이 없었다. 당나라 중종은 700년대에 진국에 사신을 보내 국교를 맺고자 했다. 대조영도 당이 자신을 인정하면 굳이 싸울 필요가 없었다. 아들 중 하나를 보내 당나라에 조회하도록 했다. 그러나 이때는 거란과 돌궐 등이 육로를 막고 있어서 양국이 본격적으로 교류하기 어려웠다. 거란은 손만영의 죽음 이후 기세가 꺾이는가 싶었으나 이진충의 사촌동생 이실활李失活이 다시 기세를 떨쳤다. 거란은 해奚, 해족와 연합해 당나라를 괴롭혔다. 712년 당은 이들을 공격했지만 패배하고 말았다. 이렇게 되자 이들의 배후를 괴롭힐 대조영의 진국에 주목할 수밖에 없었다.

713년 당나라는 최흔崔忻을 진국에 사신으로 보냈다. 당나라는 진국을 말갈족의 나라로 격하하였다. 그리고 최흔을 통해 대조영을 좌효위 원외대장군左驍衛 員外大將軍 홀한주도독忽汗州都督 발해군왕渤海君王으로 임명했다. 이는 발해를 기미정책 체제 안에 삽입하기 위한 조치였다. 대조영이 만든 나라 이름인 '진국'은 인정하지 않았는데, 신라국왕들에게 '신라'라는 자국 명칭을 허용했다는 사실과 비교된다. 앞서 밝히듯이 발해라는 이름은 중국 지명 발해군에서 유래한 듯하다. 발해군에는 예전부터 고씨들이 살았는데, 당시 중국은 고구려와 이를 연결하여 생각한 것이다. 이런 일은 중국에서는 흔히 해온 일이다. 중국인들은 주변 타민족의 유래를 자기네에서 찾곤 한다.

그런데 대조영은 중국의 호칭을 그대로 수용해 국명으로 삼았다. 이때부터 진국은 발해가 되었다. 당이나 신라는 발해를 가리켜 '발해말갈'이라 불렀으나 말갈은 발해를 격하하는 호칭이었다. 당나라가 진국이라는 국명을 인정해주지 않는 상황에서 발해말갈이라 격하하니, 대조영 입장에서는 발해군왕이라는 이름으로 행세하는 편이 더 유리할 수 있었을 것이다. 그만큼 당나라가 당시 동아시아 세계에서 행세하는 위력은 여전히 막강했다고 할 수 있다. 한편으로는 국가 호칭보다 국가의 생존을 더 중시했다고 볼 수도 있다. 자유중국이 타이완이라는 이름을 사용하는 것과 비교할 수 있을 것이다.

대조영은 왕자 대문예大門藝를 당으로 보냈다. 발해 왕자는 교역을 요청하고 절에 가서 예불을 드리고자 했다. 두 나라는 서로 좋은 분위기로 국교를 다졌다. 발해는 동북에 있는 말갈부족을 당나라로 이끌기도 했다. 고구려의 뒤를 이은 나라로 발해 역시 고구려처럼 말갈부족에 영향을 끼쳤던 것이다. 이후 고왕 대조영은 22년간 발해를 안정시켰다. 그의 사후 왕위는 아들 대무예大武藝로 이어졌다.

발해 왕실의 무덤은 중국 길림성 돈화의 육정산(六頂山) 고분군, 길림성 화룡(和龍)의 용두산(龍頭山) 고분군, 흑룡강성 영안(寧安)의 삼령둔(三靈屯) 고분으로 비정한다. 그중 육정산 고분군에서는 문왕의 딸 정혜공주의 묘가, 용두산 고분군에서는 역시 문왕의 딸인 정효공주의 묘가 발견된 바 있다. 정혜공주의 묘지명에는 "무덤이 진릉(珍陵)의 서쪽 묘원"이라는 말이 있다. 여기서 '진릉'의 정체를 두고 많은 사람이 논쟁했다. 하지만 정혜공주의 묘지가 발해 초기 왕릉이 있던 곳이라는 데에는 별다른 이의가 없다. 따라서 대조영의 무덤도 육정산 고분군 중에 있을 것으로 추정한다.

영토를 넓히고
당과 대결한 무왕

발해의 군주는 가독부(可毒夫)라고 불렸다. 대면했을 때는 성왕(聖王)이라 부르고, 글로 적을 때는 기하(基下)라고 썼다. 가독부의 뜻은 정확히 알 수 없다. 문왕의 딸이었던 정혜공주 묘비석에는 황상(皇上)이라는 말도 나온다. 하지만 왕의 호칭은 '대왕'이라고 나왔으니, 대외적으로 황제를 자칭한 것은 아니었다.

무왕이 된 대무예

대무예는 왕위에 올라 무왕武王이 되었다. 그는 719년부터 737년까지 18년간 발해를 다스렸다. 당나라에서 대조영을 발해군왕으로 봉했을 때, 대무예는 계루군왕桂婁郡王에 봉해졌다. 무왕이 즉위하자 당에서는 바로 그를 발해군왕에 봉했다. 그리고 대무예의 아들 대도리행大都利行은 계루군왕에 봉했다. '계루'는 고구려의 5부 중 하나이고 대조영이 도읍한 동모산 역시 계루부의 영역이었다. 이 역시 발해가 고구려의 계승국이라는 것을 보여주는 증거라 하겠다.

무왕은 즉위 후 인안仁安이라는 연호를 사용했다. 동아시아 국가에서 중국과 구별되는 연호를 사용했다는 것은 중화질서를 따르지 않는다는 뜻이다. 오늘날 중국의 주장과 달리 발해가 당나라와 구별되는 독립국가였다는 분명한 증거다. 심지어 당시 당나라 연호를 사용한 신라의 역사를 중국사의 일부분이라고 주장하지도 않는다. 이 점은 우리가 염두에 둘 필요가 있다.

당나라 입장에서 발해는 상당히 거슬리는 존재였다. 숙명의 대결을 벌인 끝에 고구려를 멸망시켰거늘 불과 얼마 지나지 않아 고구려의 후신을 자처하는 나라가 나타났다. 당나라는 발해를 고구려와 같은 나라라고 인정하기 싫었을 것이고, 발해를 말갈의 나라로 간주하고자 노력했다. 하지만 현실적으로 발해는 멀리 떨어져 있었다. 당에 위협을 가하는 거란을 견제하기 위해서라도 발해와 우호적인 관계를 유지할 필요가 있었다. 발해 입장에서도 당나라와 대립각을 세울 필요가 없었다. 양국의 입장이 맞물린 덕분에 발해는 대조영이 지은 '진국'이란 이름을 버리고 당나라가 준 '발해'라는 이름으로 갈아탄 듯하다. 발해가 적극적으로 당나라의 뜻을 수용한 덕분에 당나라는 체면을 지켰다. 발해는 실리를, 당은 명분을 가져간 셈이었다. 이후 발해가 일본에 보낸 문서를 보면 '발해군왕'이라는 명칭을 사용한다. 무왕 뒤에 즉위한 문왕이 집권 17년(753년)에 이르러서야 '발해국왕'이라는 명칭을 사용한다.

흑수말갈 때문에 달아난 대문예

무왕이 즉위했을 때 거란은 이진충의 사촌동생 이사고李娑固가 다스리고 있었다. 이사고는 거란족의 신뢰를 받는 장군 가돌우可突于를 제거하려고 했는데, 오히려 가돌우의 반격으로 쫓겨났다. 당나라는 이사고를 지원해 군대를 보냈으나 가돌우는 그들을 모두 물리쳤고 따로 섬길 주군을 옹립했다. 가돌우는 돌궐이 당과 대립하자 돌궐 편에 섰다. 당은 돌궐과 거란의 연합을 견제해야 했다. 당은 발해에 무관 장월張越을 파견해 해족과 거란의 토벌을 요청하기도 했다. 하지만 다른 나라의 전쟁에 발해가 끼어들 이유가 없었다. 오히려 양쪽이 서로 대립해야 발해가 안전했다.

무왕은 이름답게 대외적으로 정복 사업을 펼쳐나갔다. 남쪽의 신라 역시 위기감을 느끼고 함흥 위쪽의 용흥강龍興江을 경계로 장성을 쌓아 발해의 남침을 대비했다. 발해는 말갈부족에도 영향력을 확대했다. 당시 말갈의 여러 부족은 그들 나름대로 생존하고자 노력했다. 이들은 당나라에 사신을 파견해 독자적인 영역을 확보하고자 했는데, 그러기 위해서는 발해의 허락을 받아야 한다는 고충이 있었다.

사정이 이렇게 되자 당나라는 발해를 더는 좌시할 수 없었다. 발해가 동북아의 강자가 되어 고구려 같은 나라로 거듭나는 것은 곤란했다. 거란을 견제하기 위해 발해가 필요한 것처럼 이번에는 발해를 견제하기 위한 다른 존재가 필요했다. 이런 상황에서 북쪽의 또 다른 강자였던 흑수말갈은 발해의 영향력에서 벗어나고자 당나라와의 접촉을 시도했다. 722년 흑수말갈의 추장 친속리계親屬利稽가 직접 당으로 들어갔다. 흑수말갈은 당의 기미주羈縻州가 되기를 자청했다. 기미주는 국경 지대 또는 그 밖의 지역에 사는 이민족 집단을 간접적으로 통치하던 곳을 가리킨다. 당시 당나라 황제 현종은 흑수말갈의 청을 받아들였다. 그리고 친속리계를 발주渤州자사로 임명했다. 발해가 엄연히 존재하는데 같은 한자가 포함된 '발주'라는 이름을 사용한 점도 의미심장해 보인다.

725년이 되자 안동도호부는 흑수말갈에 흑수군을 설치하자고 청했고, 다음 해 흑수말갈을 흑수주로 삼아 도독을 임명했다. 발해 입장에서는 도저히 용납할 수 없었다. 이렇게 되면 발해는 당나라와 흑수말갈 사이에 끼어서 곤경에 처할 수 있었다. 무왕은 분노했다.

> 흑수말갈이 돌궐에 토둔철(吐屯啜)을 요청했을 때도 우리(발해)에게 알리고 함께 갔었다. 지금은 우리에게 알리지도 않고 당에 관리를 요청했다. 이는 분명 당과 (협력하여) 우리를 공격하고자 한 것이다.

무왕이 언급한 '토둔철(투둔 초르Tudun Çor)'은 돌궐의 관직 이름으로, 다른 종족의 땅을 감독하는 직책이다. 흑수말갈이 다른 국가의 관리를 요청할 때도 어디까지나 발해의 양해를 받아 그렇게 했었으나 이제는 그렇게 하지 않는다는 것을 말하는 대목이다. 이에 무왕은 흑수말갈을 공격하기로 결심했다. 대장으로 동생 대문예와 장인 임아상任雅相을 내세웠다. 하지만 동생 대문예는 무왕과 생각이 달랐다. 대문예는 당나라에 두 번이나 인질로 갔던 적이 있어서 당나라의 힘을 잘 알고 있었다.

> 흑수말갈이 당에 관리를 요청했다고 해서 흑수말갈을 공격하면, 당을 배신하는 것입니다. 당은 큰 나라입니다. 고구려가 강병 30만 명으로도 당을 이겨내지 못했습니다. 우리 병력은 고구려의 10분의 1도 되지 않는데 당과 대립한다면 망하는 지름길로 향할 뿐입니다.

하지만 무왕은 대문예의 말을 따르지 않았다. 대문예는 어쩔 수 없이 군대를 이끌고 출정했다. 대문예는 국경에 도달한 후 다시 한 번 간언했다. 그로 인해 무왕이 완전히 진노하였다. 무왕은 사촌형 대일하大壹夏에게 명령했다. 병사를 대동하여 동생 대문예를 죽여버리라고 했다. 대문예라고 해서 호락호락하게 당할 사람은 아니었다. 대문예는 무왕과 일전을 불사했다. 대문예가 둘째라고 해도 대조영의 적자였으니, 왕위를 노릴 자격이 없는 것도 아니었다. 하지만 무왕을 당해내진 못했다. 대문예는 끝내 샛길로 도망가 당나라에 도착했다. 당나라에서는 대문예에게 좌효위장군左驍衛將軍이란 직책을 내렸다.

무왕은 즉각 당으로 사신을 보내 대문예의 처형을 요청했다. 당 현종은 대문예를 빼돌려 숨겼다. 이 사실을 발해가 알아챘을까 염려하여 발해 사신을 수도 장안에 잔류시킨 다음 따로 사신을 보냈다. 당나라 현종은 대문예를 영남 지방에 유배했다고 설명했으나 발해 무왕은 그 말에 속지 않았다. 무왕은 다시 표문을 작성했다.

> 큰 나라라면 신의를 지녀야 하거늘 어찌 속임수를 쓸 수 있습니까? 대문예를 돌려보내십시오.

당 현종은 기밀이 누설됐다고 화를 내며 측근들을 귀양보냈다. 그 뒤에 다시 대문예를 영남에 귀양보냈다고 무왕에게 알렸다. 대문예를 죽이거나 돌려달라는 발해의 요구에 미적거리고 있는 동안 당나라는 흑수말갈에 대한 기미정책을 계속 진행했다. 728년(무왕 10년)

1월 당은 흑수말갈 추장 예속리계倪屬利稽에게 이헌성李獻誠이라는 이름을 하사했다. 그리고 그해 4월 당에 숙위로 있던 무왕의 적자 대도리행이 사망했다. 어떤 사유로 죽었는지는 모른다. 하지만 무왕은 아들이 외지에서 죽었으니 슬픔이 더욱 컸을 것이다. 그렇다고는 해도 현실적으로 당나라와의 관계가 단절될 수도 없었다. 730년에는 왕의 동생 중 대낭아大郎雅를 숙위 자격으로 당에 보냈다. 이와 별개로 무왕은 대문예의 송환을 계속 요구했다. 732년(무왕 14년) 7월 당 현종은 무왕을 타이르는 편지를 따로 보냈는데, 송나라 때 편찬된 《문원영화文苑英華》라는 시문집에 이 편지 내용이 적혀 있다.

> … (전략) 형제지간에 서로 다투고, 문예(대문예)가 곤궁하여 짐에게 왔으니, 어찌 거두지 않으리오. 그를 잠시 서쪽 변경에 둔 것은 경(무왕)을 위한 조치였으니 잘못이라 할 수 없고, 자못 제자리를 찾은 것이었다. 그 이유인즉, 경은 바다 모퉁이에 있으면서도 항상 중화의 문화를 익혔는데 형제의 우애야 따로 익힐 것까지 없지 않은가? 골육의 정이란 깊어서 스스로는 차마 어찌하기 어려운 법이다. 문예가 비록 잘못이 있다 하더라도 고치고 뉘우치면 받아들여야 한다. 경은 그를 동쪽으로 데려가고자 한다고 말하지만 사실은 도륙하고자 하는 듯하다. 짐은 효도와 우애로 천하를 가르쳤으니 어찌 이런 일을 듣고만 있을 수 있겠는가? 참으로 경의 명성과 행실을 안타까워서 하는 말이지, 어찌 도망한 자를 보호하고자 하는 일이겠는가? 경은 나라(당나라)의 은혜를 모르고 드디어 짐을 배반하고자 한다. 경은 멀리 떨어져

있다고 그것만을 믿는데, 짐이 근년에 관용을 가지고 나라를 다스리고 있으나 명을 받들지 않으면 장차 일이 있을 것이다. 경이 능히 과오를 뉘우치고 충성을 바치면 전화위복이 될 것이다. 말만 공손히 할 뿐이지 뜻은 여전히 미혹함을 고집하며 문예를 죽일 것을 청한 뒤 귀국하겠다고 하니, 이게 무슨 말인가? 경의 표문에는 충성이 있으나 가만히 들여다보면 믿기 어렵다.

사실 당나라 입장에서 대문예는 당 현종에게 충성을 다한 것이므로 상을 내렸어야 한다. 하지만 대문예에게 상도 주지 못하고 무왕을 벌하지도 못했다. 그러다 계속된 무왕의 대문예 송환 요청에 결국은 "너를 믿을 수 없으니 행동 조심하라."라는 경고를 보낸 것이다.

무왕, 당나라를 공격하다

무왕은 행동을 조심하기는커녕 더 큰 일을 저질러버렸다. 그동안 참았던 분노가 폭발한 것이다. 당나라의 편지를 받은 두 달 후인 9월, 발해는 당나라 본토를 공격했다. 장군 장문휴張文休가 지휘한 발해 수군이 등주(산동성)를 침략했다. 이 공격으로 등주자사가 전사했다. 당은 발해의 기습에 허가 찔렸다. 그렇지만 당나라의 좌령군장군佐領軍將軍이 반격에 나섰고, 본때를 보여준 발해군은 재빨리 본국으로 돌아갔다.

당나라는 이 일을 용납할 수 없었다. 당 현종은 대문예를 내세워 발해 정벌군을 조직하게 했다. 다음 해인 733년(무왕 15년) 정월, 대문예가 군을 이끌고 출정했다. 이때 당에서는 신라에도 원군을 요청했다. 양군은 총합 10만 대군을 모집했다. 하지만 도로가 열악한 데다가 대폭설이 내리는 바람에 병사가 반이나 죽어 성과도 없이 귀국해야 했다. 고구려보다 훨씬 동쪽에 자리한 발해를 공격하기란 쉽지 않다는 사실만 알게 되었을 뿐이었다.

무왕도 가만히 있지 않았다. 무왕은 윤3월, 거란과 당의 경계에 있는 전략 요충지인 마도산馬都山을 거란과 함께 공격했다. 거란의 실력자인 가돌우는 돌궐의 병력까지 끌어들였다. 거란군이 먼저 당군을 공격했다. 이때 당의 정예기병 1만 명이 전멸하였다. 당나라가 대참패한 이유로 해족의 배신을 꼽을 수 있다. 해족은 거란 같은 북방민족인데, 이 시기에는 당나라에 복속된 상태였다. 거란군은 당의 지휘관을 피살했고, 그의 수급을 당나라군에 보이며 항복을 권유했다. 그러나 당군은 받아들이지 않았다. 결국 당군이 전원 전사하였다.

마도산 전투 직후 발해군이 마도산에 도착했다. 당은 거란과 발해의 기병을 막기 위해 400리에 걸쳐 큰 돌을 쌓아 길을 막는 강수를 뒀다. 말들이 통과할 수 없게 길을 막은 것이다. 이 전투를 통해 당나라는 북방에서 완전히 수세에 몰린 현실을 인정해야 했다. 당나라는 오랜 세월 이이제이의 정책을 펼쳐 거란과 발해의 반목을 유도해 북방을 안정시켰는데, 발해 무왕은 그동안의 원한을 접고 거란과 손을 잡았다. 당은 그간의 북방정책을 재고해야 하는 상황에 봉착했다.

무왕은 당나라와의 대결과는 별개로 군사까지 이끌고 찾아온 대문예를 도저히 용서할 수 없었다. 대문예가 살아있는 한 당나라는 언제든지 그를 왕으로 내세울 수 있기도 했다. 무왕은 대문예가 머

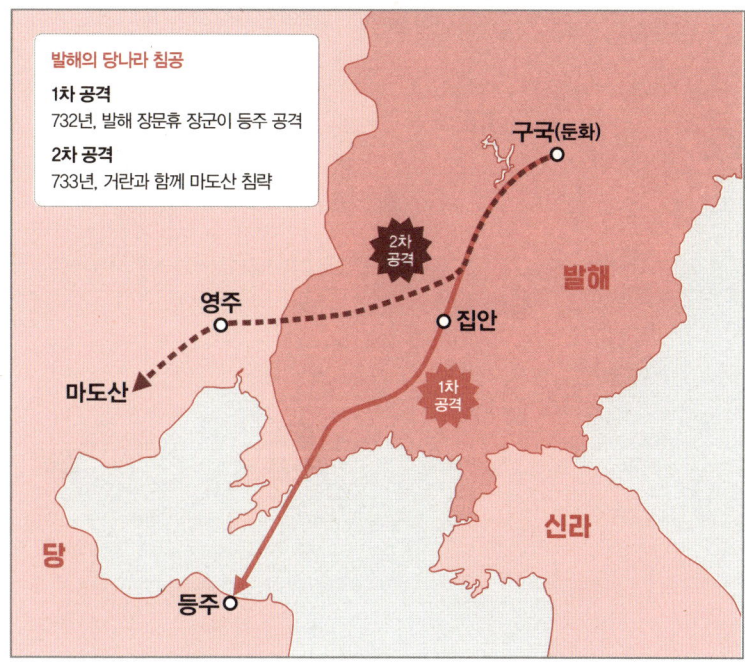

무는 낙양으로 암살단을 보냈다. 자객들은 낙양의 다리 천진교天津橋 남쪽에서 대문예를 습격했다. 자객 중 하나가 대문예를 칼로 찌르기까지 했으나 그를 죽이는 데에 실패했다.

당 현종은 이 사건에 격노하여 철저히 수색하라 명했고, 당에 잠입한 자객은 모두 사로잡혀 죽임을 당하고 말았다. 하지만 대문예는 이때 큰 상처를 입었는지 이후에는 기록에 등장하지 않는다.

다음 해 신라 왕족으로서 당나라에 찾아간 김충신金忠信은 다시 한번 발해를 협공할 것을 청했다. 당 현종도 동의했으나 정벌은 이루어지지 않았다. 신라는 발해 견제라는 명분을 내세워 북쪽 영토를

지도10 발해 무왕 시대의 대외정세

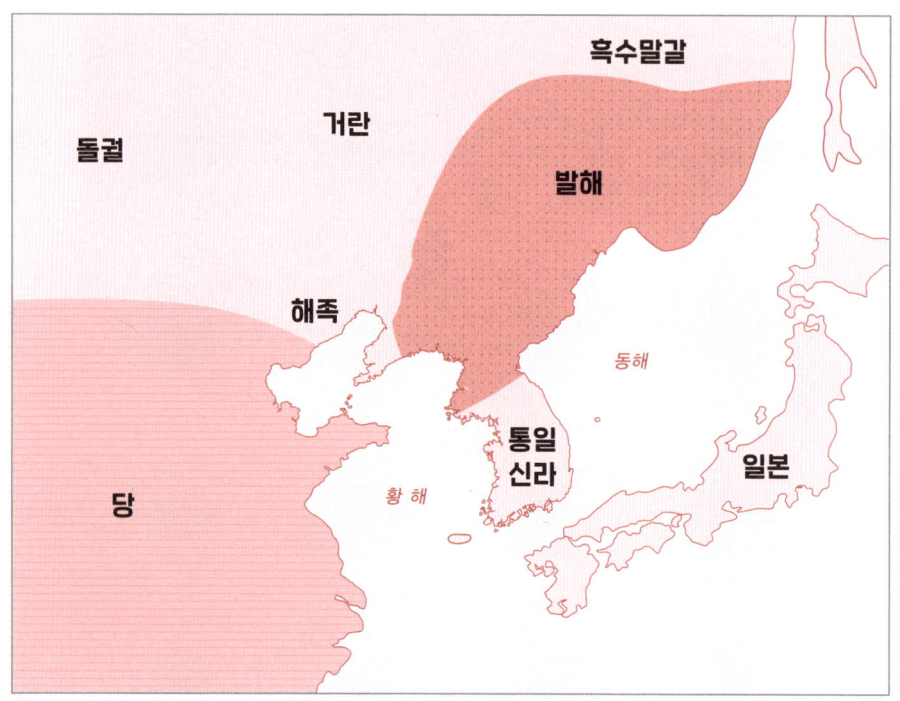

인정받았고, 발해는 당의 공격이 주춤한 사이에 일대를 평정했다. 한편 당을 괴롭히던 거란의 가돌우가 734년(무왕 16년)에 전사하면서 거란은 당나라와의 화해를 모색했다. 가돌우가 죽은 전투에서, 발해 출신으로 당나라에 투항한 장수가 있었다. 발해 부여부夫餘府 출신의 낙사계諾思計였다. 그는 당나라에 투항하여 노정빈盧庭賓이라는 이름을 하사받았다. 아마도 그는 대문예와 함께 당으로 가서 투항한 것 같다. 노정빈이라는 이름을 하사받았지만 낙사계라는 이름도 쭉 유지한 것으로 보인다.

거란의 가돌우가 죽자 돌궐은 거란과 해족을 공격했다. 하지만 반격을 받아 패배했다. 이에 돌궐은 발해에 사신을 보내 함께 거란을 공격하자고 요청했다. 발해는 이를 거절했고 돌궐 사신을 결박해 감금했다. 거란과의 의리를 지키기 위해서였을 수 있다. 당시 거란이 당나라에 붙고자 했음에도 거란에 대한 협공을 거절한 데다 오히려 돌궐에 적대감을 드러냈다. 즉 발해는 당나라와의 관계를 개선하고자 한 것이다.

발해의 외교정책이 급변한 이유 중 하나는 돌궐이 흑수말갈에 영향력을 행사하려고 했기 때문이다. 흑수말갈은 발해의 골칫거리였다. 발해 무왕은 흑수말갈을 정벌하고자 했으나 동생 대문예와의 내분으로 시기를 놓쳤고, 흑수말갈은 완전히 복속되지 않은 채 당나라와 독자적으로 교섭했다. 발해는 돌궐이 흑수말갈과 손을 잡는 곤란한 상황을 피하고자 했다. 게다가 신라가 발해 남쪽에 바짝 다가왔으니 신라와 친밀한 당나라를 적대하는 노선은 결코 발해에 유리하지 않았다. 즉 발해는 자국의 생존을 위해 당나라에 가까워지려는 거란을 공격하지 않았고, 이를 통해 당과 화친할 기회를 마련했다. 또한 흑수말갈을 끌어들이려는 돌궐을 멀리하였다. 이에 무왕의 뒤를 이은 문왕은 당나라와의 우호적인 관계를 적극적으로 수립했다.

외국과의 교류

《신당서》에는 "무왕이 영토를 개척하니 동북의 오랑캐들이 겁을 먹고 섬겼다."라고 적혀 있다. 무왕 집권기에 발해 영토는 넓어졌다. 남으로는 신라와 이어졌고, 북으로는 흑수말갈을 자국 영향 아래 두었다. 그렇다고 흑수말갈의 땅이 발해의 영토로 몽땅 편입됐다는 뜻은 아니다. 문왕 때가 되면 발해는 당나라와 화친하기 때문에 북방의 말갈부족도 다시 당나라와 교류하기 시작했다. 한편 무왕은 일본과의 교류도 시작했다. 727년(무왕 9년) 일본에 보낸 국서에는 "열국(列國)을 주관하고 제번(諸蕃, 여러 오랑캐)을 거느려, 고구려의 옛 땅을 회복하고 부여의 유속을 잇게 되었다."라고 적혀 있다. 발해에서는 이때 처음으로 일본에 사신을 보냈으나 일본 사신은 이보다 앞서 720년(무왕 3년)에 발해에 왔던 것으로 보인다. 발해와 일본은 동해를 통해 해로로 왕래해야 했는데, 동해는 거칠어서 항해가 쉽지 않았다. 이 때문에 해류를 이용해 왕래했다. 발해는 가을이나 겨울에, 일본은 봄철에 배를 띄웠다. 발해에서 일본을 갈 때는 두만강 하구에 있던 발해 동경 용원부東京 龍原府에서 출발해 홋카이도를 거쳐 일본 본토로 가는 경로를 이용했다. 일본에서 발해로 갈 때는 동해를 가로지르는 해로를 택했다. 발해가 일본과 교류한 이유는 신라와 당의 위협에 대항하기 위한 동맹을 구하기 위함이었고, 일본도 신라를 견제하기 위해 발해와 교류하고자 했다.

　일본은 발해를 고구려의 계승국으로 인정했는데, 여기에는 나름의 계산이 있었다. 《일본서기》를 편찬한 이후 일본은 한반도의 국가들을 자신들의 속국으로 간주하였다. 백제와 고구려는 신라가 멸망시켰는데, 신라와 싸운 백강 전투(백촌강 전투)에서 패전한 후 적대관계가 되었다. 이런 때에 고구려의 계승국인 발해가 등장했으니, 일본은 발해를 속국으로 여기게 된 것이다. 그런 이유로 일본은 발해의 국서가 무례하다고 종종 질책하기도 했다. 발해는 이런 일본의 태도를 알면서도 대충 눈감아 주곤 하였다.

무왕은 말년에 이르러서 당과의 관계 개선에 착수했다. 왕제(王弟)인 대번(大蕃)이 736년(무왕 18년)에 사신으로 당에 갔고, 다음 해에는 세 차례나 사신이 파견되었다. 이때 발해 사신은 "돌궐이 거란을 공격하자고 요청했다."라는 사실을 당나라에 알렸고, 발해는 이에 따르지 않았다는 사실도 덧붙여 말했다. 당나라와 우호적으로 지내고 싶다는 마음을 노골적으로 표시한 것이다. 당 현종도 이에 화답했다. 현종은 발해가 과오를 뉘우치고 번신(신하국)의 자세로 돌아온 것을 칭찬하고, 귀양 보낸 대낭아를 본국으로 돌려보내며 호의를 표시했다. 대낭아는 발해와 당나라의 전쟁 당시 숙위 자격으로 당나라로 들어간 무왕의 동생이었는데, 아마도 전쟁이나 대문예 암살 사건으로 인해 귀양을 갔던 것 같다.

발해와 당나라가 싸운 등주전쟁 당시 등주(산동성)를 지키고 있던 위준(韋俊, 675~732)은 발해 장문휴의 공격으로 전사했다. 등주전쟁은 발해의 기습작전으로 개시되었다. 《삼국사기》의 〈최치원 열전〉에는 당나라로 보낸 편지가 기록되어 있는데, 여기서 이 전쟁에 관해 '엄습(掩襲)'이라고 표현한 바 있다. 위준의 묘지명에도 이때 상황에 관한 기록이 적혀 있다. "꿈틀거리는 도이(島夷, 발해)가 거칠고 먼 변방에서 몰래 대해(大海)를 넘어 곧바로 외로운 성을 지목하였습니다. 생이 창졸지간에 변하여 관사에서 훙(薨)하시니, 춘추 57세입니다."라고 나와 있다. 즉 발해가 기습작전을 벌였음이 분명하다.

발해 뗏목탐사대

발해가 바다를 건너 당나라를 공격한 사실에서 알 수 있듯이 발해인은 항해술에 뛰어났다. 발해는 풍랑이 거친 동해를 통해 일본과 교류했는데, 이 바다의 험난함은 발해 뗏목탐사대의 비극으로 알 수 있다.

1998년은 발해 건국 1300년이 되는 해였다. 이를 기념하여 발해-일본 동해 항로를 따라가는 탐사대가 발족했다. '발해 건국 1300주년 기념 발해해상항로 학술뗏목대탐사대'라는 이름이었다. 기계에 의존하지 않고, 돛만 단 뗏목으로 동해를 횡단하고자 시도했다. 그해 5월, '21세기 바다연구소'의 소장 장철수(1960년생)가 발해 해상항로 복원 작업을 구상했다. 그는 1987년 7월 울릉도-독도 뗏목 탐사에 참여한 사람이었다.

1997년 12월 31일, 러시아 블라디보스토크 항구에서 직접 제작한 뗏목에 4명이 탑승했다. 일명 '발해 1300호'가 바다에 진수되었다. 뗏목에는 2개의 돛이 설치되었다. 돛에는 성덕대왕신종의 비천상飛天像과 치우천황이 그려졌다. 치우천황 그림을 보면, 사이비역사학이 당시 이런 실험에도 영향을 끼쳤다는 사실을 알 수 있다. 뗏목은 가로 5미터,

세로 15미터였다. 장철수 소장을 포함해 이덕영 선장(1949년생), 이용호 대원(촬영 담당, 1963년생), 임현규 대원(통신 담당, 1971년생)이 참여했다. 뗏목을 제작하고자 장철수 대장은 집을 팔기도 했다.

본래 출발지로 염두에 둔 곳은 발해 동경 용원부의 염주성鹽州城 유적지가 있는 크라스키노Kraskino였으나 그곳은 북한과의 접경지였기 때문에 본의 아니게 북한 영해를 침공하는 문제가 생길 수 있었다. 따라서

크라스키노 염주성 유적지(위)와 염주성터 일대 항공사진(아래) | 동북아역사재단
러시아 연해주에 있는 발해시대의 성터다. 크라스키노 마을 인근에 있는 이 유적지는 바다와 가까워 해양으로 진출하기 용이하게 보인다. 학자들은 이곳을 발해 62주 중 하나인 염주(鹽州)의 중심지로, 나아가 발해-일본을 잇는 일본도의 시작점으로 추측한다.

블라디보스토크로 출발지를 잡을 수밖에 없었다.

발해 1300호는 1월 12일, 울릉도 북쪽 110킬로미터 지점까지 항해했다. 1월 17일에는 후포면 동쪽 76킬로미터 지점에 도착했고, 해양경찰 경비정을 타고 찾아온 지원팀으로부터 지원품을 전달받았다. 이때까지는 그나마 순조롭게 진행되었다. 하지만 1월 23일 오후 5시, 일본 오키제도의 도고섬 북서쪽 약 7.8킬로미터 지점에서 강한 바람과 높은 파도를 만나 표류하였다. 그날 오후 8시, 구조요청을 보냈으나 1시간 만에 온 구조 헬기는 기상 상황이 악화한 탓에 뗏목을 발견하지 못했다. 다음 날 새벽 5시 50분경에는 교신마저 두절되고 말았다. 새벽 6시경 뗏목을 발견했는데, 뗏목은 닻을 내렸다가 뒤집힌 상태였다. 한 사람은 뗏목에 몸을 묶은 상태였고, 두 사람은 인근에서 표류 중이었다. 이용호 대원을 구조하긴 했으나 구조 직후 숨을 거두었다. 다른 대원들은 구조에 실패했다. 이후 대원들은 인근 해안과 해변에서 시신으로 수습되었다. 장철수 소장의 시신 일부는 2월 11일 도고섬 해안가에서 마지막으로 발견되었다. 발해 1300호는 1월 24일에 도고섬 서북쪽 해변에 뒤집힌 상태로 떠밀려 있었다.

발해 1300호의 항해일지를 보면 출항 때부터 강풍과 거친 파도로 고생했다는 것을 알 수 있다. 유독 바다가 거친 겨울에 동해 횡단을 추진해야 했냐는 의문이 제기되기도 했다. 이는 발해의 사신단이 겨울철에 일본으로 갔기 때문에 역사적 고증에 충실하기 위한 선택이었다. 발해 1300호 항해일지의 마지막 장에는 이런 내용이 있다.

나라에 짐이 된다는 것이 부담스럽다. 더욱이 오늘 한일 어업협정이 일방적으로 파기되었다는데(1998년 1월 23일), 그들의 속셈이 드러났다고 보인다. 무엇보다도 내가 의연해지고 싶다. 미래와 현재의 공존과 조화, 바다를 통한 인류의 평화 모색, 청년에게 꿈과 지혜를 주고 싶다. 탐험정신. 발해의 정신.

이들의 죽음에 충격을 받아 다시 한번 뗏목 항해에 도전한 사람들이 있었다. 설악산에서 인명구조를 하던 산악인 방의천이 그 주인공이었다. 그는 장철수 소장처럼 울릉도-독도 뗏목 탐사에 먼저 나서서 성공한 뒤 본격적으로 동해 횡단에 도전했다. 1998년부터 재원을 모으고자 힘썼으나 필요한 자금을 다 모을 수 없었다. 이 후원회원 중에는 당시 해양수산부 장관이었던 노무현 전 대통령도 있었다. 방의천 대장은 포기하지 않고 계속 도전했다. 결국 2005년 2월 19일 뗏목 항해에 나설 수 있었다. 탐사대장 방의천, 대원은 연정남(항해·의료 담당), 황기수(장비·취사 담당), 이형재(촬영 담당)였다. 대원 중에는 연정남 대원만 울릉도-독도 뗏목 운행을 경험했다. 발해 2005호는 실제로 발해 배가 출항한 장소에 인접한 포시예트Posyet 항구에서 출발했다. 그곳은 발해의 염주성이 있던 곳이다.

하지만 출항 직후 거센 항해를 견디지 못하고 뗏목이 파손되었다. 20일 오전 해경에 구조를 요청했으나 통신도 곧 두절됐다. 악천후와 강추위 속에서 이틀간 부서진 뗏목을 붙들고 버티던 이들은 22일에 해양경찰청 경비함 삼봉호에 의해 극적으로 구조되었다. 겨울 동해는 이처럼 험난한 곳이었다. 제대로 된 배가 아니면 건너기가 쉽지 않다고 할 수밖에 없다. 발해가 동해 연안을 따라 항해했는지, 최단거리를 따라 원양 항해를 했는지는 아직 정확히 규명되지 않았다. 다만 발해 1300호의 잔해가 발견된 지점은 발해 사신들이 도착한 곳이었다. 그때도 해류가 발해 사신단을 그곳으로 안내했을 것이다.

문왕의 치세

문왕의 부인은 효의황후(孝懿皇后)고, 성씨는 한(韓)이다. 사서에는 전해지지 않았는데 2004~2005년에 진행된 중국 용두산 고분군 발굴작업에서 묘지명이 나와 존재를 알게 되었다. 《속일본기》에는 효의황후가 776년 12월에 사망했음을 발해에서 전했다고 적혀 있는데, 묘지명을 통해 775년(문왕 39년)에 사망한 것을 확인할 수 있었다.

문왕의 천도

문왕의 이름은 대흠무大欽茂로, 무왕의 아들이다. 737년에 즉위하면서 대흥大興을 연호로 삼았다. 문왕은 무려 57년간 왕위에 있으면서 발해의 기틀을 확고히 다졌다. 발해의 지방제도가 5경 15부 62주로 만들어졌고 수도는 상경으로 옮겼다. 문왕이 즉위하자 당에서는 사신을 보내 '좌효위대장군 발해군왕'으로 봉해주었다. 문왕은 다음 해에 사신을 보내 《삼국지》 등 여러 책의 필사를 요청했고, 당은 문왕의 요청을 허락했다. 이렇게 해서 두 나라는 완전히 새로운 관계를 맺었다. 발해는 당과 관계를 회복하면서 말갈족 통제를 강화했다. 말갈족의 일부인 불열, 월희, 철리 등은 문왕 이전에 당과 독자적으로 교섭했지만 741년 이후 이런 일이 없어졌다.

문왕은 742년(문왕 6년) 나라를 세운 이래 수도였던 동모산을 떠나 중경 현덕부中京 顯德府로 천도했다. 중경 현덕부는 현재 두만강 북쪽에 있다. 상경은 목단강 중류로 훨씬 북쪽에 있다. 발해 전체로 보면 거의 중앙에 위치한 곳이라고 할 수 있다. 문왕이 남쪽으로 수도를 옮긴 것은 북방이 안정되어 남방으로 시선을 돌렸다고도 볼 수 있다. 13년 후인 755년(문왕 19년) 상경 용천부로 또 천도했는데, 이때는 북방이 더 중요해졌기 때문이다. 동북방의 말갈족들을 발해가 통제하긴 했으나 흑수말갈은 여전히 당나라와 독자적으로 교류하였는데, 이것을 상경으로의 천도를 결정한 이유로 보고 있다. 또한 상경에는 넓은 평야 지대가 있다. 고구려가 초창기에는 산지에 수도를 세웠다가 평양으로 옮긴 일, 백제가 위기에 몰렸을 때 공주의 험지에 자리를 잡았다가 평야 지대인 부여로 옮긴 일과 유사하다. 그런데 문왕은 785년(문왕 49년)에 동경 용원부로 또 천도했다. 나라 중앙에 자리한 상경과 달리 동경은 두만강 하류 쪽에 놓여 있었다. 발해의 동경 시대는 오래가지 않았다. 발해는 794년(성왕 2년)에 수도를 다시 상경으로 옮겼다.

왜 이렇게 수도를 자주 옮겼을까? 오늘날에도 수도 이전은 아주 힘든 사안이다. 이 시대라면 대규모의 인원이 이동해야 하는데 두세 번이나 천도하는 것은 보통 문제가 아니었을 테다. 다만 동경으로 천도한 배경에 당나라와 흑수말갈의 문제가 있을 가능성이 높다.

755년(문왕 19년) 12월 당나라에서는 안녹산의 난이 발발했다. 절도사 안녹산은 한때 발해와 흑수말갈을 관장하는 '압양번·발해·흑수사부 경략사押兩蕃·渤海·黑水四府經略使'였다. 발해와 흑수말갈(흑수사부)을 나란히 쓴 것은 흑수말갈이 발해와 구별되는 독자적인 세력이었다는 뜻이다. 안녹산의 난이 발발했을 당시 평로유후사平盧留后使 서귀도徐歸道는 안녹산을 공격하기 위해 발해에 기병 4만의 원군을 요청했다. '유후사'란 절도사를 대리하는 임시직을 가리킨다. 문왕은 서귀도를 의심해 사신으로 온 장원간張元澗을 억류했다. 그런데 서귀도는 얼마 지나지 않아 안녹산 편에 붙고 말았다. 당시 안동도호부의 도호였던 왕현지는 정병 6,000명을 거느리고 가서 서귀도를 참수했다. 왕현지는 스스로 평로절도사라 칭했다. 왕현지는 758년(문왕 22년) 다시 발해에 사신을 보내 원군을 요청했지만 문왕은 이번에도 당나라의 뜻을 의심해 움직이지 않았다. 사실 타국 내란에 굳이 개입할 이유도 없었다.

안녹산의 난은 763년(문왕 27년)까지 계속되었다. 이 사이에 당나라는 동북방에 신경을 쓸 여력이 없었다. 결국 당나라는 동북방의 질서를 발해에 위임해야 했다. 762년(문왕 26년) 당나라는 문왕을 '발해국왕'으로 책봉했다. 군왕에서 국왕으로 승격된 것이다. 또한 흑수말갈은 당나라의 직접적인 관할 명단에서 사라졌다. 발해가 흑수말갈을 관리하게 된 것이다. 흑수말갈이 당에 사신을 보낸 것은 752년 12월이 마지막이었다.

안녹산의 난 이후 당나라는 쇠퇴의 길을 걸었다. 안녹산의 난을 빌미로 서쪽에서는 토번이 침입하여 수도 장안이 점령당하기도 하였다. 토번뿐만 아니라 위구르도 당의 쇠퇴를 기회로 급성장했다. 외부의 위협이 심각했음에도 각지의 절도사가 독자적인 세력으로 성장하며 외란에 대응할 힘을 잃어버렸다. 절도사 중 황제를 자칭하는 사람도 있었다. 이런 상황에서 중앙 조정은 환관들에게 장악되었다. 당나라 현종 때 권력을 차지한 환관 고역사高力士를 필두로 환관들이 전횡을 일삼으며 황제를 조종하였다.

발해가 보기에 당나라의 대혼란은 자국이 세력을 넓힐 기회였다. 특히 골칫거리 북방 말갈을 장악할 시간이 생겼고, 불안정한 지방도 안정시킬 수 있었다. 문왕은 785년경 동경으로 천도했는데, 동경은 신라와 일본으로 통하는 중요 거점이었다. 또한 인근의 솔빈 지방을 장악하여 솔빈의 특산물인 말을 확보할 수 있었다. 말은 평로치청절도사 이정기와 교역하는 물품이기도 했다. 이처럼 문왕은 수도를 옮겨가며 국내외를 안정시키고자 노력했다.

발해의 통치제도와 군사제도

문왕은 발해의 세 번째 군주로, 오랜 시간 왕위를 지키면서 나라의 기틀을 탄탄하게 만들었다. 발해의 관직 제도는 3성6부제라고 하는데, 이 제도 역시 문왕 때 완성되었다. 3성은 정당성政堂省, 선조성宣詔省, 중대성中臺省이라고 한다. 발해의 3성6부제는 당나라의 관직제도와는 이름이 다르다. 정당성은 국정을 총괄하는 기구로 대내상大內相이 수반을 맡았다. 정당성의 좌사정左司政이 인사를 맡는 충부忠部, 재정을 맡는 인부仁部, 외교와 의례를 맡는 의부義部를 거느렸다. 정당성의 우사정右司政은 군사를 담당하는 지부智部, 형벌을 관리하는 예부禮部, 생산업무를 담당하는 신부信部를 거느렸다. 선조성은 왕의 명령인 조칙을 담당하는 곳으로 좌상左相이 책임자다. 한편 중대성은 법을 제정하고 정책을 수립하는 곳으로 우상右相이 책임자이다. 이외에 관리의 비리를 감찰하는 중정대中正臺, 서적을 관리하는 문적원文籍院, 교육을 담당하는 주자감胄子監 등이 있었다.

발해의 군사제도는 많은 지점이 의문스럽다. 발해의 군사제도는

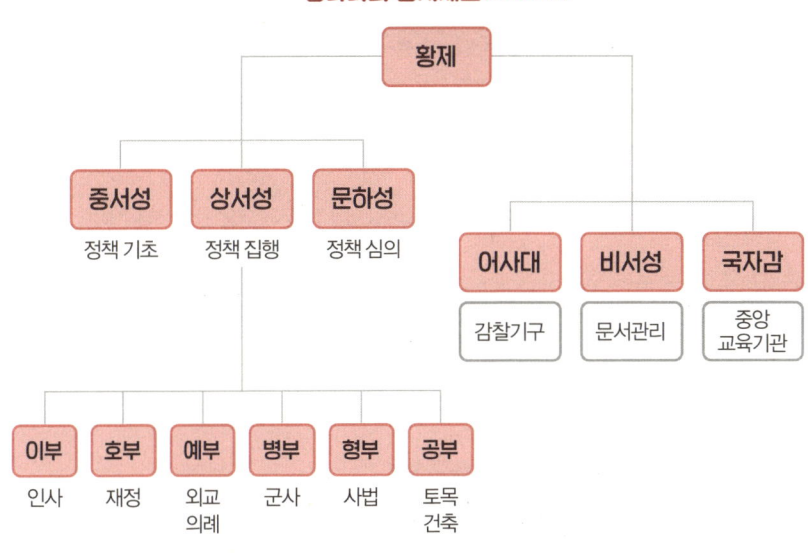

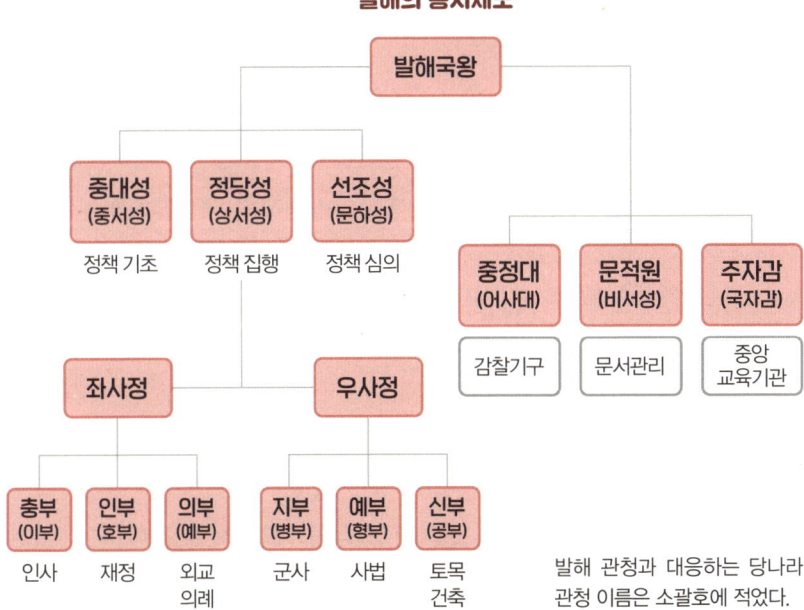

발해 관청과 대응하는 당나라 관청 이름은 소괄호에 적었다.

8위衛 혹은 10위로 구성되어 있다고 한다. 두 개의 가설이 존재하는 이유는 《신당서》에서 발해의 군사제도를 설명할 때 '남좌우위'와 '북좌우위'라는 관직명이 등장하기 때문이다. 이 명칭이 만일 '남우위, 남좌위, 북우위, 북좌위'를 뜻한다면 10위가 맞고, 명칭 그대로 관직명이라면 8위가 된다. 8위에는 각각 대장군과 장군이 한 명씩 있다. 거란, 말갈 등은 군사 조직을 8개로 만드는 관습이 있다. 따라서 발해도 8위로 군사제도를 가지고 있었을 것이라고 보는 게 더욱 타당하다고 본다.

발해군 8위

이름	역할(추정)
좌맹분위(左猛賁衛)	정예군, 궁궐 수호
우맹분위(右猛賁衛)	
좌웅위(左熊衛)	수도 방어군
우웅위(右熊衛)	
좌비위(左羆衛)	
우비위(右羆衛)	
남좌우위(南左右衛)	국왕 친위군
북좌우위(北左右衛)	

'웅위'의 웅(熊)과 '비위'의 비(羆)는 곰을 뜻하는 한자다.

냉랭해진 일본과의 관계

753년(문왕 17년) 당나라에서 신라와 일본이 자리 서열을 다투는 쟁장 사건이 있었다. 일본이 동아시아에서 최상의 자리에 집착하는 것을 잘 보여준 사건이었는데, 이런 일본의 자의식 때문에 발해와도 갈등을 빚게 되었다. 753년 일본에 보낸 발해국서에서, 발해는 일본을 향해 "○○이 아룁니다."라는 뜻인 계啓라는 한자를 쓰지 않았다. "발해국왕이 말한다."라는 의미의 언言이란 한자를 써서 발해가 일본과 대등한 국가임을 보여주었다. 일본은 발끈한 나머지 발해가 신하의 예를 지키지 않았다고, 고구려도 일본의 신하였다고 말했다. 앞서 말했지만 일본의 이러한 왜곡된 인식은 과거 안승의 보덕국이 보낸 사신과의 일 때문에 생겼다. 이런 일본의 반발에 대해 문왕은 759년(문왕 23년) "고려국왕 대흠무가 말한다."라는 국서를 보내는 식으로 대응했다. 왕의 이름을 직접 써서 일본의 기분을 맞춰주었지만 "아룁니다." 같은 저자세는 취하지 않은 절충안이었다.

759년은 일본이 신라정토계획에 착수한 때라 발해의 협력이 절실했다. 남북으로 신라를 공격하고 싶었기 때문이다. 이에 759~763년

견고려사 목간 |국립중앙박물관
일본에서 출토된 목간으로 한자 22자가 적혀 있다. 758년 발해에 파견된 일본 사신단이 임무를 완수했으니 승차한다는 내용이 담겨 있다. 일본이 발해에 파견한 사신을 '견고려사'라고 표기하여 당시 일본이 발해를 고려(고구려)의 계승국으로 이해했음을 알 수 있다.

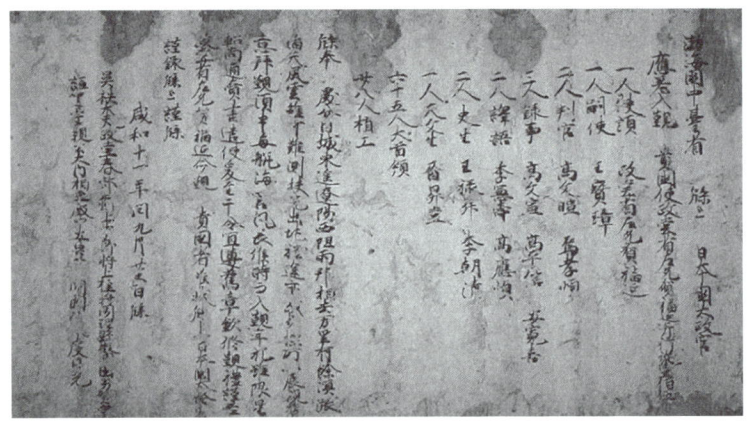

함화11년 중대성첩 사본 | 국립중앙박물관

발해 중대성에서 일본 태정관으로 보낸 외교문서를 필사한 사본으로, 함화는 발해 제11대 국왕 대이진의 연호다. 841년 106명의 발해 사신단을 일본에 파견한다는 내용이 담겨 있다. 해당 사본 내용을 요약한 기록이 《속일본후기》와 《유취국사》 등에도 적혀 있다. 발해–일본의 외교문서가 어떤 체계로 작성되었는지를 알 수 있다.

(음력으로 758~762년)에 발해는 일본에 사신을 세 번 보냈고, 일본은 발해로 사신을 다섯 번 파견했다. 하지만 발해는 안녹산의 난이 발발할 때 중국에 개입하지 않았듯이 일본과 신라의 갈등에도 개입할 생각이 없었다. 특히 762년 문왕이 발해국왕으로 책봉되며 당나라와의 관계가 안정되자 당나라와 친밀한 신라를 더더욱 공격해서는 안 되었다. 이렇게 발해가 발을 빼버리자 당연히 일본과의 관계는 냉랭해지고 말았다. 거기다 일본이 발해를 조공국으로 여기는 한 이 문제는 해결되기 어려웠다.

한편 신라 원성왕은 문왕 말년인 790년(문왕 54년)에 일길찬 백어伯魚를 사신으로 보낸 적이 있었다. 발해 건국 후 처음으로 신라에서 사신이 이때 발해로 왔다.

발해 사신의 일본 항해 일람

대수	일본 도착일(음력)	사신	인원 또는 배	당시 발해국왕
1	727년 9월 21일	고인의	24명	2대 무왕
2	739년 7월 13일	서요덕	2척	
★	746년		1,100여 명	
3	752년 9월 20일	모시몽	75명	
4	758년 9월 18일	양승경	23명	
5	759년 10월 18일	고남신	알려지지 않음	
6	762년 10월 1일	왕신복	23명	3대 문왕
7	771년 6월 27일	일만복	325명, 17척	
8	773년 6월 12일	오수불	1척	
9	776년 12월 22일	사도몽	187명 또는 166명	
10	778년 9월 21일	장선수	2척	
11	779년 9월 14일	고양필*	359명	
12	786년 9월 18일	이원태	65명, 1척	
13	795년 11월 3일	여정림	68명	6대 강왕
14	798년 12월 27일	대창태		
15	809년 10월 1일	고남용		7대 정왕
16	810년 9월 29일	고남용		
17	814년 9월 30일	왕효렴	알려지지 않음	8대 희왕
18	818년	모감덕		9대 간왕
19	819년 11월 20일	이승영		
20	821년 11월 13일	왕문구		
21	823년 11월 22일	고정태	101명	10대 선왕
22	825년 12월 3일	고승조	103명	
23	827년 12월 29일	왕문구	100명, 1척	
24	841년 12월 22일	하복연	105명	11대 대이진
25	848년 12월 30일	왕문구	100명	
26	859년 1월 22일	오효신	104명	12대 대건황
27	861년 1월 20일	이거정	105명	
28	871년 12월 11일	양성규	105명	
29	876년 12월 26일	양중원	105명	13대 대현석
30	882년 11월 14일	배정	105명	
31	892년 1월 8일	왕귀모	105명	
32	894년 12월 29일	배정	105명	14대 대위해
33	908년 1월 8일	배구	알려지지 않음	15대 대인선
34	919년 11월 18일	배구	105명	
★★	929년 12월 6일	배구	93명	

★는 정식 사신이 아니라 상인으로 추정한다. ★★는 발해 멸망 이후 일본에 도착했다. 11대 발해 사신 '고양필'의 경우 사료에 따라 '고양죽'이라 표기한다. 《발해정치외교사》(2009)를 저술한 김종복 교수는 사료에서 언급하는 두 인물의 행적을 볼 때 '고양죽'과 '고양필'은 동일인이 분명하고, 粥(죽 죽)과 弼(도울 필)의 글자가 비슷해 어느 한 쪽이 잘못 쓴 걸로 보이며, '돕다, 보필하다'의 의미가 담긴 '필'이 타당하다고 설명하였다.

목숨을 건 일본 사행

동해를 통해 일본으로 가는 사행使行은 목숨을 건 외교 활동이었다. 727년(무왕 9년)에 일본으로 떠난 발해 사신단은 에조蝦夷 땅에 표류하는 바람에 16명이 살해되고 8명만 겨우 살아남았다. 에조는 일본의 북부 지역으로, 당시 아이누족이 사는 땅이었다. 한편 739년(문왕 3년)에 떠난 사신단은 폭풍에 배가 침몰하여 사절단 40명 전원이 사망했다. 759년의 사신단은 폭풍을 만나 쓰시마섬까지 표류했다.

771년(문왕 35년) 6월 발해의 일만복壹萬福은 배 17척에 325명을 거느리고 일본으로 향했다. 772년 정월에 일본 조정에 들었다. 이때도 표문이 예법을 어겼다는 이유로 일본 조정은 표문 수령을 거절했다. 특히 표문 말미에 '천손'이라고 쓴 부분에 시비를 걸었다. 일만복은 어쩔 수 없이 그 부분을 수정해 일본의 비위를 맞춰야 했다. 그해 9월에 일본을 떠났는데, 폭풍을 만나 표류하다가 노토반도에 있는 노토국能登國으로 떠내려갔다. 그다음 해 여름에서야 간신히 발해로 귀국할 수 있었다.

발해에서는 일만복이 어떻게 되었는지 알 수 없었기에 오수불烏須弗을 파견해 어떻게 된 일인지 알아보게 했다. 이때 일본은 앞으로 북쪽이 아닌 남쪽으로 오라고, 사신단의 경로를 별도로 지정했다. 그런데 776년(문왕 40년) 일본으로 떠난 발해 사신 사도몽史都蒙은 여전히 북쪽 항로를 택했다. 노토국에 다 왔을 때쯤 폭풍우를 만나 표류하다가 노토반도 남서쪽에 있는 에치젠국越前國에 도착했다. 사신단 중 126명이 죽고 46명만 살아남았다. 사도몽은 일본에서 연주를 했는데, 이로써 발해 음악이 일본에 전해졌다고 한다. 사도몽은 활쏘기에도 재주가 있어서 천황에게 상을 받기도 했다. 또한 사도몽은 예언술에도 능통해 일본 대신들의 미래를 점쳐주었는데, 신통하게 다 맞았다고 한다.

814년(희왕 3년) 일본에 사신으로 간 왕효렴王孝廉은 발해로 귀국하다 표류하여 노토국에 간신히 도착했으나 그곳에서 병사했다. 발해와 일본 양국을 오가는 사행이 이토록 험난했지만 발해 후반기에는 항로가 익숙해진 탓인지 이런 기록이 나오질 않는다.

> 정혜공주는 문왕의 둘째 딸로 737년에 태어나 777년에 40세의 나이로 숨졌다. 문왕의 4녀인 정효공주와 더불어 묘와 묘지명이 남았다. 여기에 문왕의 칭호를 대흥보력효감금륜성법대왕(大興寶曆孝感金輪聖法大王)이라 적었다. 정효공주의 묘에는 벽화가 그려져 있어서 당시 발해의 문화를 엿볼 수 있다. 정효공주는 792년(문왕 56년)에 36세로 죽었다. 딸의 죽음을 목격한 충격 탓이었는지 문왕도 곧바로 승하했다.

당나라 명장으로 활약한 고구려 유민들

고선지高仙芝, ?~755는 당나라 장군이다. 그는 고구려 유민 2세이며 중국 사서에는 고구려인이라고 나온다. 당나라는 고구려 멸망 후 다음 해에 고구려인 2만 8,200호를 자기 나라로 끌고 갔다. 이후 보장왕을 요동도독으로 삼아 지금의 요녕성 조양 부근인 영주에서 고구려 유민들을 모아 다스리게 했는데, 보장왕이 681년에 저항운동을 꾀하다가 발각되자 그곳 유민들을 다시 당나라 내륙으로 끌고 갔다. 5만에 달하는 고구려 유민이 보내진 곳 중에는 농우 지방이 있었다. 오늘날 신강 위구르 자치구의 척박한 땅이었다. 또한 당시 토번과 다투는 분쟁지이기도 했다. 고구려 유민은 그 땅을 개척해 먹고 살 수 있는 땅으로 바꿔놓았다. 농사를 짓고 말을 길러 부유한 땅으로 탈바꿈시킨 것이다.

고선지의 아버지 고사계도 영주에 있다가 농우 지방을 다스리는 안서도호부로 끌려간 것으로 보인다. 고선지도 어린 나이에 아버지와 함께 안서도호부에 도착했다. 이때 고선지의 나이를 10세 이하라 생각한다면, 고선지는 아무리 빨라도 675년경에 태어났을 것이다. 하지만 이렇게 따지면 고선지가 본격적으로 활약했던 시기에 그의 나이는 60대

이상이 된다. 그래서 아버지와는 별도로 안서도호부로 찾아간 것이라 보는 의견도 있다. 후자의 입장에서는 고선지가 700년경에 태어났을 거라 추정한다. 아무튼 고사계는 군을 지휘하는 장군이었고, 고선지도 아버지의 뒤를 이어 20여 세에 유격장군遊擊將軍으로 임명된다.

고선지는 듬직한 외모와 건장한 체격의 소유자였다. 궁술이 뛰어나 말을 탄 채 활을 쏠 줄 알았고 용기를 갖췄으며 과감한 결정을 내릴 줄 알았다. 무관으로 갖춰야 할 소질은 모두 갖춘 셈이었다. 고선지는 전장에서 여러 차례 공을 세웠지만 승진은 잘 되지 않았다. 상관들이 그를 꺼렸던 탓이다. 고구려 출신이라는 정체성 때문이었을지도 모른다. 740년 하서절도사가 된 부몽영찰夫蒙靈詧이 고선지를 높이 평가했다. 이 해에 고선지는 안서도호부의 부도호 겸 안서사진도지병마사가 되었다. '도호'는 본래 한족만 맡을 수 있는 벼슬이었는데 고구려 출신인 고선지가 파격적으로 임명되었다. 더불어 도호부의 병권을 쥔 병마사 자리에 오른 것도 엄청난 사건이었다.

고선지는 돌궐족 달해부達奚部가 일으킨 반란을 기병 2,000명으로 순식간에 진압했다. 고선지의 전장 기록은 그의 부하 봉상청封常清이 남겼다. 봉상청은 오늘날 산서성 출신 사람으로, 어려서 고아가 되었고 빈약한 몸으로 소아마비까지 겪었다. 다리 한쪽이 짧고, 눈도 하나가 찌그러져 있었으니, 볼품이라곤 없는 사람이었다. 그는 고선지를 찾아가 본인을 하인으로 받아달라 청했는데, 물론 허락이 바로 떨어질 리 없었다. 봉상청은 포기하지 않았다. 하루도 빠짐없이 고선지 집 대문을 지키고 서기를 수십 일. 결국 고선지가 그 끈기를 높이 사서 그를 받아들였다. 달해부의 반란을 진압한 승전 보고서도 봉상청이 작성했는데, 마치 고선지의 마음속에 들어갔다가 나온 사람처럼 고선지가 보기에 흡족한 보고서를 적었다.

서역의 전황은 시간이 갈수록 험악해졌다. 당과 토번은 730년 평화조약을 맺었지만 736년 약속이 깨졌다. 토번이 발률勃律을 공격했고, 발률은 당에 구원 요청을 보냈다. '발률'은 오늘날 파키스탄의 길기트 발티스탄Gilgit Baltistan 지역에 있던 나라였다. 이때부터 당과 토번 사이의 전쟁이 벌어졌다. 당은 절도사 세 명을 보내 토번과 싸우게 했지만 이기지 못했다. 토번은 서역 20여 개 국가의 조공을 받는 강국이었다. 이에 당 현종은 747년에 고선지를 행영절도사行營節度使로 임명해 군사 1만으로 토번을 정벌하라고 명령했다. 고선지는 봉상청을 판관으로 삼았다. 판관은 절도부사와 같은 지위였으니 고선지가 얼마나 봉상청을 높이 평가했는지 알 수 있다. 고선지가 전투에 나가면 후위에 남아 업무를 대리한 사람도 봉상청이었다. 봉상청은 군중을 엄히 다스려 한 치의 착오 없이 단속했다.

토번 정벌을 명령받은 고선지는 100일에 걸쳐 파미르고원을 넘었다. 지금의 아프가니스탄과 파키스탄 사이에 있는 연운보連雲堡에 도착한 고선지는 부대를 셋으로 나누는 공격 작전을 감행했다. 연운보에는 9,000명의 적군이 있었고, 그 앞에는 강이 흐르고 있었다. 고선지는 과감하게 도강을 명령했고 그의 작전은 성공했다. 적들은 강을 건너오는 당나라군에 맞설 생각을 하지 못했다. 고선지는 아침부터 맹렬한 공격을 퍼부어 정오가 되기 전에 연운보를 함락했다.

고선지는 연운보에 3,000명의 군사를 남기고 계속 진군해 소발률국을 함락했다. 이때는 무력이 아니라 계략을 사용했다. 소발률국 도성 사람을 속이고 일거에 도성을 장악하는 데에 성공했다. 이후 대발률국과 이어지는 다리를 끊었다. 토번에서 뒤늦게 소발률국의 위기를 감지해 원군을 파병했으나 도성으로 들어올 수 없게 되었다. 소발률국의 왕비는 토번의 공주였는데, 고선지는 소발률국의 왕과 왕비를 포로로 잡아 당으로 개선했다.

고선지의 원정은 대성공이었다. 인근 72개국이 토번을 버리고 당나라에 조공을 바쳤다. 그런데 개선장군인 고선지에게는 뜻밖의 위험이 기다리고 있었다. 고선지는 행영절도사라는 직책으로 군사 작전을 완수했다. 이 작전에서 그의 상관인 부몽영찰은 아무런 상관이 없었다. 그런데 부몽영찰은 고선지가 자신의 승인 없이 본인의 공로를 조정에 직접 상주했다는 일에 불같이 화냈다.

> 개의 창자를 씹어먹을 고구려 노예 종놈아! 개똥을 핥아먹을 고구려 종놈! 네 관직을 누가 얻게 해주었느냐! 그런데도 내 결정을 기다리지 않고 마음대로 승전을 고했느냐? 네 죄는 목을 쳐야 마땅하지만 새로 세운 공 때문에 그러지 못할 뿐이다!

부몽영찰은 화를 냈으나 고선지의 공을 가릴 수는 없었다. 오히려 고선지는 부몽영찰의 자리였던 안서사진절도사에 임명되었다. 고구려 출신의 고선지가 서역에서 제일 높은 자리를 차지하자 그를 향한 시기와 질투가 치솟았다. 부몽영찰의 심복들은 여전히 자리를 차지하고 있었기에 고선지가 그들을 통솔하기 쉽지 않았다. 하지만 이런 상황에서도 고선지는 서역의 여러 나라를 차례차례 복속했다.

지도11 소그디아나 지역

소그디아나 지역은 오늘날 중국, 카자흐스탄, 우즈베키스탄 등 여러 국가의 영토에 걸쳐 있다. 과거 소그디아나 지역은 동아시아와 유럽을 연결한 교역 중심지였다.

750년에는 지금의 우즈베키스탄 수도 타슈켄트Toshkent에 있던 소그디아나Sogdiana 지역을 정벌했다. 중국 사서에서는 소그디아나를 석국石國이라 부른다.

석국은 부유한 나라였고, 고선지는 소그디아나의 호화로운 보물을 많이 약탈할 수 있었다. 이 일은 고선지에게 독이 되었다. 고선지를 탐욕스럽고 잔인한 학살자로 평가하는 사람들도 있었는데, 바로 소그디아나 정벌 사건 때문이다. 고선지는 전장에서 획득한 보물을 부하들에게 아낌없이 나눠주었는데, 이 역시 재물로 충성심을 사기 위해 저지른 매수 행위로 폄훼당하였다. 고선지가 탐욕스러운 사람이었다면 재물을 아낌없이 나눠주지 않았을 것이다.

　소그디아나는 원래 항복을 고려했었으나 고선지는 그들을 속이고 기습적으로 공격해 점령 작전에 성공했다. 와중에 소그디아나 왕자는 탈출에 성공했다. 소그디아나의 왕은 고선지에게 잡혀 당나라 장안으로 끌려갔고, 그곳에서 사형을 당했다. 도망친 왕자는 이슬람 국가의 힘을 빌려 복수하고자 했다. 소그디아나 왕이 처형됐다는 소식이 퍼지자 서역 일대에는 당나라를 향한 증오가 팽배해졌다. 소그디아나 왕자의 호소에 동조한 아바스 왕조는 결국 당나라를 공격했다. 이에 고선지가 다시 출정하였다.

　고선지는 한족과 다른 부족의 병사로 구성된 3만의 병사로 원정에 나섰다. 고선지는 그동안 승리를 거둔 전술을 답습하여 적진의 심장부로 깊이 쳐들어갔다. 700리를 진격하여 탈라스평원에서 적군과 대치하였다. 751년 7월 말에 시작된 전투는 닷새 동안 치열하게 진행되었다. 이 전투에서 본래 고선지의 연합군이었던 카를루크Qarluq가 중간에 배반하며 승패가 갈렸다.

　고선지는 부하 장수의 맹렬한 돌파로 목숨을 건졌으나 생환한 병사는 불과 수천 명뿐이었다. 당시 수많은 당나라 병사가 아랍 지역에 포로로 끌려갔고, 이들을 통해 제지술이 서방에 전파되었다. 이 전투 이후 중앙아시아에는 이슬람교가 본격적으로 전파되었고 당나라는 서역에서의 우위를 상실했다. 특히 이 전쟁 직후 안녹산의 난이 일어나며 다시는 서역과 경쟁할 수 없게 되었다.

　고선지는 안서사진절도사에서 해임되었고, 봉상청이 후임으로 임명되었다. 고선지는 장안으로 소환되었다. 755년 안녹산의 난이 일어나자 고선지는 토적부원수討賊副元帥의 직위를 받고 반란 진압에 나서게 되었다. 안서절도사 봉상청 역시 안녹산을 저지하기 위해 출전했는데, 그만 패배하고 말았다. 봉상청은 고선지에게 찾아가 의탁했다. 고선지는 봉상청과 함께 물러나서 전략적 요충지인 동관潼關을 지켰다. 이때 안녹산 군을 저지하는 데에 성공했다.

그런데 뜻밖의 일이 벌어졌다. 군을 감시하는 목적으로 파견된 환관 변영성邊令誠이 고선지를 모함하는 보고서를 조정에 올렸다. 변영성은 속 좁은 환관으로, 고선지가 그를 은근히 깔보았던 모양이다. 두 사람은 소그디아나 원정 때도 함께 했는데, 이때도 변영성은 고선지와 의견이 달랐다. 변영성은 고선지가 후퇴하면서 나라의 물품을 훔쳤다고 모함했다. 그러나 실상은 달랐다. 고선지는 봉상청의 패전을 목격했고, 안녹산의 군대를 막을 수 없다는 사실을 깨달았다. 그리하여 반란군이 물자를 사용할 수 없도록 불태웠을 뿐이다. 그리고 튼튼한 요새로 물러나 적군을 막아냈다. 하지만 변영성의 보고를 받은 당 현종은 격노하여 고선지와 봉상청을 죽이라고 명했다. 변영성은 즉각 봉상청을 죽였고, 이어 고선지를 체포했다. 고선지는 부하들을 보고 울부짖었다.

내게 죄가 있다면 "그렇다."라고 외쳐라! 하지만 그렇지 않다고 생각한다면 "원통하다."라고 외쳐라!

부하들은 모두 원통하다고 절규했다. 고선지는 봉상청의 시체를 보면서 쓸쓸하게 말했다.

그대는 내가 뽑았으며 나와 절도사를 번갈아 맡았다. 이제 그대와 함께 죽으니 이는 모두 운명이로다.

고선지의 후임은 고선지보다 앞서 안서절도사 직책을 맡았으나 패배를 거듭하던 가서한이었다. 그는 환관 변영성의 독촉 때문에 요충지인 동관을 나와 안녹산과 싸워 대패하고 말았다. 이로써 당나라의 운명도 몰락으로 향했다. 당은 간신히 안녹산의 난을 진압하지만 이후 환관들의 전횡에 휘둘리다가 결국 멸망의 길을 걷게 된다.

한편 또 다른 고구려 유민 출신 당나라 장군으로 '왕사례王思禮'가 있다. 왕사례의 아버지도 고선지의 아버지처럼 당나라 장수로 활동했다. 왕사례는 절도사 가서한 밑에서 활약했는데, 토번이 세운 석보성을 공략하는 과정에서 공적을 세웠다. 당나라 입장에서 석보성 공략은 '피로스의 승리'였다. 6만 3,000여 명의 대군이 석보성을 점령했을 때는 당나라군 병력이 절반 정도로 줄어든 상태였다. 그렇지만 왕사례는 석보성을 공략했다는 공로를 인정받아 우금오위장군으로 승차했다.

왕사례가 전장에서 소집에 늦은 일이 있었다. 격노한 가서한은 왕사례를 군법으로 처형하려다가 막판에 생각을 바꾸었으나 왕사례가 되려 가서한을 비난했다.

죽이려면 빨리 죽여야 하는데 왜 다시 돌려보내는가? 일 처리가 엉망이로다.

왕사례의 독한 성격에는 모두가 혀를 내두를 수밖에 없었다. 왕사례는 안녹산의 난 때 큰 공을 세웠고 말년에는 사공司空이라는 벼슬에 오를 만큼 성공했다. 그는 군사를 운용하는 재주를 인정받진 못했으나 군법을 엄격히 집행해 군기를 잡는 데에 손색이 없었다. 고선지와 달리 그의 말년은 평탄하였다.

혼란 속의 발해

"발해 사람 셋이면 호랑이도 당해낸다."라는 발해 속담이 있었다. 발해 사람들은 이처럼 용맹하기로 유명했다. 조선시대 통신사들이 일본에 가서 마상재(馬上才)를 선보인 것처럼 발해 사신단은 일본에서 말을 타고 공을 때리는 놀이인 격구(擊毬)를 선보여 일본인들을 감탄하게 했었다.

폐왕 대원의

문왕은 57년이나 왕위에 있었다. 그가 왕이 되었을 때 이미 성년이었으므로 죽은 시점에는 거의 여든 살에 이르렀을 것이다. 문왕이 승하하기 1년 전, 그의 넷째 딸이 갑작스럽게 사망했다. 문왕은 이 충격에 후계를 제대로 지명하지도 못한 채 숨을 거둔 것 같다.

문왕의 장남 대굉림大宏臨은 문왕보다 먼저 죽었고, 대굉림의 아들 대화여大華與는 아직 어렸다. 왕위는 친척 동생 대원의大元義에게 넘어갔다. 문왕에게는 대정알大貞幹이라는 아들도 있었으나 그는 숙위 신분으로 당나라에 있었고, 또 다른 아들 대청윤大淸允, 대영준大英俊, 대숭린大崇璘 등도 무슨 이유인지 왕위에 오르지 못했다. 특히 문왕의 넷째 딸 정효공주의 묘지墓誌에는 "궁궐의 모범이 되었으니 동궁東宮의 누나답네."라는 문구가 적혀 있어서 동궁, 즉 태자가 살아있는 것처럼 보인다. 문왕이 승하했을 때 태자가 없었던 것은 분명하므로, 이때 태자가 살아있었다 해도 정효공주가 죽은 후 몇 달 안에 태자가 사망한 것으로 볼 수 있다.

  문왕과 태자가 잇달아 사망하고 정통 왕위 계승자가 아닌 대원의가 집권한 것은 발해에 무언가 비정상적인 일이 진행되었다는 것을 의미한다. 물론 정효공주의 묘지 내용은 의례적인 형식에 따른 것이고, 정효공주가 죽은 직후에 태자가 살아있었다고 무조건적으로 확신할 순 없다. 그렇지만 문왕의 여러 아들을 제치고 대원의가 왕위에 오른 것은 정상적이지 않다.

  대원의는 사서에 족제族弟라고 나온다. 일단 문왕의 형제나 아들은 아닌 것이 분명하다. 심지어 사촌 정도의 친척도 아닌 것이다. 최소한 문왕의 6촌 이상이 된다고 보아야 한다. 그러나 이렇게 권좌에 앉은 대원의는 1년도 자리를 지키지 못했다. 그가 매우 포악한 나머지 국인들이 그를 시해했다는데, 이렇게 폐위된 왕이라 '폐왕廢王'이라 부른다. 폐왕 대원의는 상당한 무력을 동원해 집권했을 가능성이 농후하다. 하지만 당연히 문왕의 여러 아들과 조정 신료들의 불만도 상당했을 것이다. 결국 그들을 힘으로 억누르려 했기 때문에 "의심이 많고 포악하다."라는 평을 받게 된 것이 분명하다.

  폐왕은 즉위하자마자 당나라에 사신을 파견해 책봉을 받으려 했다. 정통성 문제가 있었으므로 당나라의 책봉이 아주 중요했다고 볼 수 있다. 하지만 당에서도 바로 책봉을 해줄 수는 없었다. 그 사이에 폐왕은 시해되고 말았다. 폐왕을 시해한 세력은 문왕의 손자, 즉 대굉림의 아들 대화여를 왕위에 올렸다. 그가 바로 발해의 제5대 성왕成王이다. 그는 연호를 중흥中興이라 했다. 폐왕을 없애고 새롭게 나라를 일으킨다는 의지가 선명하게 읽힌다. 성왕은 동경 용원부 시대를 끝내고 수도를 다시 상경 용천부로 옮겼다. 10년의 동경 시대를 끝내고 상경으로 돌아왔다. 이 일의 배경에는 상경에서 힘을 키운 귀족들의 압력이 있었을 가능성이 높다. 성왕은 추대를 받아 왕위에 올랐으므로 당연히 발언권이 적었을 것이다. 장자 상속이라는 명분은 있을지언정 왕위 계승 과정에서 빚어진 혼란을 잠재울 만큼의 힘은 지니지 못했던 것이다. 성왕은 재위 기간 1년을 못 채우고 승하했다. 왕위는 문왕의 막내아들 대숭린에게 넘어갔다. 대숭린은 제6대 강왕康王으로 연호는 정력正曆이었다.

강왕의 친일본 외교정책

강왕이 즉위하자 당에서 사신을 보냈다. 그런데 발해국왕을 다시 '발해군왕'으로 책봉하며 그 지위를 강등했다. 강왕은 당나라 헌종에게 항의했고, 당에서는 다시 '발해국왕'으로 책봉했다. 강왕은 795년(강왕 2년) 일본에 사신을 보냈는데, 그 문서에는 이런 말이 적혀 있었다.

> 숭린은 구차하게 살았는데 갑자기 초상을 당했습니다. 관료들의 의로움으로 애통함을 진정하고 조상들의 뒤를 이었습니다. 조정은 옛날과 같고 국토도 처음과 같습니다. … (중략) … 숭린이 불민하여 재앙을 불러들이고 스스로 죽지도 못했으니 불효한 죄로 혹독한 벌을 받아 고통을 겪고 있습니다. 삼가 별도의 장계를 올리니, 여기서는 복잡하게 다 적지 않겠습니다.
>
> -《일본후기》 권4 간무(桓武)천황

위 내용은 그냥 의례적인 문구로 보기 어렵다. 문왕 사후 폐왕, 성왕으로 이어진 일련의 사건에 큰 변수가 있었다고 볼 수밖에 없다. 특히 강왕은 문왕의 죽음은 알렸으나 이후 두 명의 왕이 즉위했다는 내부 사정을 밝히지 않았다. 아마도 위에서 언급하는 '별도의 장계'에 내막이 적혀 있었을 것이다. 공식문서에서 언급하지 않은 까닭은 문왕에서부터 강왕으로 이어지는 왕통이 정통이라는 주장을 하고 싶었기 때문이다. 한편 강왕 때에 월희말갈이 다시 당나라와 독자적으로 교류했다. 발해가 내분에 휩싸여 북방을 제대로 통제할 수 없었기 때문에 빚어진 일이다. 이런 문제들로 인해 강왕은 일본과의 우호 관계를 유지하는 일에 공을 들였다. 일본이 원하는 형식의 외교문서를 공손히 보내 일본의 호감을 사고자 했다.

강왕은 794년에서 809년까지 15년간 왕위에 있었다. 혼란기를 충분히 잠재울 수 있었으나 강왕 사후에도 왕위 계승 과정이 이상했다. 강왕 사후 아들 대원유大元瑜가 정왕定王으로 즉위했다. 정왕은 연호를 영덕永德이라 하였다. 오랜 치세를 바라는 연호였겠으나 불과 3년 만에 승하하고 동생 대언의大言義가 희왕僖王으로 즉위했다. 정왕에게는 아들 대연진大延眞이 있었고, 그 아들은 810년(정왕 2년) 당나라 사신으로 갔으므로 어느 정도 나이가 찼을 것이다. 그런데도 정왕 사후 대언의가 임시로 국정을 맡다가 왕위에 올랐다. 대연진이 당나라에서 돌아오지 않은 상황일 수도 있고, 당나라에 간 이후 아예 돌아오지 못하게 되었을 수도 있다. 희왕은 812년에서 817년까지 5년간 왕위에 있었다. 희왕의 연호는 주작朱雀이었다.

거듭되는 혼란

희왕 사후 동생 대명충_{大明忠}이 간왕_{簡王}으로 즉위했다. 간왕의 연호는 태시_{太始}였다. 희왕에게도 아들 대연준_{大延俊}(또는 대정준_{大廷俊})이 있었는데, 이번에도 동생이 즉위한 것이다. 이외에도 발해의 정세가 혼란스러웠음을 짐작할 만한 일들이 있다. 809년에 일본으로 간 사신 중에 고다불_{高多佛}은 810년 4월 사신들이 귀국할 때 사신단에서 이탈해 일본에 잔류했다. 발해 정세가 혼란스럽지 않았다면 굳이 망명을 택하진 않았을 것이다. 고다불은 이후 일본에서 발해어를 가르치는 일을 했다.

815년에는 흑수말갈이 당에 사신을 보내 조공했다. 말갈족은 발해의 국력이 약해진 틈을 노려 별도로 움직였다. 이러한 사실을 고려한다면 강왕의 아들들이 연이어 왕위에 있던 시기에는 발해 정체가 그리 녹록하지 않았다고 짐작할 수 있다.

간왕은 1년도 안 되어 승하하고 대조영의 동생인 대야발의 증손자, 대인수_{大仁秀}가 임시로 국정을 맡았다가 즉위했다. 발해 선왕_{宣王}이다. 대조영의 후손이 대가 끊긴 것은 아닌데 갑자기 상당히 먼 친척이 왕위를 차지했다. 대인수는 희왕의 아저씨 뻘이었는데, 그가 국정을 도맡다가 왕으로 즉위한 것을 보면 이미 이전부터 국정에 참여하고 있었다고 간주해야 할 것이다.

한편 간왕의 비인 순목황후_{順穆皇后}의 묘지명은 용두산 고분군을 발굴할 때 발견되었다. 이를 통해 그녀의 성씨가 태_泰씨라는 사실을 알았고, 간왕 사후에도 살아 있었다는 사실도 파악했다. 다만 비석을 판독하는 과정에서 불분명하게 해석되는 부분이 있어서 정확한 생물 연대는 알 수 없다. 사망한 장소가 선비鮮卑 불역산원不易山原이라고 나오는 것으로 보아 간왕 사후 해당 장소에서 지냈던 것 같다. 그녀의 묘가 조성된 때는 공교롭게도 선왕이 사망한 829년(선왕 12년)인데, 어떤 의미가 있을지도 모르겠다.

> 《단기고사》라는 위서, 즉 가짜 역사책이 있다. 이 책은 해방 후 등장했는데, 이른바 '고조선의 위대한 역사'를 기록하고 있다. 이 책에는 잠수함, 비행기를 비롯한 현대 문물은 물론이고 현대 철학과 현대 과학의 지식이 등장한다. 사이비역사가들은 이러한 어처구니없는 책을 대조영의 동생인 대야발이 썼다고 주장한다. 또 다른 위서 《규원사화》에도 발해유민이 저술했다는 《조대기(朝代記)》라는 책이 등장한다. 《규원사화》에서는 막연히 발해유민이라고 말했더니 훗날 《단기고사》에 와서는 대야발이라는 구체적인 인물로 등장한 것이다.

해동성국의 시대

발해 사람들은 돼지고기를 즐겨 먹었고 쑥떡을 좋아했다. 매년 단옷날이 되면 쑥잎을 찹쌀과 섞어 떡으로 만들어 먹었다. 술을 좋아해서 한번 마시기 시작하면 몹시 취할 때까지 마셨다. 된장도 좋아했는데 특히 책성(柵城) 지역의 된장은 중국 사람들도 좋아할 정도였다. 책성은 오늘날 중국 연변의 조선족 자치주 훈춘시(珲春市)다.

선왕의 치세

선왕의 재위 기간은 12년으로 강왕의 재위 기간 15년보다 짧다. 하지만 이때 와서 드디어 발해는 국정이 안정되고 중흥의 시기를 맞이하였다. 선왕의 연호는 건흥建興이었다. 일으켜 세운다는 뜻이다. 선왕의 아들이 먼저 죽어 다음 왕위는 손자가 잇는다. 죽은 아들이 남긴 손자에게 왕위를 넘긴 것은 선왕이 즉위하기 전부터 그의 아들이 국정에 참여한 인물이라는 점을 시사한다. 대조영의 후손이 계승하던 왕위가 선왕 때부터 대야발의 후손이 계승했기 때문에 왕실의 존엄을 높이는 방법도 변하였다. 일단 대조영-대야발 형제의 아버지 걸걸중상이 중시되었다.

조카뻘인 간왕의 집권 기간이 지극히 짧은데, 이를 보면 선왕이 왕좌를 강탈했을 가능성도 고려할 수 있다. 하지만 폐왕과는 달리 선왕은 국인들의 지지를 받았던 것이 분명하다. 국인의 지지를 바탕으로 선왕은 불안해진 북방을 다시 제어했다. 선왕은 북방을 통제해

회원부懷遠府와 안원부安遠府를 설치했고, 내치에 힘을 기울여 기존의 3경에 2경을 더하여 5경 제도를 완성했다.

요나라(거란)의 역사가 담긴 《요사》에서는 발해 선왕이 원화元和 연간806~820에 남쪽으로 신라를 평정하고 북쪽으로 여러 말갈부족을 공략해 군읍을 설치했다는 내용이 적혀 있다. '원화'는 당나라 헌종의 연호다. 그런데 다른 문헌에서는 발해와 신라가 당나라 헌종 집권기에 충돌했다는 기록을 찾아볼 수 없다. 당시 신라는 애장왕과 헌덕왕이 집권한 시기다. 애장왕이 시해되는 불상사를 빼면 별다른 사건은 찾아볼 수 없다. 하지만 826년(선왕 9년) 신라가 패강에 장성을 쌓아 북방의 침입을 방비한 기록은 있다. 신라가 장성을 쌓기 전에 남북 간의 작은 충돌이 있었고, 신라는 이를 계기로 북방을 경계하게 되었으며, 발해는 이 사안을 당나라에 침소봉대했을 수 있다.

선왕 때에는 일본과의 관계에서도 변화가 생겼다. 일본은 발해를 조공국으로 여기고 있었기 때문에 신년 정월 조회에 사신이 참석하도록 했었다. 따라서 발해는 사신을 9~10월에 보내 5월 정도에 귀국하게 조치했다. 하지만 선왕 때부터는 사신을 11월경에 보내 정월 조회에 참석하지 않은 것 같다. 이에 일본은 사신이 오는 횟수를 줄여 보복했다. 사신이란 정치적인 목적 이외에도 양국 간 교역이라는 중대한 목적을 달성하기 위해 파견된다. 즉 선왕 치세 때 일본은 발해 사신을 12년에 한 번 오게 제한하여 교역을 규제한 것이다. 선왕 때 일본으로 사신을 여섯 번이나 보내서 일본 내에서는 "발해 사신은 이웃나라 손님이 아니라 상인일 뿐."이라는 말이 나올 정도였다. 당나라와의 관계는 훨씬 밀접해졌는데, 12년 동안 24차례에 걸쳐 사신을 보냈다.

요동성국과 해동성국

선왕의 뒤를 이은 인물은 손자 대이진大彝震이었다. 선왕의 아들 대신덕大新德이 일찍 죽어서 그에게 왕위가 돌아갔다. 대이진 때부터는 발해 국왕의 시호가 알려지지 않았다. 대이진 때 당나라와의 교류가 활발해졌는데도 시호가 알려지지 않았다니, 이상한 일이라 할 수 있다. 《요사》에서는 대이진이 존호를 참칭했다고 적혀 있는데, 이는 황제를 자처했다는 말일 수 있다. 그런 이유로 당나라 기록에서도 이름만 언급한 것이라 가정해 볼 수 있다.

대이진은 궁궐을 새로 짓고, 선왕 때부터 정립된 제도들을 완성해 '요동성국遼東盛國'이란 칭송을 들었다. 요동성국은 요동의 번창한 나라라는 뜻이다. 흔히 발해를 가리켜 '동쪽의 번창한 왕국'이라는 의미로 '해동성국海東盛國'이라 부른다. 그리고 이때를 선왕이 집권한 시기로 생각한다. 해동성국이란 말은 《신당서》의 〈발해전〉에서 언급된다. 해동성국이란 단어가 거론된 대목을 살피면 "발해가 당나라 태학에 유학생을 자주 보내 당의 제도를 습득하여 해동성국이 되었다."라는 내용을 확인할 수 있다. 그런 점에서 선왕보다는 대이진과 연결하여 생각하는 편이 더욱 정확할 것이다. 한편 '요동성국'이라는 말 때문에 발해가 이때 요동 지방 전체를 차지했다는 식으로 믿는 사람도 있다. 이 단어는 《요사》에서 쓰인 것으로, 《신당서》의 '해동성국'이란 말을 살짝 바꾼 것으로 보인다. 《요사》는 다른 문헌에 비해 신뢰하기 어려운 책이므로 여기서 등장하는 기록만 믿고 무작정

판단해서는 안 된다. 발해가 말기에 이르러 요동반도 일대를 차지했는가 하는 점에 대해서는 학계의 치열한 논전이 벌어지고 있다.

대이진 집권기에는 5경 15부 62주라는 발해의 행정제도가 완성되었고, 상경성에는 좌우신책군左右神策軍과 좌우삼군左右三軍 및 관청 120사司가 설치되었다. 다만 발해에는 본래 8위라는 중앙군이 있었으므로 여기에 6군이 새로 설치되었다는 것이 기이하게 보일 수 있다. 8위의 이름이 바뀐 것일지도 모른다. 대이진은 830년부터 857년까지 26년간 왕위에 있었다. 이 무렵 신라는 836년 12월에 흥덕왕이 후사 없이 사망하며 왕위 계승을 둘러싼 혼란기에 빠져들지만 발해는 대이진의 통솔 아래 국정이 안정적으로 유지되었다.

발해의 특산품과 교역품

《신당서》의 〈발해전〉에는 발해의 특산물이 무엇인지 적혀 있다. 백두산의 호랑이(토菟), 남해의 다시마(곤포昆布), 책성의 된장(시豉), 부여의 사슴(녹鹿), 막힐의 돼지(시豕), 솔빈의 말(마馬), 현주의 베(포布), 옥주의 풀솜(면縣), 용주의 명주실(주紬), 위성의 철銕, 노성의 벼(도稻), 미타호의 붕어(즉鯽), 구도의 오얏(이李), 낙유의 배(리梨), 부주의 은銀 등이 있다.

발해 특산품 중 논란이 되는 물목은 바로 백두산 호랑이 '토菟'다. 이 글자는 '새삼, 토끼, 호랑이'라는 뜻을 지녔다. '새삼'이란 기생식물로, 그 씨앗은 '토사자'라 부른다. 이 토사자는 원기를 보양하는 데에 쓰이는 약재다. 그렇지만 발해가 이런 약재를 수출했다는 기록은 문헌에서 찾아볼 수 없다. 발해의 교역품 중에는 토끼와 관련된 물

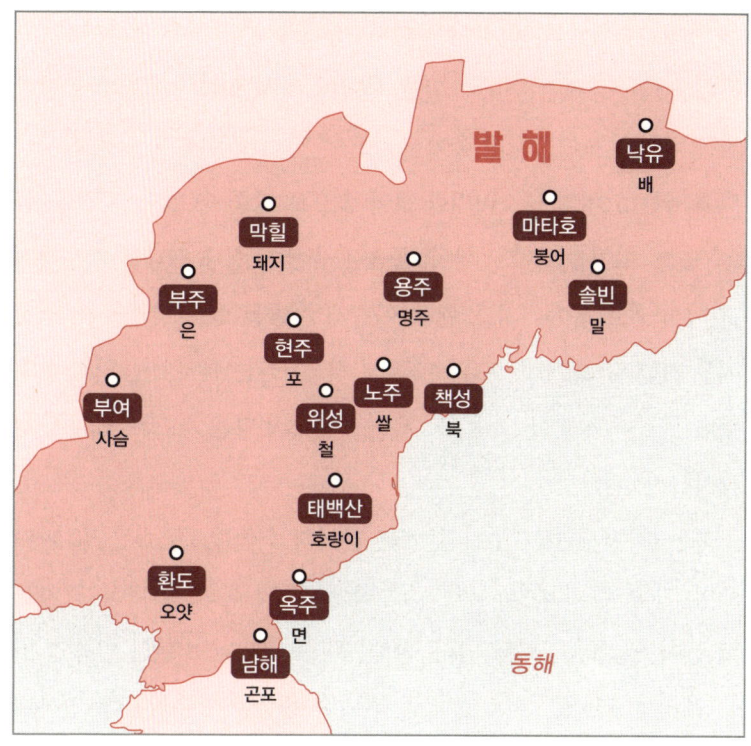

지도12 발해의 특산물

목도 없거니와 토끼를 특산품으로 보기도 이상하다. 호피는 발해의 교역품 중 하나였기 때문에 이 글자를 '호랑이'로 이해하는 편이 타당하겠다.

발해의 특산물 중 옥주의 풀솜인 '면綿'에 관해서도 알아야 할 사항이 있다. 이 글자는 오늘날 면綿의 옛 글자다. 면綿은 일반적으로 목화에서 얻은 솜을 뜻한다. 그래서 일부 사람은 고려의 문익점 이전에도 목화를 재배했다는 증거로 오해할 수 있다. 하지만 발해의 기후는 목화 재배에 적합하지 않았다. 그리고 면綿이란 글자는 목

제2장 발해

화솜이 나오기 전부터 있었던 글자다. 그러니 이 한자가 원래 무엇을 가리키는 단어인지 알아야 한다. 명나라 때 편찬된 백과사전《천공개물天工開物》에는 면綿에 관한 설명이 적혀 있다. 이 책에서 말하기를 비단은 누에고치를 풀어서 만드는 것인데, 이렇게 실을 뽑아낸 뒤에 남는 고치의 부스러기를 모아 솜으로 만들 수 있다. 이것을 '풀솜' 또는 '고치솜'이라고 한다. 풀솜은 솜뭉치 형태 그대로 이용하거나 다시 실로 뽑아내기도 한다. 이렇게 풀솜을 실로 만들어 짠 천은 매우 비싼 값에 거래되었다. 따라서 면綿이라는 글자가 문익점 이전부터 쓰였다고 해서 그때에도 목화솜이 있었다는 식으로 쉽게 단정해서는 안 된다.

북송 때 편찬한《책부원귀》에는 발해의 수출품으로 좋은 말, 바다표범, 가죽, 돈피(돼지의 가죽), 해동청, 곰의 가죽, 호피, 다시마, 가는 베 등이 있었다고 적혀 있다. 발해는 당으로부터 비단의 일종인 백帛, 견絹, 금錦과 금·은으로 만든 진귀한 물품들을 수입했다. 일본에는 돈피, 호피, 곰 가죽, 표범 가죽, 인삼, 꿀을 수출했고 일본으로부터는 비단 종류인 견絹, 금錦, 능綾, 명주실과 황금, 빈랑선檳榔扇(부채) 등을 수입했다.

삼국을 오간 정소

당나라에는 유학을 공부하는 사람 외에도 불법을 공부하려는 사람도 많았다. 발해 승려 정소貞素는 응공應公이라는 승려 밑에서 불법을 공부했다. 응공이 발해 사람인지 당나라 사람인지는 기록이 없어 알 수 없으나 당나라 사람일 가능성이 높다. 응공은 어렸을 때 일본으로 가서 불법을 공부했는데, 이때 그의 스승은 라이센靈仙이라는 일본 승려였다. 라이센은 일본 나라奈良 지역에 있는 흥복사興福寺의 승려로, 804년에 당나라로 들어갔다. 그는 한어와 범어(산스크리트어)에 능숙하여 경전 번역 작업(역경 사업)에도 참여했다.

정소는 812년(희왕 원년) 당에 들어갔다. 불법을 공부하기 위해 책상자를 짊어지고 당나라 오대산으로 가서 수행을 시작했는데, 다음 해 늦가을에 응공을 만나 제자가 되었다. 자연히 응공의 스승인 라이센과도 알게 되었을 것이다. 라이센은 822년부터 오대산에서 수행하고 있었다.

821년에 일본의 사가嵯峨 천황이 라이센에게 황금과 친서를 보냈는데, 이것을 발해 사신 왕문구王文矩가 당나라 장안으로 가져갔다. 그런데 4년이나 지난 825년에서야 물품이 전달되었다. 장안으로 가져간 이유도 라이센이 장안에서 역경 사업에 참여하고 있었기 때문인데, 앞서 말한 것처럼 라이센이 825년에는 이미 오대산에 있었다. 정소는 장안에서 황금을 받아 오대산의 라이센에게 전달했다. 라이센은 감사의 뜻으로 사리 1만 개와 경전 번역서 2부, 조칙 5통을 정소에게 주며 일본 천황에게 전해주기를 부탁했다. 정소는 흔쾌히 승낙하고 발해로 건너가 사신단과 함께 일본에 가서 라이센의 답례품을 전달했다. 이때 일본 조정에서는 발해 사신이 12년에 1회 방문하라는 약조를 어기고 찾아왔으니 받아들이면 안 된다는 주장이 나왔다. 그렇지만 라이센의 명성이 대단한 탓에 당시 준나淳和 천황은 사신을 맞이했다. 일본 조정에서 발해 사신을 상인으로 부른 것도 이때 이야기였다.

천황은 라이센에게 보낼 황금 100냥을 발해 사신 고승조高承祖에게 맡겼다. 이때 일본 천황은 "정소의 품행이 나쁘고 고승조도 그 사실을 알고 있다."라고 말했다. 앞서 보낸 황금이 4년이나 걸려 전달됐기 때문에 이런 불평이 나왔을 것이다. 하지만 황금이 늦게 전달된 까닭은 정확히 알 수 없다. 발해 내부 사정으로 늦어졌는데 고승조가 애꿎은 정소를 핑계로 들먹였을 가능성도 있기 때문이다.

새로운 황금을 받은 정소는 827년 겨울에 발해 사신단을 따라 당나라에 들어갔고, 다음 해 4월 오대산에 들어가 라이센을 찾았다. 그런데 라이센은 이미 죽은 뒤였다. 정소는 눈물을 흘리며 애도하고 자신의 비통한 심정을 판자에 적어 놓았다. 훗날 일본 승려 엔닌이 《입당구법순례행기入唐求法巡禮行記》에 정소가 남긴 기록을 옮겨놓았다. 이로써 정소의 사연을 알 수 있게 되었다.

라이센은 827년 3월경에 죽었는데, 누군가 그를 독살한 것이었다. 많은 황금이 화를 부른 것일까? 그 시신이 묻힌 장소도 알 수 없어서 정소는 더욱 슬펐을 것이다. 황금의 화는 여기서 그치지 않았다. 정소는 황금을 전달하지 못했으므로 그것을 가지고 발해로 돌아가려 했다. 이때 배를 타고 요동반도로 들어가고자 했는데, 거친 풍랑을 만나 배가 침몰하고 말았다. 승선한 모두가 황금과 함께 바다에 빠져 죽었다. 정소가 라이센의 죽음을 슬퍼하며 지은 시도《입당구법순례행기》에 등장한다.

속세의 헛된 마음 어쩌지 못해 눈물만 절로 흐르고(不覊塵心淚自涓)
그리운 정은 법안을 따라 황천을 감싸네(情因法眼奄幽泉)

훗날 푸른 파도 넘어온 객이 누구냐 묻거든(明朝儻問滄波客)
짚신을 남겨두고 맨발로 돌아갔다 아뢰라(的說置鞋白足還)

이 시의 마지막 구절은 불교 선종의 시조로 불리는 달마대사가 짚신만 남겨놓고 사라진 일화에서 차용하였다.

발해의 승려들

발해의 승려 중에는 정소 이외에도 인정仁貞, 살다라薩多羅 등이 유명하다. 인정은 희왕 때 활동한 인물로, 일본과의 교류에 큰 역할을 했다. 그는 발해 사신 왕효렴과 함께 일본에 갔는데, 시를 잘 지어 일본 사람들에게 큰 인상을 남겼다. 그런데 돌아오다가 풍랑을 만나 왕효렴과 함께 숨지고 말았다. 사가嵯峨 천황은《문화수려집文華秀麗集》이라는 한시집을 편찬했는데, 이 책에 수록된 외국인의 작품으로는 발해 사신 왕효렴의 시 5수와 발해 승려 인정의 시 1수만 있다. 인정의 시는 다음과 같다.

정월 7일, 궁중에서 잔치를 모시는 시(七日禁中陪宴詩)

그대 나라를 찾아온 부끄러운 손님(入朝貴國慙下客)
오늘 7일, 승은으로 귀빈이 되었네(七日承恩作上賓)
아름다운 풍악에 돌아보니 기녀의 자태는 없고(更見鳳聲無妓態)
풍류가 넘쳐나 온 나라가 봄날이로세(風流變動一國春)

함화사년명 불비상 | 국립중앙박물관
함화4년(834년)에 제작된 불비상이다. 비상 앞면에는 아미타불, 관세음보살, 대세지보살 등 오존상이 새겨져 있다. 좌우 측면에는 문수사리보살과 지장보살이 새겨져 있다. 앞면 오존상 하단에는 '조문휴(趙文休)'의 어머니가 해당 불비상을 제작했다는 명문이 93자의 한자로 적혀 있다. 불비상의 특징과 명문 내용으로 발해 불교문화를 이해할 수 있다.

살다라는 대건황大虔晃 시대의 승려다. 당나라 장안에서 불법을 수행했는데, 그는 새와 짐승이 하는 말을 알아들을 수 있었다고 한다. 새들이 지저귀는 것을 듣고 어떤 일이 벌어질지 미리 알 수가 있었다. 어느 날에는 조정 신하 여럿과 길을 가다가 돼지 한 마리가 새끼들을 데리고 가는 모습을 보았다.

신하　　돼지 말을 하고 있습니까?

살다라　그렇습니다. 말을 하는데 사람이 못 알아들을 뿐입니다.

신하　　무어라 합니까?

살다라　새끼들에게 저 나무 아래서 젖을 주겠다고 말하네요.

발해 영광탑 | 동북아역사재단
현존하는 유일한 발해 불탑으로, 중국 길림성 장백(창바이) 조선족 자치현 인근에 있다. 전체 높이 12.8미터인 5층의 벽돌탑(전탑)이다. 발해 중기에 건립된 것으로 보고 있다.

신하들이 궁금해서 돼지를 따라갔더니 과연 나무 그늘 아래에 누워 새끼들에게 젖을 물렸다. 살다라는 고관들의 미래도 점쳐주었는데 하나도 틀리지 않았다 한다. 훗날 당나라에서 그의 이름을 호적에 올리려 했으나 그걸 피하고자 지팡이를 짚고 장안을 떠났다. 그의 행적을 아무도 알 수 없었다.

짐승의 말을 알아듣는 신이담神異譚은 동서양을 막론하여 전해지는데, 살다라 역시 그런 유형의 설화 속 인물로 볼 수 있다. 신비로운 살다라 이야기는 송나라 때 편찬된 설화집 《북몽쇄언北夢瑣言》에 기록되어 있다.

발해의 행정제도와 교통로

발해의 행정구역은 5경 15부 62주이다. 발해의 최대 영토는 선왕 때 확립된 것으로 보고 있다. 이에 관해서는 163쪽의 지도8을 참고하기 바란다. 선왕이 즉위한 818년 이후로는 말갈족이 당나라에 조공한 기록이 없다. 이로 보아 행정제도 역시 이때 완전히 구축되었을 것으로 추측한다. 5경은 상경 용천부, 중경 현덕부, 동경 용원부, 서경 압록부, 남경 남해부로, 모두 발해의 요충지에 세워졌다. 줄여서 상경성, 동경성 등으로 부르기도 한다. 5경 중 상경성은 오늘날 흑룡강성 영안현寧安縣의 동경성東京城으로, 오랜 시간 정치 권력의 중심지로 쓰였다. 거란이 발해를 멸망시킨 후에는 동란국東丹國의 수도가 되어 동경이라 불렀다. 천복성天福城, 홀한성忽汗城이라는 이름도 가지고 있다. 발해 사람들은 상경성을 '옛 읍루挹婁(숙신)의 땅'이라고 말했다. 상경성의 서남쪽에 커다란 호수인 경박호鏡泊湖가 있다.

상경성은 궁성-황성-외성의 형태로 구성되었다. 궁성은 외성의 북쪽 중앙에 돌로 쌓아 장방형 구조로 축조되었다. 동벽 900미터, 서벽 940미터, 남벽 1050미터, 북벽 1096미터다. 궁성 안 남쪽에 자리한 황성도 역시 돌로 쌓아 장방형 구조로 축조되었다. 황성의 동벽은 447미터, 서벽 454미터, 남벽 1045미터, 북벽 1050미터다. 외성 또한 장방형인데 돌로 쌓은 후 흙을 덮었다. 동벽 3358.5미터, 서벽 3406미터, 남벽 4586미터, 북벽 4946미터다. 참고로 당나라 장안성의 전체 크기는 동서 길이 약 9.7킬로미터, 남북 길이 약 8.7킬로미터다. 장안성의 면적은 상경성의 면적보다 약 4배 크다. 거란족이 세운 요나라는 발해를 멸망시킨 뒤 상경성의 영흥전永興殿에서 자국의

발해 상경성 유적지 항공사진 | 동북아역사재단

발해 문왕 때 천도한 후 멸망할 때까지 발해 수도로 쓰인 곳이다. 《요서》에서는 '홀한성'이라 표기하는데, 상경성이 오늘날 '목단강'이라 불리는 '홀한하(忽汗河)' 인근에 있었기 때문이다. 해당 유적지에서 발해만의 독자적인 온돌시설, 돌사자상(석사자상), 유리, 기와, 석등 등의 유물이 발굴되었다.

태조 야율아보기의 공덕을 새기게 했다. 이런 내용에서 유추하면 상경성의 황궁도 '영흥궁'으로 불렸을 가능성이 있다.

중경 현덕부는 발해 초기에 잠깐 수도로 쓰였다. 근처에 문왕의 넷째 딸 정효공주의 무덤이 있는 용두산 고분군이 있다. 대조영이 건국한 동모산과도 멀지 않다. 하남둔 고분군, 북대 고분군도 인근에 있다. 동경 용원부는 문왕 말년에 수도로 쓰인 곳이었다. 중국 혼춘현 팔련성八連城이 동경 용원부였을 거라 추정한다. 성 앞으로 두만강이 흐른다. 남경 남해부는 유일하게 한반도에 있는 곳으로, 함경남도 북청으로 보고 있다. 서경 압록부는 압록강 중하류 유역에 있었을 것으로 추정한다.

지도13 통일신라와 발해의 국제교통로

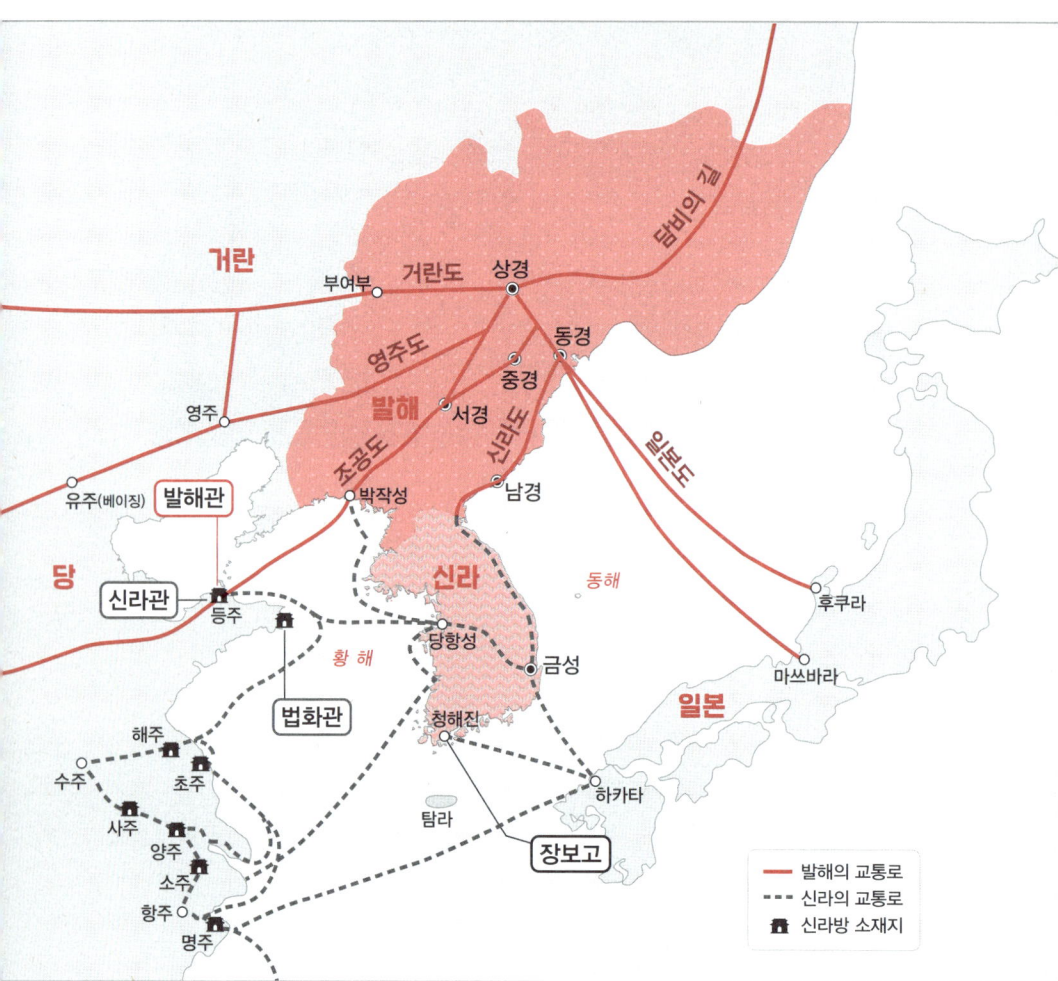

 부府는 5경을 포함한 개념으로, 발해는 전국토를 크게 15개의 부로 나누었다. 15부 밑에는 주州가 있는데, 62주 중 60주의 명칭만 알려져 있다. 그중 영주郢州, 동주銅州, 속주涑州는 중앙 직속의 주였다. 주의 책임자는 자사刺史라 불렀다. 주 밑에는 현縣이 있었는데 모두

100여 개였다. 현의 책임자는 현승縣丞이라 불렀다. 발해는 요동반도를 포함한 요동 일대를 장악하지는 못한 것 같다. 《요사》의 〈지리지〉에는 발해가 요동을 차지한 것처럼 읽히는 기록들이 있는데 《요사》의 〈지리지〉 내용은 엉망진창이라는 악명이 자자한 탓에 있는 그대로 믿기 어렵다.

발해에는 국외로 가는 주요한 도로가 여럿 있었다. 가장 유명한 다섯 개의 도로는 수도인 상경과 연결되었다. 함경도 해안을 따라 내려가는 신라도, 바다를 건너가는 일본도, 거란으로 가는 거란도, 당나라 영주로 가는 영주도, 산동반도의 당나라 등주로 가는 조공도다. 이외에 러시아 쪽으로 이어지는 담비의 길이 있었을 것으로 보고 있다. 신라와 경계를 이루는 곳은 이하泥河라 불렀는데 함흥 위쪽의 용흥천龍興川이었을 것으로 보고 있다. 한편 당나라는 757년 이후에 안동도호부를 폐지했으나 발해는 이곳으로 진격하지 않았다. 그로 인해 당나라와 발해 사이 요동 지역은 권력의 공백 지대로 남았다.

고려에 온 발해 사람들은 태조 왕건에게 절을 세 번 올렸다고 한다. 이것은 발해의 풍속이었는데, 발해유민들은 나라가 망한 뒤에도 발해의 풍속을 지켰다. 또한 발해는 일부일처제를 지향했다. 현재까지 발굴된 남녀 합장 무덤은 전부 1남1녀가 묻혀 있었다. 발해 지배층은 꽃을 좋아하여 모란과 연꽃을 많이 길렀다고 전해진다.

홍라녀 전설

상경성 옆에 있는 경박호는 거대한 호수다. 남북으로 45킬로미터, 동서로 6킬로미터에 달한다. 발해의 특산물 중 '미타호 붕어'가 있는데, 이 미타호가 바로 경박호다. 이 호수에 어부의 딸 홍라녀가 살고 있었다. 홍라녀 전설은 종류가 다양한데, 이야기마다 홍라녀가 다른 역할을 맡는다. 전설은 크게 13가지로 분류할 수 있고, 그중 대표적인 네 가지 전설을 소개하겠다.

1 어부의 딸 홍라녀

홍라녀의 얼굴은 봄날의 복숭아꽃처럼 아름답고 허리는 실버들처럼 가늘었으며 살결은 백설처럼 희었다. 그녀는 인삼즙으로 하얗게 물들인 면 저고리에 인삼꽃으로 붉게 물들인 우단羽緞(벨벳) 치마를 입고 다녔다. 그녀의 치마가 노을보다 붉어서 홍라녀라고 불렸다.

이때 발해의 늙은 왕이 아름다운 여인을 맞이하기 위해 마법의 금거울을 제작했다. 이 거울은 가장 아름다운 여인의 모습만 비출 수 있는 거울이었다. 발해의 이름난 도사가 이 금거울을 가지고 발해의 5경

15부 62주 130현을 돌아다니며 천하에서 가장 아름다운 여인을 찾았다. 하지만 거울에 모습을 드러낸 여인은 하나도 없었다. 그러다 도사가 경박호에 도착해서 홍라녀를 만나자 금거울에 홍라녀의 얼굴이 나타났다. 금거울에 한 번 새겨진 얼굴은 사라지지 않았다. 도사는 금거울을 가지고 왕경으로 돌아가 왕에게 그것을 바쳤다. 왕은 당장 경박호로 행차했다.

왕　　　나는 그대를 왕비로 맞이하고자 한다. 어서 나를 받들라.
홍라녀　저는 부귀영화를 원하지 않으며 권세를 두려워하지 않습니다.
왕　　　그렇다면 무엇을 원하는가? 나는 무엇이든지 해줄 수 있다.
홍라녀　세상에서 제일 보배롭고 귀한 것이 무엇인지 아십니까? 그것을 말씀해주시면 왕비가 되겠습니다.

　왕은 그것이 무엇인지 알지 못했다. 왕이 우물쭈물하고 있자 홍라녀는 뒤돌아서서 경박호의 폭포 속으로 들어갔다. 왕은 그래도 떠나지 못했고 폭포 속으로 들어간 홍라녀만 바라보았다. 홍라녀는 폭포 뒤에서 머리를 숙인 채 우단을 짜고 있었다. 왕은 차마 그녀를 두고 자리를 뜰 수 없었지만 노쇠한 체력이 그의 소망을 꺾었다. 왕은 물러난 뒤 병사를 세우고는 "오직 한 사람만이 자리를 지켜야 한다. 두 사람이 보아서는 안 된다."라고 엄명을 내렸다.
　왕은 세상에서 제일 보배롭고 귀한 것이 무엇인지 1년이 지나도 깨닫지 못했다. 결국 늙어죽고 말았다. 이와 비슷한 이야기 중에는 홍라녀가 용왕의 딸로 언급되는 경우도 있다.

2 공주 홍라녀

발해왕은 공주 홍라녀를 애지중지했다. 추우면 추워서 걱정, 더우면 더워서 걱정하며 공주를 보살폈다. 그녀를 위해 49개의 붉은 산호로 침실을 장식했고, 마노와 상아를 박은 침대를 만들었다. 장안에서 가져온 꽃비단으로 휘장을 달았고 일본에서 가져온 비단 이불을 깔았다.

홍라녀가 어느덧 16세가 되어 결혼할 상대를 찾아야 했다. 왕은 훌륭한 가문의 멋진 청년들을 골라 홍라녀와 만나게 했다. 하지만 홍라녀의 마음에 드는 청년이 없었다. 홍라녀는 퉁소를 불며 상대를 살펴보았는데, 이 청년들은 음악을 전혀 몰랐다. 그러다 홍라녀가 경박호에서 한 어부를 만났는데, 두 사람은 의기투합하여 사귀게 되었다. 하지만 왕은 펄쩍 뛰며 두 사람의 교제를 반대했다. 홍라녀는 이루지 못한 사랑의 한을 품었고, 끝내 병에 걸려 죽고 말았다. 그녀는 경박호의 폭포 밑에 묻혔다. 이 이야기와 비슷하지만 결론이 다른 경우도 있다. 이 버전에서는 어부가 사실 경박호의 용왕으로 등장한다. 그리하여 홍라녀가 경박호에 뛰어들어 죽으려 하자 어부가 용왕으로 변신해 그녀를 데려가 잘 살았다고 한다.

3 여장군 홍라녀

천상의 별 '홍라산성紅羅傘星'이 인간 세상에 내려와 홍라녀가 되었다는 전설이다. 경박호의 연꽃 위에 흰 명주저고리와 붉은 치마를 입은 여인이 백설처럼 흰 천리마를 데리고 서 있었다. 발해왕은 그녀를 태자 대홀한에게 시집보냈다. 대홀한이 당나라에 입조하러 갈 때 거란에서 대홀한을 납치했다. 홍라녀는 적진으로 달려들어가 대홀한을 구해냈다. 대홀한에게는 엽색꾼 형이 있었는데, 홍라녀를 겁탈하려 달려들었다가 호되게 경을 치르기도 했다. 홍라녀는 후일 거란의 침입에 맞서 그들을 무찔렀으나 안타깝게도 적의 화살에 맞고 전사했다. 그녀의 시신은 경박호 폭포에 안장되었다. 이 종류의 이야기에는 발해 멸망 후 홍라녀가 왕이 되었다는 버전도 있다.

4 음란한 홍라녀

발해왕의 여동생 홍라녀는 천하에 둘도 없는 미녀였고, 가무에 뛰어났다. 하지만 예의범절을 몰랐고 경망스러웠으며 음탕했다. 홍라녀는 일상적으로 조정 신하들과 사통하였다. 결국 홍라녀를 질투한 어느 귀부인이 그녀를 독살하였다. 왕은 그녀의 석관을 쇠사슬에 매어 경박호 폭포에 매달았다. 죄를 씻으라는 뜻이었지만 경박호의 물을 마신 여자들은 홍라녀처럼 음란해졌다고 한다.

홍라녀는 이야기마다 공주, 어부의 딸, 용왕의 딸, 여장군으로 나뉜다. 그중 무공을 지닌 홍라녀 이야기는 거란과의 대결로 서사를 전개한다. 발해 여인들의 강건한 기질을 잘 보여주는 것이다. 마찬가지로 발해 여인은 성미가 사납고 질투가 심하다는 기록이 있다. 만일 남편이 바람을 피우면 상대 여자를 죽이거나 남편을 독살했다고 한다. 거란과 여진에는 매춘부가 있었고 평민 남자도 첩과 시녀를 두곤 했다. 발해에서는 그렇지 않았다. 발해의 풍속이 홍라녀 전설에 반영된 것이다.

발해의 멸망

발해의 주요 성씨로는 대(大), 고(高), 장(張), 양(楊), 두(竇) 또는 하(賀), 오(烏), 이(李)가 있었다고 한다. 최근 발견된 황후 묘지명에 의해 한(韓), 태(泰)라는 성도 있었다는 것이 밝혀졌다.

상실하는 국력

대이진에게는 여러 아들이 있었는데, 그의 사후(857년) 왕위는 동생 대건황大虔晃에게 넘어갔다. 뭔가 이상한 일이다. 대건황은 발해 최고 관직인 대내상을 맡았던 사람이다. 권력의 중심에서 자리 잡고 있다가 형이 죽은 뒤 왕좌를 차지했다. 이때부터 발해의 기록이 매우 소략해져서 알 수 있는 사실이 많지 않다. 대건황은 871년까지 14년간 왕위에 있었으나 타국의 사신이 오간 기록 외에는 남은 것이 없다. 그의 시호조차 알려지지 않았다.

대건황 뒤로 아들 대현석大玄錫이 왕이 되었다. 조선시대 유득공이 저술한 《발해고》에서는 대현석 뒤에 마지막 왕인 대인선大諲譔이 등장한다. 하지만 북송 시대에 저술된 《당회요唐會要》라는 책에서는 대건황과 대인선 사이에 대위해大瑋瑎라는 왕이 있었다고 기록되어 있다. 895년에 발해왕 대위해에게 칙서를 내렸다는 기록이 발견된 것이다. 그렇지만 대현석, 대위해, 대인선은 재위 기간조차 확실하게 정할 수 없다.

이 시기 발해 내부가 이상해졌다는 점은 신라 측 기록으로도 알 수 있다. 발해 대현석 16년, 신라 헌강왕 12년인 886년의 일이다. 적국狄國 사람이 신라로 와서 "보로국寶露國과 흑수인이 함께 신라와 화친하고 교류하기를 바란다."라는 나무 조각을 보낸 적이 있었다. 보로국이 무엇인지는 모르지만 독자적으로 나라를 칭했다는 것을 보면 발해의 영향을 벗어난 집단이 있었다는 뜻으로 이해할 수 있다. 또한 진성여왕이 태자에게 왕위를 물려준다는 내용이 담긴 〈양위표讓位表〉에도 "흑수가 경계를 침범"했다는 내용이 적혀 있다. 두 기록에서 말하는 흑수는 곧 흑수말갈이다. 발해의 북쪽에 있던 흑수말갈이 신라의 북방 국경선까지 남하했다는 뜻이다. 즉 발해가 이들을 전혀 제어하지 못했다는 것으로 이해할 수 있다. 이렇게 발해는 점차 멸망의 길로 다가가고 있었다.

착각이 만든 가짜 역사

제14대 발해왕 대위해가 있었다는 사실은 중국 학자 진위푸金毓黻, 1887~1962가 증명할 때까지 알려지지 않았다. 이 때문에 웃지 못할 일이 발생했다. 위서《환단고기》에는 선왕 이후 발해왕의 묘호와 시호가 적혀 있다. 대이진은 장종 화황제, 대건황은 순종 안황제, 대현석은 명종 경황제, 대인선은 애제라고 적혀 있다.《환단고기》를 쓴 이유립은 '대위해'라는 군주의 존재를 몰랐기 때문에《환단고기》에는 대위해란 존재가 등장하지 않는다.

더군다나《환단고기》에서 대현석을 '경황제'로, 대인선을 '애제'로 쓴 것은 일제강점기 때 《동국사략東國史略》의 기록을 잘못 읽어서 생긴 실수에 불과하다. 《동국사략》은 조선 초 권근 등이 저술한 역사책으로, 1403년에 편찬되었다. 《동국사략》에서는 신라 효소왕 치세 때 "경애왕 시기에 이르러 거란이 공격하여 (발해를) 멸망시키고 동란국으로 하였다 至景哀王時 契丹共滅之 以爲東丹國."라는 구절이 등장한다. 여기서 '경애왕'은 신라국왕이다. 그런데 내용상 발해 이야기를 하고 있으니, 한국사를 잘 모르는 일본인은 '경애왕'을 발해왕의 호칭으로 착각했다. 심지어 일본 외무성에서 1884년에 편찬한 《외교지고外交志稿》에서는 '경'과 '애'를 발해왕의 시호로 착각하여 대현석을 경왕으로, 대인선을 애왕으로 적었다. 일제 식민사학자 도리야마 기이치鳥山喜一, 1887~1959도 자신의 논문 〈발해사고渤海史考〉(1915)에서 이러한 실수를 그대로 답습하였다. 그리고 이런 잘못된 주장을 《환단고기》에서도 그대로 답습한 것이다. 《환단고기》에는 현재 알려지지 않은 발해왕의 시호가 적혀 있으나 창작자 이유립이 자기 마음대로 날조하여 갖다 붙인 것에 불과하다.

대현석과 대인선을 경왕과 애왕으로 착각하는 잘못은 비단 이유립과 《환단고기》만의 문제가 아니다. 해방 후 초창기 한국사학자들도 엄밀하게 검증하지 않고 이러한 잘못된 주장을 수용했다. 결과적으로 여전히 발해의 마지막 왕을 '애왕'이라 칭하는 책들을 가끔 만날 수 있다.

북방의 새로운 강자 야율아보기

유득공은 《발해고》에서 대인선이 어느 계통의 사람인지 모른다고 적었다. 나라가 멸망한 무렵의 군주는 비정상적인 방식으로 등극한 사례가 종종 있다. 대현석까지는 대야발의 후손들로 왕위가 승계되었음을 알 수 있으나 대위해와 대인선은 어떤 혈통인지 알 수 없다. 이는 발해 말기의 상황이 좋지 않았다는 점을 의미한다.

발해는 요나라(거란)에 의해 926년 1월 멸망했다. 광대한 영토를 지니고 220여 년을 존속한 나라가 그야말로 갑자기 멸망했기 때문에 멸망 원인이 무엇인지 여러 주장이 오갔다. 《요사》에서는 "발해 사람들의 민심이 이반한 틈에 거란이 움직였고 싸우지 않고 이겼

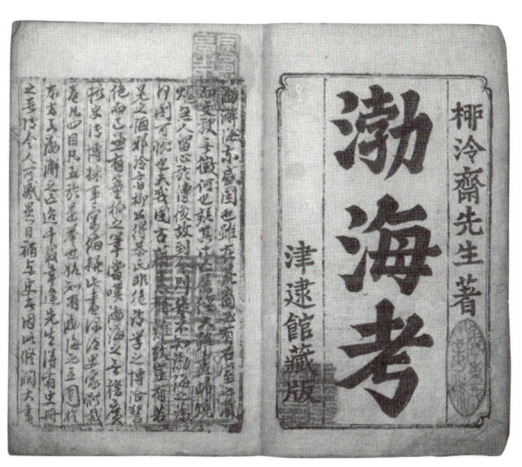

유득공의 《발해고》 | 국립민속박물관

유득공은 조선시대 정조 때 규장각 검서관으로 활동했던 실학자였다. 그는 발해에 관한 체계적인 역사서를 저술하고자 조선, 중국, 일본의 역사서들을 참고해 《발해고》를 집필했다. 유득공은 발해가 고구려의 후계자라는 점을 명시하여 발해사를 한반도 역사에 포함시켰고, 신라와 발해를 '남북국'이라 적었다. 오늘날 한국 학계에서는 유득공의 《발해고》를 근거로 삼아 '남북국시대'라는 용어를 사용한다.

다."라는 말이 나온다. 싸우지 않았다는 표현은 공치사겠지만 발해인이 일치단결해 거란과 맞섰다고 보기 어렵다는 점은 알 수 있다.

발해는 좋든 싫든 건국 당시부터 거란과의 인연이 깊었다. 거란족 이진충의 반란 덕분에 걸걸중상과 대조영이 동쪽으로 탈출했다. 따라서 발해 건국 초기에는 거란과의 사이도 좋은 편이었다. 거란은 당나라의 발해 공격 요청을 거부하기도 했다. 그런데 후기에 오면 상황이 좀 변한다. 《발해국기渤海國記》라는 책을 쓴 당나라 사람 장건장張健章은 대이진이 왕위에 있던 시기에 발해를 방문했다. 이 책에서는 "발해가 부여부에 강병을 두어 거란을 막았다."라고 적혀 있다. 즉 발해가 거란을 경계했다는 뜻이다. 한편 거란에서는 영웅 야율아보기耶律阿保機가 등장한다. 성씨가 '야율'이고 이름이 '아보기'다. 아보기는 키가 9척에 몸무게 300근이 넘는 거인이라 하였다. 901년, 29세의 야율아보기는 질랄迭剌부족의 족장이 되었다. 902년, 당나라를 공격해 9개 고을을 함락시키며 위용을 떨쳤다. 903년, 여진을 정벌하며 종횡무진으로 활약했다. 906년에는 다시 여진을 공격했는데, 그들 여진은 발해 인근에 거주하던 부족이었다. 거란이 이토록 북방을 휘젓고 다닐 수 있었던 까닭은 당시 당나라가 완전히 몰락하는 시기였기 때문이다. 당나라에서는 황소라는 인물을 중심으로 난이 발발했고, 907년에는 황소의 부하였던 주전충朱全忠, 852~912이 황소를 배신하며 중국은 내전 상태에 빠지고 말았다. 즉 중국은 북방을 신경 쓸 겨를이 없었다. 원래 거란은 통일국가를 세우지 못하고 여러 부족으로 나뉘어 살았으나 야율아보기의 등장과 중국의 분열로 거란은 하나의 나라로 통합되었다.

거란(요나라) 황제

대수	묘호	이름	재위 기간
1	태조	야율아보기	916~926년
2	태종	야율덕광	926~947년
3	세종	야율원	947~951년
4	목종	야율경	951~969년
5	경종	야율현	969~982년
6	성종	야율융서	982~1031년
7	흥종	야율종진	1031~1055년
8	도종	야율홍기	1055~1101년
9	없음	야율연희	1101~1125년

이 무렵 거란과 발해가 이미 적대적인 관계였다는 사실을 알리는 사례가 하나 있다. 거란의 국정을 담당하던 야율할저耶律轄底(야율아보기의 당숙)는 거란에서의 입지가 곤란해지자 아들 두 명과 함께 발해로 망명했다. 야율할저는 발해에서 눈이 먼 사람으로 위장해 다른 이들을 속였는데, 자신의 안전이 보장되자 격구 대회에 나온 발해 명마를 훔쳐 거란으로 돌아갔다. 거란의 실력자가 발해에 왔다가 돌아갔는데, 아무런 탈이 없었다. 심지어 발해는 거란에 항의성 사신도 보내지 않았다. 적대 국가의 정보가 매우 부족했다는 뜻이다. 만일 발해가 거란에 주의를 기울였다면 야율할저가 망명할 당시 거란의 정보를 얻었을 것이다. 그런데 거란 역시 야율할저가 발해로 망명했을 때에 아무런 조치를 취하지 않았다. 즉 당시에는 거란 또한 발해에 아무런 영향력도 행사할 수 없었다는 사실을 알 수 있다.

야율아보기는 907년 1월에 거란 전체를 통솔하는 칸의 자리에 올랐다. 실질적으로 거란족의 '요나라'는 이때 건국된 것으로 볼 수 있다. 발해의 대인선은 요나라의 위협에 외교술로 대처했다. 당나라가 멸망하고 중국은 5대10국시대라는 분열기를 맞이했다. 황소를 배신한 주전충은 후량後梁을 건립했다. 발해는 이 후량에 사신을 보냈다. 907년 왕자 대소순大昭順, 908년 최예광崔禮光을 보냈다. 하지만 소용없는 일이었다. 909년 1월 야율아보기는 요하를 건너 요동을 순행했다. 완충지대였던 요동에, 거란의 질랄부족이 진입했다. 발해를 향해 적대감을 드러낸 것이다. 발해는 계속 후량에 사신을 보냈다. 무엇을 의논했는지 알려지지 않았으나 전후 상황을 보면 거란을 대비토록 도와달라고 요청한 것이 분명하다.

활발하게 팽창정책을 펴던 야율아보기는 요나라의 내부 상황 때문에 확장을 잠시 멈추었다. 야율아보기의 형제들이 모반을 꾀했고, 이를 진압하는 데에 다소 시간이 걸렸기 때문이다. 내부 단속에 성공한 야율아보기는 다시 동쪽을 바라보았다. 915년 10월 야율아보기는 압록강에서 낚시를 했다.《요사》에는 신라와 고려가 찾아와 선물을 바쳤다는 내용이 있는데, 이때 고려는 발해가 아니라 궁예가 세운 후고구려를 뜻할 것이다. 한반도 내 국가들도 의식할 정도로 거란이 한반도 근처로 다가왔다는 것이다.

자신감에 찬 야율아보기는 916년 2월 요나라의 황제로 등극했다. 국호를 거란으로 정했다. '요'라는 국명은 야율아보기 사후에 붙였다. 918년 발해 역시 거란에 사신을 보냈다. 그해 12월 야율아보기는 오늘날 중국 요양시遼陽市로 들어갔다. 오랜 세월 방치되었던 요양의 성이 옛 모습을 되찾게 되었다. 이제 거란의 위협은 코앞으로 다가왔다. 919년 2월 거란은 요양의 옛 성을 수리하고 한족과 발해 사람들을 이주시켜 살게 했다. 이름도 동평군東平郡이라 했다. 동쪽을 평정한다는 뜻이다. 923년 3월 거란은 해족을 복속시켰다. 북방에 거란을 상대할 세력이 더는 없었다. 대인선은 신라에 사신을 보내 위급할 때 서로 돕자는 결원結援 동맹을 맺었다. 하지만 그때의 신라는 자기 앞가림도 못했다. 또 중국에 있는 또 다른 국가 후당後唐에도 사신을 보내며 구원책을 타개했지만 후량, 후당 모두 외부에 시선을 돌릴 여유가 없었다.

발해를 멸망시킨 거란

923년 거란은 발해를 침공했다. 거란은 다음 해 후방의 백성들을 요주(요동)로 이주시켰다. 발해도 가만히 있지 않았다. 924년 5월, 발해는 요주를 습격해 요주자사 장수실張秀實을 죽이고 그곳 백성을 포로로 확보했다. 기록이 자세하지 않아 발해가 이때 기습전을 펼치고 본국으로 후퇴한 것인지, 요동 자체를 점령한 것인지는 상세히 알 수 없다. 하지만 이 공격으로 거란은 주요 공격 방향을 요동 쪽으로 바꾸었다. 발해를 견제하기 위해 "발해의 요동을 공격"했다고 기록되어 있다. 924년에는 거란과 발해 사이에 일진일퇴의 공방전이 요동을 중심으로 벌어졌다.

925년에는 야율아보기의 둘째 아들 야율덕광耶律德光이 발해의 신주神州와 환주桓州를 공격해 함락시켰다. 야율덕광은 훗날 요나라의 제2대 황제 태종으로 등극한다. 신주와 환주는 서경 압록부에 속한 주로, 고구려 때부터 중심지로 쓰인 땅이었다. 《고려사》 기록을 보면, 925년 3월 고려 궁성에서 길이 70척의 지렁이가 등장하는 이상한 일이 있었다. 사람들은 이 현상을 보고 발해가 내투할 조짐이라 말했다. 발해가 위기에 처했다는 사실이 당시 고려(후고구려)에도 전해졌다는 것을 알 수 있다. 이후 그해 9월 발해 장군 신덕申德이 500명과 함께 고려로 귀순했다. 이후 발해 예부경禮部卿 대화균大和鈞, 균로사정均老司政 대원균大元均, 공부경工部卿 대복모大福暮, 좌우위장군左右衛將軍 대심리大審理 등이 백성 100호와 함께 귀순했다. 12월에는 발해의 좌수위소장左首衛小將 모두간冒豆干과 검교개국남檢校開國男 박어朴漁 등이 백성 1,000호를 거느리고 귀순했다. 발해인이 이처럼 고려로 귀순한 것은 발해가 내분에 휩싸여 있었다는 방증이기도 하다. 정상적인 상황이었다면 단지 위험하다는 이유로 고위층이 마구잡이로 귀순하지는 않았을 것이다. 그리고 드디어 925년 12월 야율아보기는 발해 정복의 뜻을 천명했다.

> 두 가지 현안 중 하나는 끝냈으나 오랜 원수인 발해에 아직 설욕하지 못하였으니 편히 지낼 수 없다.

이제 발해를 공격한다는, 분명한 전쟁 선언이었다. 야율아보기는 배후의 공격을 우려해 후당을 세운 장종莊宗 이존욱李存勗, 885~926에게 두 번이나 사신을 보내 우호 관계를 맺었다. 이제 거리낄 것도 없었다.

야율아보기가 직접 나서서 군을 이끌었다. 925년은 윤달이 있는 해였다. 윤12월, 거란군은 야음을 틈타 발해 국경을 넘어가 부여성을 포위했다. 부여성이 있는 부여부는 발해의 정예병들이 지키는 곳이었으나 단 이틀 만에 함락되었다. 부여성주도 전사했다. 야율아보기는 기쁨에 넘쳐 호구조사를 시행하고자 했다. 이때 황태자 야율돌욕耶律突欲이 이렇게 진언했다. 여담으로 황태자의 이름은 '야율배耶律倍'라고도 부른다.

> 지금 땅을 얻자마자 호구조사를 실시하면 백성들은 불안해 할 것입니다. 파죽지세의 기세로 곧장 (발해) 상경성으로 향한다면 반드시 이길 것입니다.

황태자의 진언에 따라 거란군은 발해의 수도 상경으로 진격했다. 1만 명의 군대가 선봉으로 나섰고, 이들은 발해의 연로한 재상이 이끄는 3만 명의 부대를 만났으나 그들을 순식간에 물리쳤다. 이름이 전해지지 않는 늙은 재상은 거란에 투항한 듯하다. 발해 멸망 후 '우대상右大相'이라는 높은 관직을 받았다. 재상의 군대를 무찌른 거란군은 즉시 상경성을 포위했다.

거란 침공 열흘째 되는 날. 대인선은 항복을 선언했다. 이틀 후 대인선은 관리 300여 명과 함께 성문을 나섰다. 그는 소복 차림이었다. 몸에 새끼줄을 맨 양을 몰며 나타났다. 즉 항복 이후 평민으로 살겠다는 뜻을 내보였다. 야율아보기는 이들을 후대했다고《요사》에 적혀 있으나 이는 사실이 아닐 것이다. 병기를 거두기 위해 거란 사람 13명이 상경성 안으로 들어갔는데, 이들은 모두 살해되었다. 발해인은 여전히 항복하고 싶은 생각이 없었던 것이다. 대인선은 다시 성

지도14 발해의 멸망

문을 닫고 거란에 저항했다. 만일 거란이 대인선을 후대했다면, 항복했던 사람이 승산 없는 싸움에 다시 나설 리 없었을 것이다. 거란군은 요란하게 북을 치며 성벽을 기어 올라가 바로 성을 함락시켰다. 대인선의 저항은 맥없이 끝났다. 야율아보기는 가마를 탄 채 상경성으로 진입했고, 대인선은 가마 앞에서 사죄했다.

야율아보기는 연호를 바꾸며 발해 정복의 기쁨을 만끽했다. 발해 국명을 동란국으로 바꾼 뒤 황태자 야율돌욕을 인황왕人皇王으로 삼아 일대를 다스리게 했다. 상경성의 이름도 천복성으로 바꾸었다. 발해의 고위 신료 여럿을 기용하여 발해 내부의 안정을 꾀했다. 그해 3월 발해 땅의 안변부, 막힐부, 정리부가 부흥운동을 일으켰으나 곧 진압되고 말았다. 야율아보기는 거란으로 돌아가는 길에 대인선과 그의 가족들을 잡아갔다. 대인선에게는 오로고烏魯古, 대인선의 왕비에게는 아리지阿里只라는 이름을 새로 주었다. 이 이름들은 야율아보기와 그의 황후가 타는 말의 이름이었다. 말의 이름을 주어 모욕을 가하긴 했으나 목숨을 뺏진 않았다. 요나라 수도인 상경 임황부上京 臨潢府 근처에 거주지를 제공하기도 하였다.

발해 땅에서는 반란이 또 일어났고, 6월에서야 남해부南海府와 정리부定理府가 평정되었다. 야율아보기에겐 거란으로 돌아갈 틈도 없었던 것 같다. 부여부에 머물고 있다가 병이 났다. 병에 걸린 후 7일 만에 세상을 떠났다. 이때 휘황찬란한 황룡이 나타났다고 하여 부여부의 이름을 '황룡부'로 개칭했다.

> 발해 사람들은 활쏘기와 말타기를 즐겼다. 발해의 특산물 중에 솔빈 지역의 말이 있는 것처럼 말은 발해에서 중요한 동물이었다. 일본으로 간 발해 사신들은 일본 조정에서 말타기와 활쏘기를 선보이기도 했다. 고닌 천황(光仁, 재위 770~781) 때 일본에 간 발해 사신 사도몽은 화려한 장식을 한 말을 타고 말타기를 선보였고, 활쏘기 시범도 보였다. 일본 천황이 상으로 비단을 내려줄 만큼 기예가 출중했다고 한다.

백두산 폭발과
발해의 멸망

발해 멸망의 원인을 설명하는 여러 가설 중 백두산 폭발설은 1990년대에 등장했다. 일본의 지질학자 마치다 히로시町田洋 교수는 915년 백두산 폭발이 926년 발해 멸망의 주요 원인이라 주장했다. 마치다 히로시 교수는 1981년 일본 북부의 '아오모리'와 '홋카이도'에서 일본의 화산재와는 다른 형태의 화산재를 발견했고, 이를 'B-Tmash'라고 명명했다. 여기서 B는 백두산을 의미한다. 백두산으로부터 1,000킬로미터 떨어진 곳에서 화산재가 발견됐으니, 당시 백두산 폭발 규모가 상당했음을 알 수 있다. 연구 결과 백두산은 915년 1월에 폭발했고 그때 불었던 편서풍을 따라 화산재가 일본까지 날아간 것이었다.

그런데 일본의 역사책 《일본기략日本紀略》에는 "939년 1월 멀리서 천둥 치는 소리가 들렸다."라는 기록이 나온다. 이 기록은 백두산이 폭발한 소리를 가리키는 것으로 해석하고 있다. 발해는 926년 멸망되었으니 사실상 백두산 폭발은 발해 멸망 13년 후에 있었던 셈이다. 마치다 히로시 교수 역시 자신의 연구 초창기에 제시한 915년 폭발설을 철회하고, 939년 폭발설을 지지했다. 그러면서 발해 부흥운동이 939년 백두산 폭발로 사라졌다는 새로운 주장을 제시했다.

　백두산 폭발로 발해가 멸망했다는 주장은 일본에서도 힘을 잃고 사라졌는데, 한국에서는 아직도 이런 주장을 믿는 사람이 많다. 방송의 영향 때문이다. 1998년 12월 5일, KBS 방송국은 「한반도탄생 30억년의 비밀 3부: 불의 시대」라는 방송에서 백두산 폭발과 발해 멸망의 관계를 다루었다. 시청각 매체의 효과가 매우 강렬했던 나머지 방송 후 입소문이 났다. 결국 백두산 폭발과 발해 멸망을 연관시키는 주장이 아직도 많이 보이는 것이다.

　그런데 900년대에 백두산이 폭발했음에도 그에 관한 기록이 중국이나 한국 측 사료에서는 보이지 않는다. 이는 좀 이상하다. 폭발 규모가 엄청났다면, 그에 대한 기록이 어딘가에는 남아 있는 것이 정상적이다. 이와 관련해 《고려사》의 〈정종세가〉 기록이 주목받았다. 고려 제3대 국왕 정종 원년(946)에 "천고天鼓가 울려 사면령을 내렸다."라는 내용이 나온다. 여기서 천고란 '하늘의 북소리'라는 뜻이다. 또한 일본에서도 화산 폭발을 의미하는 기록이 발견됐다. 946년 10월 7일, 오늘날 나라 지역에 하얀 재가 눈처럼 흩어져 내렸다는 내용이 남아있다. 여기서 '하얀 재'가 화산재를 가리키는 것일 수 있다. 또한 《일본기략》에서도 947년 1월 14일 공중에서 천둥 같은 소리가 났다는 기록이 발견됐다. 이 기록 역시 화산 폭발을 가리키는 내용일 수 있다.

　영국 케임브리지대학교의 클라이브 오펜하이머Clive Oppenheimer 교수의 연구팀은 백두산 조사를 진행하여 2021년 결과를 내놓았다. 이들은 백두산 폭발에 탄화된 나무들의 나이테를 조사했고, 해당 나무들이 946년 10월에서 12월 사이에 죽었다는 사실을 알아냈다. 또한 946년에서 947년에 걸쳐 백두산 분화로 생긴 황 성분이 바람을 타고 그린란드까지 날아갔고, 오늘날 그 흔적이 그린란드 빙하에 남아있다는 점을 밝혀냈다. 마치다 히로시 교수는 발해 멸망 후 발해유민들이 고려로 대거 유입한 이유 역시 백두산 폭발의 결과로 파악했으나 클라이브 오펜하이머 교수의 연구 결과로 보았을 때 그럴 가능성조차 없어진 것이다. 마찬가지로 백두산 폭발이 발해의 수도였던 상경성에 영향을 주었을 가능성도 별로 없다. 상경성 주변에는 화산 폭발 때 만들어지는 현무암이 흔히 발견되지만 이 현무암은 상경성 옆에 있는 경박호 부근의 용암 분출로 만들어진 것이고, 백두산의 화산 폭발과는 관련이 없다.

　발해의 멸망은 갑작스러웠다. 북방의 강대국이 그토록 허망하게 패망했다는 사실을 믿기 어렵다고 느낄 만하다. 이러한 심리 상태에서 무언가 그럴듯한 이유를 찾을 때, '백두산 폭발'이라는 그럴싸한 가설을 접하고는 "그러면 그렇지."라는 심정으로 그 가설을 덜컥 믿어버리게 된다. 인간의 심리상 이렇게 한번 잘못된 신념을 가지게 되면 웬만해서는 그 믿음을 버리지 못한다. 역사학은 바로 이러한 신념에 의문을 제기하는 비판의식을 발달시키는 학문이다.

발해 부흥운동과 계승국

발해 멸망 후 거란은 발해 영토를 확고히 통치하기를 일찌감치 포기했다. 당나라가 고구려를 멸망시킨 후 만주 일대에 손을 놓은 것과 비슷하다. 그러나 고구려 멸망 후 발해가 건국된 것과는 달리 발해 멸망 후에는 이 지역을 확고히 통합한 나라가 등장하지 못했다.

발해 멸망 이후

발해 멸망 후 많은 발해인이 고려에 귀순했다. 934년(태조 왕건 17년)에는 발해 태자 대광현이 수만 명을 거느리고 투항했다. 태조 왕건은 대광현에게 왕계라는 이름을 주었고 대광현을 왕실 족보에도 올렸다. 발해인들의 귀순은 938년까지 이어진다. 이후 979년에 또 수만 명이 고려로 귀순하는데, 이것은 발해 부흥운동으로 생긴 정안국定安國과 관련이 있다.

발해 멸망 후 발해 계승국을 자처한 나라가 여럿 있었다. 그중 938년에서 986년까지 두 명의 군주가 정안국을 지배했다. 정안국은 고구려의 중심지였던 압록강 유역에 세워졌다. 970년에 창업군주 열만화烈萬華가 송나라 태조에게 사신을 보내 그 이름이 알려졌다. 976년에는 오현명烏玄明이 왕위에 올랐다. 정안국은 송나라에 거란을 공격해 영토를 반으로 나누자 제안했으나 실제로 그렇게 할 국력은 없었다. 정안국이 불안정해지자 백성이 많이 이탈해 고려로 귀순한 것이 979년의 일이라 보고 있다. 결국 거란이 986년 정안국을 멸망시켰다.

거란은 발해의 땅에 '동란국'을 세우고 발해 신하들을 기용했다. 거란이 세운 괴뢰국이었지만 동란국의 왕이 된 야율돌욕은 발해인 왕비를 맞이하는 등 발해인을 배려하고자 노력했다. 그런데 야율아보기 이후 야율돌욕의 동생 야율덕광이 황제가 되었다. 야율돌욕은 황제가 되는 데에 실패하자 목숨에 위험을 느꼈고, 그 결과 930년 후당에 투항했다. 동란국은 야율돌욕의 아들 야율올욕耶律兀欲이 이어받았다. 야율올욕은 훗날 요나라의 3대 황제가 되는데, 이때 동란국왕으로 친동생 야율안단耶律安端을 임명했다. 이때부터 동란국이 독자적인 국가로 존속되는지에 관해서는 의문스럽다. 동란국이 57년간 유지되긴 했으나 발해 부흥운동과는 무관하다고 봐야 할 것이다.

동란국은 일본과의 친선을 유지하고자 일본에 방문했던 발해인 배구裵璆를 사신으로 임명해 일본으로 보냈다. 배구는 일본에 도착하더니 당시 요나라 황제(태종)를 욕하기 시작했다. 일본은 배구의 행동에 당황했다. 신하가 왕을 비난하는 것을 예의 없는 행동이라 판단하여 배구를 수도로 가지 못하게 막은 후 강제로 출국시켰다. 발해인들이 얼마나 거란에 반감을 느꼈는지 잘 보여주는 예시라고 할 수 있다.

동란국은 928년에 치소治所를 요양으로 옮기며 사실상 발해 통치를 포기했다. 이로써 옛 발해 영토는 권력의 공백지대가 되었다. 그곳에서 권력은 허공에 뜬 셈이나 마찬가지가 되어버렸다. 이런 배경에서 후발해라는 나라가 생겨났다.

후발해는 매우 의문스러운 나라다. 누가 세웠는지, 언제까지 존속되었는지 모두 의문스럽기 그지없다. 10년만 존속되었다는 주장이 있고, 1114년까지 존속했다는 주장도 있다. 후발해를 '올야국兀惹國'이라 보는 주장도 있다. '올야성'이 발해의 '오사성烏舍城'과 같은 성으로 보이기 때문에 올야국의 왕을 '오사성 부유부浮渝府의 발해염부왕渤海琰府王'으로 봐야 한다는 주장도 있다. 송나라 태종 연간에 "힘을 합해 거란(요나라)을 공격하자."라는 내용의 조서를 내렸는데 그 기록에서 '오사성 부유부의 발해왕'이라는 글귀가 나온다. 일각에서는 발해염부왕을 975년 부여부에서 봉기한 발해인 '연파燕頗'와 동일인으로 보기도 한다.

흥요국과 대발해

발해가 멸망한 지 100여 년이 지난 1029년, 대조영의 7대손을 주장하는 대연림大延琳이 흥요국興遼國을 세웠다. 대연림은 거란의 도시 동경 요양부東京 遼陽府의 대장군이었다. 거란의 요나라가 있는 탓에 '흥요'라는 이름이 다소 이상하게 보이지만, 요동을 발전시킨다는 뜻으로 이해할 수 있다. 이 무렵 요나라가 차지한 중국 영토에 가뭄이 들어 요동에서 곡식을 확보하기로 했는데, 발해인을 이용해 배를 만들고 곡식을 나르게 했다. 무리한 노역과 부주의한 항해로 많은 사람이 희생되었으나 요나라 지배층은 아랑곳하지 않았다. 이에 분노한 발해유민들이 봉기를 일으켰다. 대연림은 봉기 후 고려로 사신을 보내 도움을 요청했다.

《고려사》에는 당시 고려 현종이 이 요청을 거절했다고 기록되었으나 〈최사위 열전〉을 보면 형부상서 곽원郭元이 압록강까지 확보할 기회로 여기고 공격을 감행했다가 실패했다고 적혀 있다. 요나라가 이 문제를 놓고 질책한 내용도 있기 때문에 고려가 흥요국의 도움 요청에 응한 것은 확실하다. 이후 요나라의 공격으로 다급해진 흥요국은 다시 도움을 요청했으나 이미 한 번 패배한 고려는 움직이지 않았다. 결국 전황이 불리해지자 적과 내통한 배반자가 나타났다. 성문이 열리고 모두가 추포되었다. 흥요국은 1년도 존속되지 못한 채 멸망하고 말았다. 얼마나 일이 빨리 진행되었는지, 구원을 요청하고자 고려로 향한 이광록李匡祿이 고려에 도착하기도 전에 흥요국이 망해버렸다. 결국 이광록은 고향으로 돌아가지 않고 고려에 머물렀다.

발해인의 반란에 놀란 요나라는 발해인을 다른 지역으로 이주시켰다. 나라가 망한 지 오랜 시간이 지났음에도 여전히 발해인이라는 정체성을 유지했다는 점이 중요하다. 1115년 오늘날 내몽골 지역에 해당하는 곳에서는 발해의 후예인 고욕古欲이 반란을 일으켜 '대왕'을 자처했다. 그곳은 발해인들이 끌려온 땅이라 반란에 동참한 사람들에게 발해 계승의 의지가 있었을 가능성이 있다.

마지막으로 1116년에 세워진 대발해국이 있다. 동경 요양부에서 고영창高永昌이 봉기하여 대발해국을 세웠고, 그 나라의 황제를 자처하였다. 이 나라는 대원국大元國이라고도 부른다. 요나라가 반격에 나서자 신흥 국가인 금나라에 도움을 요청했다. 금은 대발해국에 황제국을 자처하지 말 것 등을 요구했는데, 고영창이 이를 거부하자 오히려 요나라와 협력해 고영창을 공격했다. 고영창의 봉기는 5개월 만에 진압되면서 끝났다. 대발해국을 마지막으로 발해 부흥을 내세우는 일이 다시는 나타나지 않았다. 발해유민 중에는 부흥운동에 동참하거나 계승국에 거주한 사례도 있었으나 일부는 고려로 도망쳐서 살았거나 요나라에 잡혀가 그곳에서 살았다.

1012년 요나라에 사신으로 찾아간 송나라인 왕증王曾, 978~1038은 요나라를 방문한 기록을 《거란국지契丹國志》에 수록했다. 여기에 발해인에 관한 내용이 적혀 있다.

> 발해 사람이 많이 사는 곳에서는 강에서 쇳가루를 건져 철로 연성했다. 발해의 풍속에 따르면 해마다 명절이 되면 사람들이 모여 음악을 즐겼다. 가무에 능한 사람이 앞장을 서면, 사내와 여인이 그 뒤를 따라갔다. 서로 화답하며 노래를 부르고, 둥글게 원을 그리며 빙글빙글 돌았는데, 이런 놀이를 답추(踏鎚)라고 불렀다.

1075년 요나라에 사신으로 찾아간 송나라인 심괄沈括, 1031~1095도 《희녕사로도초熙寧使虜圖抄》에 발해에 관한 기록을 남겼다.

> 발해의 풍속은 연(燕) 지방과 유사하지만 발해는 오랑캐말(夷語, 이어)로 말한다. 그 백성은 대체로 가옥에 거주하는데, 기와가 없는 자는 흙을 올리거나 벚나무 껍질로 지붕을 덮었다.

유사역사를 신봉하는 사람은 고구려인이나 발해인을 흔히 유목민처럼 설명하기도 하는데, 고구려인과 발해인은 오래전부터 농경을 운영하였다. 심괄의 기록을 보더라도 발해인과 유목민의 차이를 알 수 있다. 발해가 멸망하고 거의 150년이나 지났음에도 발해유민들이 자기네 말을 잊지 않고 있었다는 사실도 알 수 있다. 또한 천막을 치고 사는 거란인들과 달리 집을 짓고 산다는 점도 유목민과 구별된다. 이런 내용은 《거란국지》에도 나온 바 있다.

> 발해에서 보낸 문서를 아무도 읽지 못해 당황하던 순간, 이태백이 그 문서를 읽었다는 이야기가 있다. 이 일화 때문에 발해에 독자적인 문자가 있었을 것이라는 '생각'이 나왔고, 유사역사를 신봉하는 사람들은 발해가 '가림토(加臨土)'라는 문자를 사용했을 거라 주장한다. 가림토는 위서 《환단고기》의 〈단군세기〉에서 고조선의 문자라고 소개되는데, 사실 국어학자 권정선이 지은 《음경(音經)》(1906)이라는 책에서 힌트를 얻어 창조된 가짜 문자다. 현재 발굴된 유물들을 보면 발해가 독자적으로 창조한 한자 몇 개가 발견되긴 했으나 발해인이 자국의 필요에 따라 한자를 변형한 것으로 보아야 하지, 독립적인 문자 체계를 구축했다고 볼 수는 없다.

발해사에 대한 인식

　신라는 고구려와 백제를 정복해 삼국통일을 이룩했고 이를 '일통삼한'이라는 말로 표현했다. 이 표어는 삼국통일 이후 신라인의 자부심을 드러낸다. 하지만 실제 역사와는 다르다. 신라는 고구려의 수도였던 평양을 차지하지 못했다. 오히려 발해가 고구려의 구토舊土를 장악한 뒤에 고구려를 계승한 나라를 자처했다.

　명분과 실리가 일치하지 않을 때는 명분을 챙기는 편이 최선이다. 신라는 발해를 무시하여 자국의 명분을 유지했다. 신라에서는 발해를 야만족인 말갈 국가로 치부해 철저히 무시하는 노선을 택했다. 이런 인식은 신라사에 고스란히 남았다. 고려 중기 김부식이 편찬한 《삼국사기》에도 이런 인식이 그대로 수용되었다. 《삼국사기》에 발해사가 없는 이유이기도 하다.

　발해 고위층 상당수는 나라가 멸망한 후 고려에 귀부했다. 이들은 거란이 침공했을 때 가장 용감하게 싸운 사람들이기도 했다. 그만큼 발해의 역사가 고려에 전해졌을 가능성이 높지만 안타깝게도 발해인이 저술한 발해사는 현존하지 않는다. 묘청의 난 이후 서경파가 몰락한 것도 발해사의 관점에서는 불리한 일이었을 것이다.

동양의 역사관은 정통을 중시한다. 삼국통일 후 신라사가 정통의 지위로 인정받게 되자 발해사는 더욱 다루어지지 않았다. 조선 후기의 대표적인 역사가인 안정복은 발해사를 아예 외국사로 취급하기도 했다. 그러나 동일한 시기에 상반된 입장을 견지한 역사가도 존재했다. 유득공은《발해고》를 저술하며 '남북국사'를 주장했다. 남쪽의 신라와 북쪽의 발해를 대등한 존재로 기술해야 한다고 본 것이다. 이 견해는 정약용, 김정호 등으로 계승되어 하나의 학설로 형성됐다.

역사학자이자 교육자인 현채玄采, 1886~1925는 대한제국 교과서《중등교과 동국사략中等敎科 東國史略》(1906)에서 발해사를 독립 항목으로 할애했다. 독립운동가 신채호는 발해사를 더욱 중시했다. 한국사를 부여족의 흥망성쇠에 따른 역사로 간주하고 [단군-부여-고구려-발해]의 계보가 정통이라 주장했다.

일제는 광개토대왕릉비가 발견된 이후 만주 역사에 큰 관심을 기울였다. 1908년에는 이른바 '만철'이라 불리는 '남만주 철도주식회사'를 설립한 뒤에 회사 안에 '만선역사 지리연구실'을 창설했다. 여기서 '만선'이란 만주와 조선을 일컫는다. 여기서 파생된 '만선사관'은 한반도의 역사가 만주에 종속되었다는 식민사관이다. 오늘날 엉터리 가짜 역사를 주장하는 사람들은 만주를 차지해야 한반도 역사에 영광이 있을 거라는, 식민사관의 인식을 그대로 답습한 채 만주 고토 수복을 노래한다. 한편 일제강점기 당시 총독부 직할 기관인 '조선사편수회'는《조선사》(1932~1938)를 편찬했다. 그런데 이 책에서는 발해를 따로 다루지 않았다. 즉 '만선사관'과는 다른 인식이 담겼다. 조선인을 열등한 종족으로 멸시하는 심리와 내선일체라는 이념을 따르는 심리의 차이가 사관의 차이를 만든 것이다.

일제가 만주국1932~1945이라는 괴뢰국을 세운 후에는 발해와 일본의 우호 관계가 새삼스럽게 부각되었다. 일제는 만주가 고대부터 일본과 우호적인 관계를 유지했다는 것을 만주국의 자산으로 여겼던 셈이다. 만선사관의 입장에서 본다면, 고구려와 발해의 역사는 삼한이 중심인 한반도 남쪽의 역사와는 별개가 된다.

일제가 만주의 역사를 전유하자 중국 측은 만주가 원래 중국의 것이라는 입장을 내세웠다. 대표적인 학자가 푸쓰녠傅斯年, 1896~1950이다. 그는 《동북사강東北史綱》(1932)이라는 책을 저술해 만주사변 현장을 조사하던 국제연맹의 리튼 조사단에 제출했다. 가짜 역사를 신봉하는 사람들은 푸쓰녠을 위대한 학자로 떠받들고 있는데, 그야말로 자신들이 무슨 짓을 하는지 모르고 있다는 뜻이다. 푸쓰녠은 "2,000년의 역사를 볼 때 동북(만주)이 중국이라는 사실은 강소성이나 복건성이 중국이라는 사실과 다르지 않다."라고 말했고, 부여와 고구려의 통치자 전원이 중국 출신이라 말했다. 또한 이 무렵에 진위푸金毓黻, 1887~1962가 발해의 역사를 집대성한 《발해국지장편渤海國志長編》(1934)을 내놓았다. 중국 학자들은 발해를 말갈족의 나라로 규정해 고구려와 관련이 없는 것으로 만들고자 했다. 즉 금나라와 청나라는 발해를 계승한 나라고, 발해의 역사는 중국의 역사라는 것이다. 이런 입장은 결국 '동북공정'으로 이어졌다. 사이비역사가들은 이런 인식에 대항한답시고 금나라와 청나라의 역사도 한민족의 역사라는 주장을 펼치는데, 문화와 역사가 완전히 다른 두 나라의 역사를 한국사에 편입하면 한국사라는 틀 자체가 사라지는 어처구니없는 결과를 야기할 것이다.

중국의 이런 입장에 대응하고자 북한은 발해가 고구려를 계승한 나라라는 점을 끊임없이 강조했다. 정치적인 입장이 훨씬 강력하게 반영되는 북한 사학계는 발해의 '중국적 요소'를 말소하는 태도를 견지해 오히려 정직하지 못한 역사관을 드러내고야 말았다. 그런데 북한이 이처럼 발해사에 집착하자 대한민국 내부에서는 남북이 마치 신라와 발해를 계승한 듯한 인식도 생겼다. 일각에서는 체제 경쟁의 측면에서 신라사와 발해사를 이해하는 것이다.

오늘날 발해사를 어떻게 바라보아야 마땅하고 올바르게 인식할 수 있을까? 역사는 과거에 벌어진 사건들의 기술이다. 발해를 건국한 이들의 주체가 고구려인이었다는 진실은 그야말로 역사적 사실이다. 발해의 멸망 후 수많은 발해유민이 고려에 귀부해 한반도 역사에 동참했다는 점도 사실이다. 한걸음 떨어져 발해를 바라보면, 1000년도 훨씬 전에 있었던 나라의 역사를 살펴보면서 과거를 탐구하는 즐거움도 맛볼 수 있을 것이다.

고대에는 수많은 역사적 흐름이 공존했다. 마치 마블 영화의 타임라

《발해태조건국지·명림답부전》 | 국가유산청
《발해태조건국지》는 독립운동가 박은식이 1911년에 저술한 발해 역사서다. 이 책에 합철된 《명림답부전》은 박은식이 고구려의 애국자라고 생각한 '명림답부(67~179)'의 일생을 서술한 전기다. 《발해태조건국지·명림답부전》은 일제강점기 때 활동한 민족주의 역사가들이 고구려사와 발해사를 어떻게 인식했는지를 알 수 있는 사료다.

인이 분기하듯이 역사의 흐름은 역동적으로, 다양한 방향으로 진행되었다. 중국이나 일본이 역사를 왜곡한다고 해서 무턱대고 흥분할 필요가 없고, 자랑스러운 역사가 도난당한다고 감정적으로 화만 낼 필요도 없다. 우리는 발해의 역사를 흡수해 우리의 지식으로, 우리의 삶 속으로 수용할 수 있기 때문이다.

한국사 | 세계사

600년
- 626년 — 당나라 태종 즉위
- 632년 — 이슬람교의 창시자 무함마드 사망
- 646년 — 일본, 다이카 개신

- 백제 멸망 — 660년
- 고구려 멸망 — 668년
- 나당전쟁 종결 — 676년
- 통일신라, 국학 설치 — 682년
- 통일신라, 9주 5소경 설치 — 685년
- 발해 건국 — 698년
  - 690년 — 당나라, 측천무후 칭제
  - 701년 — 일본, 다이호 율령 반포

700년
- 발해 대조영 사망, 무왕 즉위 — 719년
- 발해의 당나라 등주 공격 — 732년
- 나당 연합군, 발해 공격 — 733년
- 발해 무왕 사망, 문왕 즉위 — 737년
  - 732년 — 투르-푸아티에 전투
  - 750년 — 이슬람교의 아바스 왕조 성립
  - 751년 — 고선지, 탈라스 전투에서 패배
- 통일신라, 석굴암과 불국사 건립 — 751년
  - 755년 — 당나라, 안녹산의 난(안사의 난)
  - 765년 — 고구려 유민 출신 이정기, 평로치청절도사 취임

- 통일신라, 독서삼품과 설치 — 788년

800년
- 800년 — 프랑크왕국, 샤를마뉴 대제 대관
- 김헌창의 난 — 822년
- 통일신라 장보고, 청해진 설치 — 828년
- 842년 — 토번제국 붕괴
- 843년 — 프랑크왕국, 베르됭 조약

- 875년 — 당나라, 황소의 난

- 원종·애노의 난 — 889년
- 통일신라 최치원, 시무10여조 올림 — 894년
- 후백제 건국 — 900년
- 후고구려 건국 — 901년

900년
- 907년 — 당나라 멸망, 요나라 건국, 5대10국시대의의 개시
- 916년 — 야율아보기, 요나라 초대 황제 등극
- 고려 건국 — 918년
- 발해 멸망 — 926년
- 고창 전투 — 930년
- 통일신라 경순왕의 고려 귀순 — 935년
- 후백제 멸망 — 936년

제3장

후삼국 시대

후삼국시대는 진성여왕 때부터 시작된다. 진성여왕은 신라를 망친 여왕으로 비난받으나 신라의 몰락은 이전부터 문제들이 누적된 결과이기 때문에 오롯이 진성여왕에게 신라 멸망의 책임을 물릴 수는 없다. 진성여왕이 신라 고유의 노래인 향가를 모아서 《삼대목》을 편찬한 것은 기울어져 가는 왕권을 어떻게든 강화해보고자 하는 노력의 일환이었을 것이다. 그렇긴 해도 결국 모든 모순이 터진 때에 최고 통치자로 있었던 만큼 멸망에 아무런 책임이 없다고 할 순 없다. 젊은 왕들이 잇달아 사망하여 열두 살의 소년 군주에게 왕위가 넘어갔다는 사실이 특히 비극적이다. 자질이 부족한 군주가 즉위하면 위기가 닥쳤을 때 극복할 수 없다는 것이 군주제가 피할 수 없는 커다란 단점이다. 결국 소년 군주조차 20대를 넘기지 못하고 사망하자 외척인 박씨가 왕위에 오르게 된다. 내부적으로 혁신의 불꽃을 더는 피울 수 없는 상태로 전락하고 말았다.

중앙이 붕괴하자 지방에서는 무력을 바탕으로 하는 작은 정권이 난립했다. 지방을 다스리던 관리, 군벌, 도적 무리 등이 각기 세력을 형성하고 그들끼리 부딪치며 몸집을 불리기 시작했다. 제일 먼저 나라를 세운 견훤은 군벌 출신이다. 무장으로 출발해 지방 호족들을 휘하에 거느리며 세력을 형성한 견훤은 자신의 기반 지역에 맞춰 백제 부흥을 선언했다. 견훤의 이런 주장은 휘하 호족들을 만족시켰을 가능성이 높다. 두 번째로 나라를 세운 궁예는 승려 출신으로, 도적 무리인 기훤箕萱에게 몸을 의탁했었다. 결국 도적으로 출발해서 세력을 형성한 사례다. 세 번째 인물 왕건은 개성 지방을 중심으로 성장한 호족 출신이다. 그는 바다를 이용해 해상교역을 했던 해상호족이었다. 이들 세 사람의 사상적 기반은 불교였고, 때마침 당에서 본격적으로 발흥한 풍수도참설까지 수용했다. 풍수도참설은 훗날 한국에 지독할 만큼 지대한 영향력을 뻗쳤고, 심지어 오늘날에도 이 영향에서 완전히 벗어나지 못했다.

고려는 후삼국을 통일하고 발해유민까지 받아들였으나 그 영토가 한반도 안으로 국한되었다. 광대한 영토만을 민족의 자긍심으로 여기는 사람들은 고려가 신라를 계승한 국가에 불과할 뿐이라고 평가절하하거나 정반대 방향에서 고려의 영토가 만주까지 뻗었다는 황당한 주장을 펼친다. 최근에는 압록강이 두 개였다는 등 고려가 만주를 차지하고 있었는데 식민사학자들이 숨기고 있었다는 등의 터무니없는 주장을 늘어놓고 있다. 고려의 행정구역이나 북방 민족과의 사투는 이미 잘 알려져 있는 사실이다. 이들은 이런 뻔한 사실에는 눈을 감는다.

왕건은 출신부터 백두산을 이야기하며 고려와 북방의 연관성을 강조한다. 나라 이름을 고려라고 한 것부터 고구려 계승 의지를 분명하게 천명한 것인데, 고구려에 관해 아무것도 모르거나 자신과 무관한 나라라고 생각했다면 그렇게 했을 리가 없다.

이 시대의 가장 시급하고 중요한 문제는 하나였다. 후삼국시대 이후 각 지방에서 등장한 권력들을 어떻게 하나의 거대한 권력으로 통합하는가? 궁예는 호족들을 배척하고 자신의 친위 세력을 만들고자 했다. 견훤은 자신의 강력한 무력으로 호족들을 복종시키고자 했다. 왕건은 호족 세력과 연합해 그들을 혼인 동맹으로 묶었다. 왕건이 최후의 승자가 된 비결이었다.

후백제가 건국되다

견훤의 아버지 '아자개'는 여섯 명의 자식을 두었다.
첫째 아들이 견훤(甄萱), 둘째 아들이 능애(能哀),
셋째 아들이 용개(龍蓋), 넷째 아들이 보개(寶蓋),
다섯째 아들이 소개(小蓋), 딸은 대주도금(大主刀金)이다.

견훤의 출신과 이름

888년(진성여왕 2년) 흉년이 들었다. 889년 진성여왕은 각 지방에 세금 납부를 독촉했다. 그러자 각지에서 도적이 봉기했다. 도적이라 부르지만 사실상 농지에서 유리된 농민들이다. 원종元宗과 애노哀奴가 사벌주沙伐州에서 반란을 일으켰다. 나마奈麻 김영기金令奇가 진압 명령을 받고 출정했으나 반군의 기세가 무서워 싸우지 못했다. 촌주였던 우운祐運이 홀로 싸우다 전사했다. 진성여왕은 김영기를 참수형에 처하고, 불과 10여 세에 불과한 우운의 아들을 죽은 아버지 다음을 잇는 촌주로 임명했다. 관군이 농민 반란을 진압하지 못했다는 사실 자체가 신라의 위기를 드러내는 단적인 사례다. 원종과 애노가 어떻게 되었는지는 알 수 없으나 그 지역에서는 '아자개'라는 호족이 장군을 자칭하며 세력을 형성했다.

신라 말기, 지방의 통치자들은 자신을 장군, 성주, 지주제군사知州諸軍事라 칭했다. 본래 장군은 '진골'만이 맡을 수 있었는데, 이 시기에

지도15 후삼국시대 호족의 난립

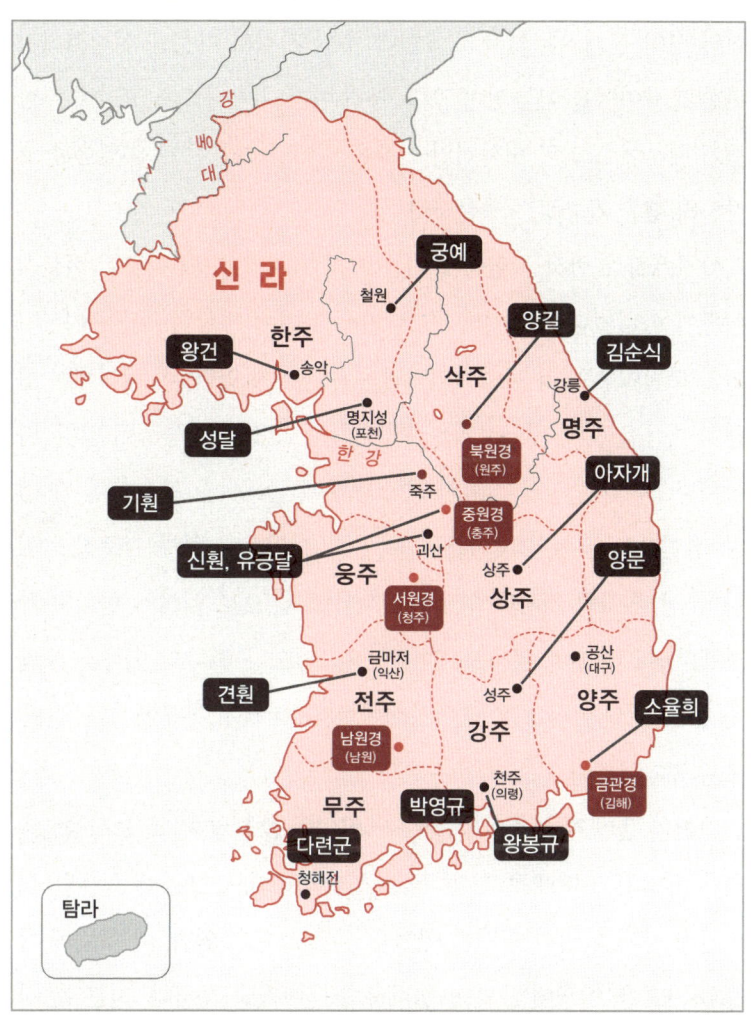

는 진골이 아닌 사람들도 장군을 자처했다. 이 시기 이전의 유일한 예외는 장보고였다. 장보고는 진골이 아니었으나 '진해장군'이라는 장군직을 받았다. 이런 예외가 성립되면 그다음은 쉬워진다.

장군 아자개의 아들이 바로 후백제를 건국한 견훤이다. 견훤은 자신의 성이 본래 이李씨라고 했는데, 훗날 자신의 가문을 신성화하기 위한 조작이었을 가능성이 크다. 특히 아자개는 나중에 고려에 투항했기 때문에 고려와 필사적인 전쟁을 벌이던 견훤이 부계 혈통을 조작하려 했을 가능성도 충분하다.

아자개를 표현하는 한자 표기는 여러 가지다. 그의 이름이 한문식 이름이 아니었다는 뜻이다. 그로 인해 고려에 투항한 '아자개'는 견훤의 부친이 아니라 동명이인이라는 주장까지 있다. 이 시기에는 한문식 이름을 갖지 않은 사람이 성씨를 갖고 있을 가능성이 낮다. 따라서 이李씨라는 성은 견훤이 건국한 후에 만들어진 것으로 볼 수 있다. 한편으로는 견훤의 이름을 '진훤'으로 읽어야 한다는 주장도 있다. 조선 후기의 역사가 안정복도 '견'을 '진'으로 읽어야 한다고 주장했다. 이 주장에 여러모로 타당성이 있으나 하나의 이름을 오래 쓴 만큼 '견훤'이란 이름에 역사성이 있다. 따라서 본문에서는 '견훤'으로 표기하겠다.

견훤의 출생지는 지금의 상주가 아니라 오늘날 경남 문경시聞慶市 가은면이다. 고대에는 같은 행정구역에 속했으므로, 원종·애노의 반란에 아자개 역시 관련이 있었을 것으로 보고 있다. 이 무렵에 발생한 가뭄은 이후에도 계속 심각하게 이어졌던 듯하다. 일본 측 사료에서는 가뭄 때문에 신라 해적이 일본을 약탈하려 했다는 기록이 적혀 있다. 쓰시마섬을 습격했으나 쓰시마섬 주민들의 반격으로 300여 명이 죽고, 현춘賢春이라는 사람 한 명만을 사로잡았다. 현춘이 포로가 된 해는 894년(진성여왕 8년), 그는 이렇게 말했다고 한다.

우리나라(신라)는 해마다 곡식이 여물지 않아 백성들이 굶주림으로 고생하고 있습니다. 창고는 모두 비었고, 왕성도 불안합니다. 이에 왕이 곡식과 비단을 바치라 하여 빠른 배를 몰고 왔습니다.

견훤을 둘러싼 여러 이야기

후백제를 세운 견훤은 867년(경문왕 7년)에 태어났다. 그는 군인이었다. 창업 군주가 흔히 그렇듯 견훤도 비범한 어린 시절을 보냈다고 전해진다. 견훤의 후손으로 짐작되는 '이비' 혹은 '이제'가 썼다고 하는 《이비가기李碑家記》(《이제가기李磾家記》라고도 함)에 따르면, 견훤은 진흥왕의 후손이다. 성이 '이씨'인데 김씨인 진흥왕의 후손이라는 설정부터가 말이 되지 않는다. 《이비가기》는 《삼국유사》에 인용된 사료인데, 다른 곳에는 보이지 않고 내용도 다른 사료와 맞지 않아서 신빙성이 낮은 기록이라 할 수 있다.

견훤의 출생과 관련한 신비로운 설화가 또 하나 있다. 이 설화에서는 견훤이 상주 출신이 아니라 오늘날 광주광역시 출신으로 나온다. 그곳 북촌에 부자가 살았는데, 그에게는 아름다운 딸이 하나 있었다. 어느 날 딸이 이런 말을 했다.

밤이 되면 자줏빛 옷을 입은 남자가 침실로 찾아와 저와 자고 갑니다.

깜짝 놀란 아버지가 딸에게 일렀다.

> 긴 실을 바늘에 꿰어 그 남자의 옷에 꽂아두어라.

딸은 시킨 대로 했다. 부자는 날이 밝은 뒤 실을 따라갔다. 그랬더니 북쪽 담에서 큰 지렁이 한 마리를 발견했는데, 그 허리에 바늘이 꽂혀있었다. 딸은 그 후 태기가 있어 남자아이를 낳았다. 남자아이는 열다섯이 되자 스스로 견훤이라 칭했다. 《삼국유사》에서 전해지는 이 기록은 건국 설화의 일종으로 볼 수 있다. 하지만 천신이나 강의 신이 아니라 '지렁이 영물'에서 태어났다는 점이 특이하다. '진훤'이라 불러야 한다는 주장의 근거 중 하나로 지렁이와 발음이 비슷하다는 것도 있다. 하지만 이쯤 되면 정말 신비한 이야기라 전승된 것인지 의문스럽다. 용도 아니고 지렁이라니, 이상하다. 《삼국유사》에서 전하는 '고기古記'라는 사료는 그 분량이 불확실하여 이 이상의 추정이 불가능하다.

상주 가은현에 사는 농민의 아들, 이씨 성을 물려받은 귀족가의 혈손, 진흥왕의 후예, 지렁이 영물의 아들 등 견훤의 출생을 둘러싼 여러 이야기가 있는 이유는 후백제가 단명한 왕조라 건국시조의 설화가 잘 정리되지 않았기 때문이다. 《삼국사기》에서도 견훤과 관련된 신비한 설화가 적혀 있다. 견훤이 아기였을 때, 견훤의 어머니가 남편에게 식사를 가져다주면서 아기 포대기를 수풀 아래 놓아두었는데 호랑이가 나타나 젖을 먹였다. 마을 사람 모두가 기이하게 여겼다. 그렇게 여길 만한 사건이 아닐 수 없었다.

성장한 견훤은 몸집이 크고 용모가 뛰어났다. 원대한 뜻을 품었고, 기개가 높은 비범한 사람이었다. 견훤은 군대에 들어갔다가 신라 왕경 서라벌까지 가게 되었다.

후백제를 건국하다

서라벌에서 견훤은 서남해 쪽의 방수군으로 임명되었다. 이곳에서 견훤은 군인으로서 뛰어난 자질을 선보였다. 개인 무용이 뛰어난 것은 물론이었고, 잠을 잘 때도 창을 베고 자며 위기에 대비했다. 해적들을 소탕하는 데에 뛰어난 재주를 보였고, 얼마 지나지 않아 비장裨將으로 승진했다.

신라의 서남해는 바로 장보고의 청해진이 있던 곳이다. 이 지역은 당과 일본 사이를 오가는 무역으로 막대한 부를 축적했다. 자연히 그곳은 중앙 통제가 악화하자 독자 세력화를 시도했고, 신라는 이 문제를 해결하기 위해 군대를 파견했다. 견훤은 바로 이 시기의 세력을 바탕으로 거병했다. 견훤의 세력은 여러 전투를 거쳐 형성된 단단한 전우애를 공유했다. 즉 신라가 지금까지 적대한 서남해 세력을 포섭할 수 없는 것은 당연한 일이었다. 견훤은 이 지역에 지내며 백제 부흥의 기치가 새로운 나라를 건설하는 데에 밑바탕이 될 수 있을 거라 충분히 파악한 것으로 보인다.

견훤의 심복 중 사위 박영규朴英規와 김총金摠은 오늘날 전남 순천인 승주 출신이고, 또 다른 사위 지훤池萱은 무주 출신이다. 김총은 죽어서 해당 지역의 성황신으로 모셔졌다. 이로 보아 견훤은 현 전라남도 일대를 기반으로 거병했다고 볼 수 있다. 이렇게 옛 백제 지역을 기반으로 거병하게 된 견훤은 자연스럽게 백제 부흥을 내세우며 민심을 흡수하였다.

889년(진성여왕 3년) 견훤은 자립의 깃발을 올렸다. 견훤은 인근 지방을 점령하며 세력을 넓혔다. 892년(진성여왕 6년) 5,000명으로 늘어난 병력으로 무진주를 점령하고 드디어 왕을 자칭했다. 하지만 이를 공공연히 내세우진 못했다. 그는 본인을 아주 긴 호칭으로 내세웠다. '신라서면도통新羅西面都統 지휘·병마·제치指揮·兵馬·制置 지절도독 전무공등주군사持節都督全武公等州軍事 행전주자사行全州刺使 겸 어사중승御史中丞 상주국上柱國 한남군개국공漢南郡開國公 식읍食邑 2,000호'였다. 그렇지만 훗날 나주 지역이 왕건에게 귀부한 사실을 보아 견훤은 정작 서남해 지방을 차지하지 못한 것으로 보인다. 왕건이 그 지역을 공격할 때 능창能昌이라는 장군과 대립하는데, 그를 견훤의 부하로 보기도 하지만 독자적인 인물로 보기도 하기 때문이다. 능창이 견훤의 부하였다는 사료가 없어서 이 지역은 독자 세력이 구축된 것으로 보는 편이 더 나을 것 같다. 한반도 서남해 지역은 장보고가 지배한 이후 중국과 일본을 잇는 교통의 요지로 번창했고, 혼란기에는 독자적 세력을 구축했다고 볼 수 있다.

견훤은 무진주에 자리를 잡은 후 다음 목표인 전주 공략에 심혈을 기울였다. 전주는 신라의 정규군이 지키는 큰 성으로, 이곳을 장악해야 호족을 넘어 왕이 될 수 있었다. 이를 위해 견훤은 전주 호족들을 포섭하는 데에 공을 들였다. 전주 호족과 결혼하는 결혼동맹을 맺은 것으로 보인다. 이 전주 호족의 소생이 넷째 아들 금강金剛이라는 추정이 있다. 이렇게 해서 900년(진성여왕 4년) 견훤이 전주로 진군하자 백성들이 그를 환호하며 맞아들였다. 견훤은 백제를 계승하여 의자왕의 울분을 씻겠다고 선언했다.

내가 삼국의 시작을 살펴보니, 마한이 먼저 일어나고 후에 박혁거세가 일어났다. 그러므로 진한과 변한은 마한을 뒤따라 일어난 것이다. 마한에 이어 백제는 금마산(金馬山)에서 개국하여 600여 년이 되었는데, 당 고종이 신라의 요청으로 장군 소정방(蘇定方)과 군사 13만 명을 배에 싣고 바다를 건넜으며, 신라의 김유신이 흙먼지를 날리며 황산(黃山)을 지나 사비(泗沘)에 이르러 당병(唐兵)과 합공하여 백제를 멸망시켰다. 지금 내가 감연히 완산(完山, 전주)에 도읍하여 의자왕의 오래된 울분을 씻겠노라.

견훤은 백제의 건국지를 '금마산金馬山'이라고 말한다. 지금의 전북

견훤묘(추정) | 국가유산청

견훤은 936년(고려 태조 19년)에 사망한다. 조선 초에 편찬된 《고려사》에서는 견훤의 무덤이 '덕은군'에 있다고, 《세종실록》에서는 '은진현'에 있다고 말한다. 두 지명은 오늘날 충남 논산시 금곡리를 가리킨다. 1970년 견씨 문중에서 견훤의 무덤이라고 알리는 비석을 세웠다.

자치도 익산이다. 마한을 세운 고조선의 준왕이 도읍으로 삼은 곳이라는 전설이 전해지는 지역이자 전주와 가까운 지역이다. 견훤은 전주야말로 백제의 뿌리가 있는 곳이라 주장한 것이다.

후백제의 시작을 두고 의견이 분분하다. 이르게는 889년, 즉 견훤이 봉기한 시점으로 보기도 한다. 다른 의견으로는 무진주에서 왕을 자칭한 892년으로 보기도 한다. 한편으로는 공식적으로 후백제를 선언한 900년으로 보기도 한다. 의견마다 나름의 근거가 있다. 이렇게 주장이 분분한 까닭으로, 후백제가 자국의 역사를 공식적으로 확정하기 전에 멸망한 탓이 크다. 현재로서는 견훤이 자립한 시점은 889년이고, 후백제를 건국한 시점은 900년이 맞다고 할 수 있다.

광주광역시의 북구 생용동에는 견훤 출생의 전설이 전해진다. 견훤이 지렁이의 아들이라는 설화가 잘못된 것이고, 본래 용이었다는 내용으로 북구 생용동에서 전해졌다. 그러다 견훤이 패퇴하며 '용'이 '지렁이'로 격하된 것이라고들 말한다. 이곳에 있는 죽취봉(竹翠峯)에는 토축 산성터가 있는데, 이것이 '견훤대'로 전해졌다고 한다. 견훤이 왕건과 겨룰 때 지휘한 싸움터라고 한다. 다만 견훤대는 북구 동림동의 대마산(大馬山)이라고 보는 주장도 있다.

후고구려의 성립

901년 궁예가 세운 나라의 이름은 고려였다. 그런데 918년 왕건이 세운 나라 이름도 고려였다. 고구려는 후기에 와서 나라 이름을 고려로 바꾸었다. 즉 같은 이름의 나라가 셋이나 있었다. 그로 인해 중국에서는 왕건의 고려가 주몽의 고려와 같은 나라라 생각했다. 일반적으로 혼란을 피하기 위해 주몽의 나라는 고구려, 궁예의 나라는 후고구려, 왕건의 나라는 고려라 부른다.

궁예의 탄생을 둘러싼 진실과 거짓

신라의 서남쪽에서 견훤이 성장한 무렵, 신라의 동북쪽에서도 군웅들이 등장하였다. 891년(진성여왕 5년) 오늘날 경기도 안성시 죽산면의 죽주에서 도적 기훤이 세력을 넓혔다. 그런 기훤에게, 한쪽 눈이 보이지 않는 괴짜 승려 궁예가 합류했다. 기훤은 궁예를 별 볼 일 없는 사람으로 취급했으나 궁예는 출세욕이 강한 사람이었다. 그는 기훤의 태도에 불만을 품고 자기만의 세력을 규합했다. 기훤의 부하였던 원회元會, 신훤申煊이 궁예와 결탁했다.

궁예는 견훤처럼 자기 부하를 거느리고 독립한 군벌도 아니었고, 호족들처럼 자기 기반을 가지고 있는 사람도 아니었다. 그는 가난한 과부의 아들이었다. 하지만 그에게는 원대한 꿈이 있었는데, 그것은 출생의 비밀과 관련이 있다. 궁예는 스스로 신라 왕자라 자처했다. 《삼국사기》에서는 궁예의 아버지가 신라의 제47대 헌안왕 또는 제48대 경문왕이라고 했다. 고려 후기에 이승휴가 쓴 《제왕운기》에서는 경문왕을 궁예의 아버지로 보았다. 궁예는 5월 5일 단오에 외가에서 태어난 후궁 소생이다. 이때 흰색 무지개가 떴다. 5월 5일 태생, 흰색 무지개. 여기에 징조가 하나 더 있었다. 태어날 때부터 이가 있었다고 한다. 일관은 여러 가지 불길한 조짐이라고 해석했다.《제왕운기》에서는 이가 있었을 뿐만 아니라 태어나면서부터 말을 할 줄 알았다고 전한다.

5일 5일에 태어난 사람은 불길하다는 관념이 어디서 생겨났는지 정확히 알 수는 없다. 다만《사기》의〈맹상군孟嘗君 열전〉에서 나오는 이야기가 있다. 맹상군은 천첩 소생으로 5월 5일에 태어났다. 아버지는 첩에게 아이를 키우지 말라고 했으나 첩이 몰래 아이를 키웠다. 맹상군이 장성한 뒤 아버지를 만나러 갔다. 아버지는 화를 냈는데, 맹상군이 물었다.

맹상군 5월 5일에 태어난 아이를 키우지 말라고 한 이유는 무엇입니까?
아버지 5월 5일에 태어난 아이가 장성해서 키가 문설주와 같아지면 부모에게 불길하기 때문이다.
맹상군 사람의 운명은 하늘에서 받는 것인데 왜 그런 말을 두려워하십니까? 만일 키가 문설주에 이르는 것이 두렵다면 문설주를 높이면 되지 않습니까?

또 북송 때 제작된 백과사전《태평어람太平御覽》에도 5월 5일에 태어난 아이를 버리려 했다는 이야기가 적혀 있다.

흰색 무지개는 고대에 불길한 징조로 여긴 경우가 많다. 《진서晉書》의 〈천문지〉에는 "흰색 무지개가 해를 꿰뚫으면 가까운 신하 중에서 난을 일으키는 자가 있으며, 그렇지 않으면 제후 중에서 모반하는 자가 있다."라고 적혀 있다. 즉 백홍관일白虹貫日, 흰색 무지개가 해까지 뻗치는 현상이 나타나면 군주에게 해롭다는 뜻으로 해석했다.

사료에 따르면 궁예는 헌안왕 때인 857년 또는 경문왕 때인 869년에 태어났다고 추정하는데, 상대적으로 869년 가설이 좀더 일반적이다. 그렇다고 해서 궁예가 신라 왕자라고 단정한다는 뜻은 아니다. 후궁의 소생인데 민가에서 태어났다는 것부터가 조금 이상하다. 민가에서 태어났다고 하더라도, 당시 신라 왕실에는 왕손이 귀했다. 그런데 왕의 아이를 죽이려 했다니, 이 역시 앞뒤가 맞지 않는다. 심지어 진성여왕 퇴위 후 제52대 신라왕이 된 효공왕은 헌강왕이 민간에서 얻은 아이였고 왕위에 올랐다.

다시 궁예의 출생을 둘러싼 이야기로 돌아오겠다. 왕은 일관의 해석대로 아기를 죽이려 했다. 이에 관리를 보내 아기를 죽이려 했다. 후궁은 다락까지 내몰렸다. 하지만 관리가 거기까지 쫓아와 아기를 빼앗으려 했다. 후궁은 아기를 다락에서 밖으로 포대기째 내던졌다. 천운이 있어 다락 아래에 있던 유모가 아기를 받는 데에 성공했다. 하지만 한쪽 눈이 유모의 손가락에 찔리고 말았다. 이렇게 해서 궁예는 한쪽 눈을 쓸 수 없게 되었다. 유모는 아기를 데리고 달아나 홀로 그를 키웠다.

견훤도 자신의 조상을 진흥왕이라 말했고, 왕건도 자신의 조상을

'성골장군'이라 했다. 즉 두 사람은 본인의 혈통을 신라 왕실과 연결했다. 궁예는 이들보다도 더 구체적으로 이야기를 창조했다. 대체로 믿을 수 없는 이야기지만 궁예 본인만큼은 그 이야기를 진심으로 믿은 듯하다. 따라서 궁예가 지어낸 이야기는 아닐 것이다.

궁예는 어려서 개구쟁이로 컸는데, 10여 세가 되도록 태도가 나아지지 않았다. 하루는 유모가 더는 견디지 못해 출생의 비밀을 알려주었다. 궁예는 큰 충격을 받았다. 유모가 타이르며 말했다.

> 너는 태어나면서부터 나라로부터 버림을 받았다. 내가 차마 버려둘 수 없어 지금껏 몰래 길렀다. 하지만 네 미친 짓이 이 모양이니 결국 남들에게 정체를 들킬 것이고, 나도 너도 모두 죽임을 당하고 말 것이다. 대체 어쩌려고 이러느냐?

궁예가 울며 말했다.

> 저는 절대 어머니에게 누가 되지 않겠습니다.

그 길로 집을 나가 세달사에 가서 승려가 되었다. 스스로 법명을 선종善宗이라 지었다. 세달사는 오늘날 강원도 영월군에 있었던 절이다. 이로 보아 궁예가 이 근방에서 성장했다고 짐작할 수 있다. 승려가 되었으나 자신의 정체를 숨기기 위한 임시방편이었을 뿐이라 승려의 계율을 지키지 않았다.

궁예는 비범한 사내로 태어나 기개가 높았고 담력도 대단했다. 어느 날 그가 불교 행사에 갈 때, 까마귀가 날아가다가 그의 바리때 안에 물건을 떨어트렸다. 살펴보니 그것은 점을 칠 때 쓰는 산가지인데, 옥으로 만들어진 귀한 물건이었다. 거기에 '왕王'이라는 글자가 적혀 있었다. 궁예는 남들에게 이 사실을 숨겼으나 스스로는 뿌듯해했다. 이렇게 어릴 적부터 자부심이 강했으니, 궁예는 기훤의 푸대접을 견딜 수 없었다. 그는 892년(진성여왕 6년) 오늘날 강원도 원주에 해당하는 '북원'에 자리를 잡은 도적 양길梁吉에게로 옮겨갔다. 양길은 무진주를 점령하고 자립한 견훤으로부터 비장裨將의 벼슬을 받았다. 양길은 그만큼 세상에 이름이 알려진 도적이었다. 물론 견훤에게서 벼슬을 받았다고 해서 견훤의 수하가 된 것은 아니었다.

원주 석남사지 | 국가유산청

강원도 원주에 있었던 석남사는 궁예가 한반도 중부를 장악하는 과정에서 핵심 근거지로 삼은 역사적인 장소다.

양길은 기훤과 달리 궁예를 높이 평가했다. 그에게 병력을 나눠주고, 동쪽 지방을 공략하게 했다. 궁예는 치악산에 있는 석남사石南寺를 근거지로 삼아 지금의 영월, 평창, 울진 지역을 점령했다. 894년(진성여왕 8년) 궁예는 지금의 강원도 강릉인 명주 땅을 점령했다. 명주는 신라의 중요한 북방 거점이었다. 명주에서도 농민반란이 일어났다. 명주의 큰 절이었던 굴산사崛山寺는 몇 차례에 걸쳐 도적들의 습격을 받았다. 명주 지방은 원성왕과의 권력 쟁탈전에서 패배한 김경신의 근거지였다. 이때 이곳을 지배하는 사람도 그 후손인 김순식金順式이었다. 김순식은 나중에 왕건에게 귀부해 왕씨 성을 하사받았고, 훗날 왕순식으로 이름을 떨친다. 왕건이 그에게 왕씨 성을 내려줄 만큼 김순식은 이 지역의 강력한 지배자였다.

김순식의 아버지 허월許越은 승려였다. 허월은 나중에 김순식에게 왕건을 따르라 충고했는데, 그때 내원에 있었다. 내원이란 궁내에 설치된 사찰을 의미한다. 허월은 궁예를 따라 왕성에 있었던 것으로 볼 수 있다. 불교, 그중에서도 미륵신앙이라는 틀 안에 있던 허월은 처음에 궁예를 도왔을 테지만 궁예가 폭정을 일삼은 후에 왕건의 권력 장악에 도움을 줬던 것 같다.

자립하는 궁예

궁예가 명주에 들어갈 때 그의 병사는 600명에 불과했다. 궁예는 명주에서 자신의 병력을 3,500명으로 늘리는 데에 성공한다. 궁예는 이들을 14대로 나누었다. 1대에 250명 정도를 배치했다. 신라는 25명을 한 조로 엮곤 했으나 궁예는 10개의 조를 1대로 삼았다. 강릉 호족이 궁예를 강력하게 지지하며 그의 병력이 이렇게까지 늘어났다.

명주에서 궁예는 장군을 자처했고, 각 대를 통솔할 사상舍上을 뽑았다. 궁예는 상벌이 공평했고 사졸과 동고동락하여 신망이 두터웠다. 이로써 궁예는 양길에서 벗어나 완전한 독자 세력을 구축했다.

궁예는 895년(진성여왕 9년) 지금의 강원도 화천, 철원, 김화金化 등을 공략했다. 특히 그는 당시 금성金城으로 불렸던 오늘날 강원도 김화 지방을 중시했다. 《제왕운기》에는 궁예가 이곳을 첫 도성으로 삼았다는 말까지 적혀 있다. 궁예가 북방의 강자로 등장하자 신라 서북쪽인 패서浿西 호족들이 자발적으로 그에게 투항했다. 그때 평산의 호족 박씨 가문도 궁예에게 투항했다. 평산의 박씨 가문은 본래 신라 왕족으로 박혁거세의 후손이었다. 신라 말에 찰산후 박적오朴積烏 또는 朴積古의 아들 박직윤朴直胤 때부터 평주에 살았다. 박씨 가문은 이곳에 13개 성을 쌓고 대모달大模達이라는 고구려 장군 칭호를 사용했다. 신라 왕실에서 갈라져 나온 집안이 고구려의 관직명을 사용했다는 것은 그들이 독자 세력화에 성공했다는 증거다. 고구려 관직명을 사용한 것은 평산 지역이 원래 고구려 땅이었다는 사실을 자연히 떠올리게 한다.

896년(진성여왕 10년) 궁예는 철원을 도읍으로 삼고 관직을 만들기 시작했다. 독자 정권의 노선을 추구하기 시작한 것이다. 남쪽에는 견훤이, 북쪽에는 궁예가 웅거한 상황이니 더는 통일신라라고 부를 수 없는 상황에 봉착했다. 이 해에 송악군의 왕씨 호족이 궁예에게 귀부했다. 송악군은 오늘날 경기도 개성이다. 궁예는 왕건의 아버지

왕륭王隆을 금성태수로 삼았고, 왕건은 송악에 성을 쌓게 한 뒤 성주로 삼았다. 왕륭은 용건龍建으로 부르기도 한다. 궁예는 송악을 토대로 북방으로 세력을 확대했다. 897년(진성여왕 11년)에는 송악을 도읍으로 삼고 지금의 김포, 서울 강서구, 강화도까지 차지했다.

같은 시기에 양길은 여전히 북원에 머무르며 지금의 충북 충주인 국원까지 세력을 넓혔다. 양길은 궁예가 북쪽에서 큰 세력을 형성한 사실을 알고, 그를 토벌하고자 군대를 준비했다. 양길이 보기에 과거 부하였던 궁예가 자립한 것은 자신을 배신한 것이었다. 그렇다고 궁예가 가만히 앉아서 양길에게 당할 사람은 아니었다. 궁예가 먼저 양길을 공격했는데, 이 전투에서 양길은 대패했다. 궁예와 양길은 비뇌성非惱城에서 전투를 벌였다. 비뇌성은 오늘날 경기도 안성시 죽산면으로 추정한다. 본래 이곳은 기훤이 웅거한 지역이었다. 기훤의 부하였던 궁예는 이곳 지리를 잘 알고 있었고, 전장의 지형을 잘 이해했다. 지리 지식을 잘 알고 있었다는 이점이 궁예가 승리한 원동력이었다. 양길은 궁예보다 먼저 큰 세력을 형성했던 사람이었지만 궁예는 그런 강적을 무찌르고 영토를 넓히는 데에 성공했다. 이후 궁예는 남부 공략에 힘을 기울였다. 왕건을 보내 지금의 서울과 양주 일대를 차지하고, 남하하여 충청도 일대까지 점령했다.

위기를 맞이한 신라 왕실

894년(진성여왕 8년) 2월에 지방관으로 있던 최치원이 시무10여조時務十餘條를 올렸다. 날로 어지러워지는 나라의 사정을 보고 개혁책을 상주한 것으로 보이는데, 진성여왕은 최치원에게 아찬(제6관등) 벼슬을 내려 격려했다. 하지만 진성여왕은 개혁을 실행할 능력은 갖추지 못했다.

진성여왕에게는 아이가 없었다. 여왕은 895년에 오라비인 헌강왕의 아들, 조카 요를 태자로 삼았다. 견훤과 궁예, 양길 등의 봉기는 그나마 머나먼 곳의 일이었다. 신라는 도적들이 왕경을 습격하는 위기에 직면했다. 896년에는 붉은 바지를 입어서 적고적赤袴賊이라 불리는 도적 무리가 서라벌 서부의 모량리까지 침입했다. 진성여왕은 더는 국정을 감당할 수 없었다. 897년 6월에 태자 요에게 왕위를 넘겼다. 최치원은 신라국왕이 태자에게 양위했다는 사실을 당나라에 알리는 표문 〈양위표〉를 작성했다. 양위표에는 이런 구절이 있다.

구주(九疇)의 남은 법도에 의지하고 일찌감치 팔조(八條)의 교훈을 받았는데, 더 말해 무엇 하겠습니까.

여기서 '구주'라는 단어는 '홍범구주洪範九疇'를 가리킨다. 홍범구주는 기자가 하나라 우왕에게 내린 가르침으로, 유교 경전 중 하나인 《서경》에 그 내용이 수록되어 있다. '팔조'라는 단어는 기자가 고조선에 와서 내린 팔조법금八條法禁을 가리킨다. 현재는 세 가지만 전해졌으나 고조선 때엔 여덟 가지의 금법이 시행됐다고 한다. 결국 '구주'와 '팔조'는 기자와 연관되어 있고, 고조선과도 관련이 있다. 신라 말에 고조선과 역사적으로 연결되어 있다는 인식이 확실히 있었다는 뜻이다. 한편 양위표에서는 신라의 어려움을 이렇게 설명했다.

상서장(위)과 미탄사지 삼층석탑(아래) | 국가유산청

《삼국유사》에 따르면 '미탄사(味呑寺)'라는 사찰 남쪽에 최치원의 옛집이 있다고 전해진다. 미탄사는 현재 소실되었으나 발굴된 유물과 《삼국유사》 기록을 근거로 미탄사의 위치를 알아냈다. 공교롭게도 미탄사지 남쪽에 위치한 상서장(上書莊)은 최치원이 신라 왕에게 글을 올리던 장소다.

처음에는 흑수(黑水)가 경계를 침범하여 독액을 내뿜더니, 다음에는 녹림(綠林, 도적)이 패거리를 지어 다투며 광기를 부렸습니다. 관할하는 곳이 그래도 구주(九州)와 100개의 군(郡)이 있는데, 모두 도적의 불난리를 만나서 마치 큰 잿더미를 보는 것만 같았습니다. 더욱이 또 사람 죽이기를 삼대 베듯 하여 해골이 숲처럼 쌓였습니다. 창해(滄海)의 잘못된 흐름이 날로 심해지고, 곤강(崑岡)의 맹렬한 화염이 거세게 치솟아 살기 좋은 나라를 병든 나라로 변하게 하고 말았습니다.

흑수말갈의 침입부터 도적의 창궐과 가뭄까지, 최치원은 신라가 직면한 재앙을 곤강의 화염에 비유했다. "곤강에 불이 나면 옥이나 돌이나 모두 불타버린다."라는 내용은 《서경》에 등장하는 구절이다. '옥석구분玉石俱焚'이라는 사자성어도 여기서 유래하였다. "창해의 잘못된 흐름"이란 사신 왕래의 어려움을 표현한 것이다. 893년(진성여왕 7년) 병부시랑 김처회金處誨가 당나라에 사신으로 가다가 바다에 빠져 죽었다. 이에 최치원을 사신으로 뽑았으나 이후 정세가 불안정해지는 바람에 보낼 수 없었다.

진성여왕은 양위를 선언하고 반년 후 12월에 세상을 떠났다. 30세의 젊은 나이였다. 왕위를 이은 태자는 제52대 효공왕이다. 12세의 소년이었다. 위기의 순간에는 강력한 왕권을 행사할 수 있는 사람이 왕위에 올라야 하는데 어린아이가 왕좌에 오른 것이다. 진성여왕이 국정을 감당할 수 없을 만큼 몸이 아팠기 때문에 젊은 나이에 양위했을 가능성이 높다.

효공왕이 15세가 된 899년(효공왕 3년), 이찬 박예겸朴乂謙의 딸을 왕비로 맞았다. 왕조 국가에서 왕이 권력을 제대로 행사하지 못하면 외척이나 처족이 실권을 장악한다. 어린 왕이 즉위하면 일반적으로 외척이 득세한다. 신라의 왕권은 오랜 세월 김씨 일족이 장악했으나 이 시기에 박씨에게 넘어가고 말았다. 902년(효공왕 6년) 김효종金孝宗이 시중 자리에 앉는다. 김효종은 헌강왕의 사위이고 신라 마지막 왕인 경순왕의 아버지다. 헌강왕은 20대 중반에 죽었으므로 그의 딸이라 해도 헌강왕 당대에 결혼할 수는 없었을 것이다. 헌강왕에게는 다른 딸도 있었는데 그녀는 제53대 왕이 되는 박경휘朴景暉와 결혼했다. 박씨는 이미 이전부터 왕비를 많이 배출했다. 왕위는 김씨로 세습되었으나 건국시조 박혁거세의 후손이라는 의식은 여전했을 것이고, 왕비를 배출하는 씨족으로서의 권력도 놓치지 않은 상태였다.

왕위에 오른 궁예

900년(효공왕 4년), 지금의 충청북도 일대를 장악하고 있던 도적 청길淸吉과 신훤이 궁예에게 투항했다. 왕건이 인근 지역을 공략해 궁예의 지배권에 집어넣었다. 양길이 사라졌으니 궁예가 패자로 부상했다. 신훤은 궁예가 기훤 밑에 있었을 때 의기투합했던 친구이기도 하였다. 이로써 궁예의 판도는 강원도, 경기도, 충청북도까지 확대됐다. 901년(효공왕 5년) 궁예는 고려 왕을 자칭했다. 고려는 곧 고구려를 가리키는 것이다. 과거의 고구려와 왕건의 고려를 구분하기 위해 궁예가 세운 나라는 후고구려라 부른다. 궁예는 신라를 향해 이렇게 말했다.

지난날 신라는 당에 원군을 청해 고구려를 깨뜨렸다. 고구려의 수도 평양은 지금도 폐허이다. 내가 반드시 이 원수를 갚겠노라.

궁예는 고귀한 신분인 자신을 저버린 신라 왕실을 용납할 수 없었다. 군사를 휘몰아 지금의 경상북도 영주까지 도달한 적이 있었다. 영주에 자리한 사찰 부석사浮石寺 벽에 신라 왕의 모습을 그린 벽화가 있었다. 궁예는 그 그림을 보자 칼을 뽑아들고는 냅다 갈겨버렸다. 이 칼자국은 《삼국사기》를 편찬할 때까지는 남아 있었다.

궁예는 불교 행사인 팔관회八關會를 개최하는 등 불교와 밀접한 모습을 선보였다. 본래 승려 출신이니 당연한 조치이기도 했다. 궁예가 출가한 세달사는 의상대사의 제자 신림神琳이 있었던 곳이다. 의

영주 부석사 조사당 내부 | 국가유산청

부석사는 676년(문무왕 16년)에 의상대사가 왕명을 받아 거주하며 불교를 퍼트린 사찰이다. 부석사의 조사당은 의상대사의 초상을 모시는 곳이다.

상대사가 널리 알린 화엄종은 신라의 왕권을 지지하는 사상을 신앙하는 종파였다. 또한 앞서 말한 승려 조신이 세달사가 담당하는 장원에서 일했고 꿈에서 깨어나 미륵불 동상을 얻었다. 궁예는 훗날 자신을 미륵불이라고 했는데, 세달사와 미륵신앙이 연결되었다는 것을 보면 궁예가 승려로 생활하던 때에 미륵사상에 눈을 떴다고 볼 수 있다. 통일신라 때의 미륵사상은 경덕왕 치세기에 활동했던 승려 진표眞表의 영향을 크게 받았다. 진표는 명주를 중심으로 활동했는데, 명주는 궁예가 일찌감치 자기 세력권으로 손에 넣은 곳이다. 진표는 미륵신앙을 바탕으로 새로운 사회, 신분의 차별이 없는 세상을 꿈꿨는데, 진표의 사상은 광범위한 영향력을 행사했다. 진표의 미륵사상은 궁예만 추구한 이념이 아니었다. 견훤 역시 진표의 미륵사상에 깊은 영향을 받았다.

궁예가 차지한 지역은 신라의 9주 중 한주, 삭주, 명주 일대였다. 이 지역들은 모두 과거 고구려의 영토였다. 따라서 자신의 기반이 된 지역의 특성을 고려해 고구려 계승을 천명한 것이다. 본인 스스로는 신라의 왕자를 자처했는데 고구려 계승을 천명했다는 점이 참으로 아이러니하다. 궁예의 후고구려 정권에는 명주 지방의 김씨, 송악 지방의 왕씨, 평주(평산) 지방의 박씨 등 여러 호족이 참여하였다. 견훤이 병력의 힘으로 군벌에서 왕으로 등극한 것과 달리 궁예는 호족 연합 정권의 나라를 세웠다.

가난한 과부의 아들이었던 궁예는 오로지 혼자만의 힘으로 강력한 세력을 구축하는 데에 성공했다. 스스로 큰 자부심을 느꼈을 것이다. 하지만 자부심에 어울리는 신분이 아니었던 것이 결국 그의 발목을 잡았던 것 같다. 그는 자신을 신라 왕실의 후예라 믿었지만 그 신라는 멸망시켜야 하는 대상이었으니 새로운 이상을 제시할 수 있어야 했다. 처음에는 그 이상으로 고구려 계승을 표방하지만, 그것만으로는 채워지지 않는 갈증은 결국 그를 구세주 미륵불로 둔갑시키며 파멸의 길로 들어서게 만들고 만다.

> 신채호는 궁예를 주인공으로 내세운 《일목(一目) 대왕의 철퇴》라는 소설을 쓴 적이 있다. 신채호는 이 소설에서 궁예를 미남자로 묘사한다. 일반적으로 흉측하게 생겼다고 알려진 궁예를 미남으로 묘사했다는 점에서부터 궁예를 향한 신채호의 동정적인 시선을 알 수 있다. 또한 신채호는 궁예가 원래 신라의 왕자였다는 가설은 고려의 사관이 만들어낸 이야기라 여겼다. 그는 궁예의 원래 성이 '곰'이고 출생지는 황해도 문화현이라고 주장했다. 황해도 문화현은 단군이 도읍으로 삼은 '아사달'이라는 전설이 전해지는 곳이다. 단군은 곰에서 인간으로 변한 웅녀의 소생이니, 궁예의 원래 성이 곰이라는 신채호의 주장은 의미심장하다.

통일신라 말기의 호족과 선종

통일신라 말기에 지방 유력자들이 독자적인 통치 세력으로 등장하는데, 이들을 가리켜 호족豪族이라 한다. 호족은 구체적으로 어떤 사람들이었을까? 호족에는 이런 세력가들이 있었다.

① 왕위 다툼에서 밀려나 지방으로 떠난 중앙귀족 출신
② 지방 토착 세력인 촌주
③ 지방 관청의 관리
④ 해상무역으로 성장한 세력
⑤ 군진을 배경으로 성장한 군인 세력
⑥ 일정 지방을 근거지로 삼은 도적 무리
⑦ 부유한 농민

이렇게 다양한 집단이 호족으로 불려고 당대에 불린 호칭도 제각각이었다. 성주城主, 장군將軍, 토호土豪, 두목頭目 등 다양한 표현이 있었다. 이들은 독자적인 군사력을 보유했고, 그 군사력으로 일정 지방을 통치하였다. 따라서 지방을 통치하지 않는 초적草賊 같은 도적 집단은 포함하지 않는다.

중앙 정치에서 패배한 귀족들은 소작지가 있는 곳으로 물러났는데, 이런 낙향 귀족들은 호족으로 변화했다. 이들은 불교에도 깊이 물들어 있었고, 이들 자손 중에는 출가하여 승려가 된 경우도 많았다. 이러한 승려가 남긴 비석을 연구해 당시 중앙귀족들이 낙향한 과정과 낙향 이후의 상황을 살펴볼 수 있다. 진골뿐 아니라 6두품에서도 낙향하여 호족이 되는 경우가 있었다. 서원경(청주)의 손씨 호족 같은 경우가 대표적이다.

통치는 물리력으로만 완성되지 않는다. 백성들을 정신적으로도 복속하기 위해서는 종교가 필요했다. 신라 왕실은 '교종'을 사상적 지주로 삼았는데, 지방 호족들은 새롭게 대두한 '선종'을 사상적 지주로 받아들였다. 교종이 경전 위주의 불교라면, 선종은 참선을 통한 깨달음을 중시하는 불교다. 백성들은 어려운 한문 지식을 요구하는 교종보다 참선이라는, 어찌 보면 단순한 행동으로 깨달음에 이르는 선종을 쉽게 받아들였다. 선종 승려들도 자신들의 사찰을 보호할 군사력이 있는 호족들과 손을 잡았다. 교종이 왕실과 귀족을 옹호하는 어용 종파로 전락한 상황에서, 선종은 교종과 대립하는 노선을 택할 수밖에 없었다. 780년 이후 당나라에 공부하러 간 승려는 118명에 달한다. 기록에 적히지 않은 사람까지 생각한다면 이보다 많았을 것이다. 이 유학 승려 중에는 진골 신분이 아닌 경우가 많았다. 신라에서는 승려도 진골이어야만 출세할 수 있었기 때문에 이들은 당나라에서 새로운 길을 찾고자 했다. 그런 승려들에게 새롭게 대두한 선종은 매력적이었다.

이런 유학 승려가 대거 신라로 귀국한 일이 생겼다. 당시 당나라 황제 무종이 불교를 억압하는 '폐불정책'을 펼쳤기 때문이다. 845년을 전후하여 신라 승려들은 강제로 귀국할 수밖에 없었다. 신라로 돌아온 선종 승려 중 많은 사람이 중앙보다 지방에서 자신들의 가르침을 전달하였다. 앞서 말한 바처럼 이들은 어차피 중앙에서는 출세할 수 없었다. 신라 왕실도 이런 변화를 모르지 않았다. 선종 승려들을 중앙으로 끌어들이고자 노력도 했다. 여기에 응한 승려도 물론 있었지만 그렇게 되어도 지방에서 세력을 넓히는 이들을 통제할 방법이 없었다. 보령 지방의 호족 김흔은 성주산파(성주산문)를, 강릉 지방의 호족 김씨는 도굴산파(도굴산문)를, 김해 지방의 호족 김인광은 봉림산파(봉림산문)를 개창하도록 지지했다. 이밖에 여러 호족이 선종 승려와 단단히 결합했다.

한반도 풍수지리 사상의 시조로 유명한 '도선'은 원래 승려였다. 도선은 왕건 집안과 밀접한 인물이다. 풍수지리 사상은 신라말에 이미 들어왔었다. 원성왕릉을 조성할 때부터 풍수지리가 동원되었다. 왕실의 안녕과 번영을 풍수지리로 점치는 발복 관념이 이때부터 시작되었다. 신라 경문왕, 헌강왕 때에는 풍수에 밝은 인물로 감간監干 김팔원金八元이 있었다. 김팔원과 관련된 전설로, 충남 부여 부소산扶蘇山에 소나무를 심어 삼한을 통일할 인물이 나오게 했다는 이야기가 있다. 전설이 사실일 가능성은 낮다. 다만 이런 이야기를 보면 풍수지리 사상이 고려에 깊이 뿌리내렸다는 점을 알 수 있다. 왕건도 송악을 수도로 삼을 때, 그 근거로 풍수도참설(풍수지리설)을 이용했다. 왕권 강화를 위한 신비로운 후광으로 풍수지리 사상을 이용했다. 덕분에 풍수지리는 오늘날까지도 사회에 막대한 영향을 미치는 믿음으로 정착했다. 하지만 죽은 사람의 무덤이 산 사람의 운명에 영향을 준다는 발복 관념은 한낱 미신에 불과하다. 과거 역사에 큰 영향을 준 사상이라 해도 오늘날에는 쓸모없어진 미신이 많다. 풍수지리 사상도 그렇다는 점을 명심할 필요가

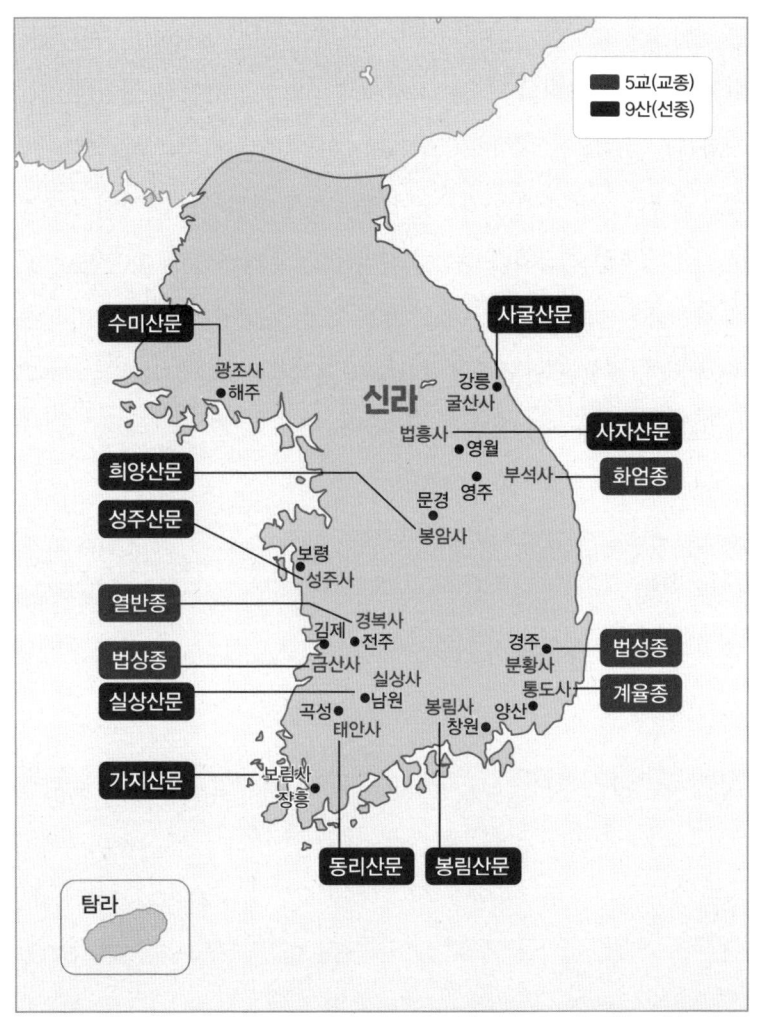

지도16 통일신라 5교 9산의 성립

있다.

한편 왕건은 여러 선종의 선사와도 관계를 맺었다. 가지산파, 사자산파, 성주산파, 봉림산파, 희양산파, 동리산파 등이 모두 왕건과 협력한 선종의 일파다. 선종은 하나의 경제집단으로도 유용했다. 선종은 원래 일상생활의 영위를 중시하고 승려들도 땀 흘려 농사를 짓는 등 경제활동을 하도록 유도했다. 따라서 선종 사찰은 풍부한 물력과 인력을 확보하였다. 이들의 물력과 인력은 유사시에 병력으로 쓰일 수 있었다.

왕건은 호족들을 포섭하기 위해서도 노력했는데 이때는 혼인을 미끼로 던졌다. 혼인동맹을 맺어 광범위한 호족 세력과 손을 잡았고 이것이 고려가 후삼국 통일에 성공한 큰 힘이라 본다. 왕건과 손을 잡은 호족은 개국공신인 셈이지만, 그 후에는 점차 소멸의 길을 걷게 된다. 광종 때 대거 숙청된 뒤에는 과거의 영광은 찾을 수 없게 되었고 지방의 향리로 전락하게 되었다.

왕건의 조상

왕건은 지금의 개성인 송악 출신으로, 후일 고려를 건국하여 태조가 된다.
왕건의 조상에 대해서는 《고려사》에 자세하게 기록되었다.
물론 이 기록은 후대에 윤색된 내용이라 그대로 믿을 수는 없다.

성골장군 이야기

왕건의 조상은 호경虎景으로, 성골장군이라 자칭했다. 성골은 신라 왕족을 가리키는 말이므로 왕건의 집안 역시 신라의 신성한 혈통이라고 주장하는 것이다. 백두산에서 나와 부소산에 이르러 살림을 차렸다는데, 집은 부유했으나 자식이 없었다. 호경은 마을 사람 아홉 명과 함께 평나산平那山에서 매를 잡다가 날이 저물어 굴에서 밤이슬을 피하였다. 그런데 그 굴이 하필이면 호랑이 굴이었다. 호랑이가 굴 입구에 모습을 드러내자 사람들이 혼비백산했다.

사람들이 의논하여 결정하기를, 굴 앞으로 관冠을 던져 호랑이가 잡는 관의 임자가 호랑이와 맞서기로 했다. 모두 관을 앞으로 던졌는데 호랑이는 그중 호경의 것을 잡았다. 호경은 망설이지 않고 호랑이와 맞서고자 했다. 그런데 굴 앞으로 나오자 호랑이는 보이지 않았다. 당황한 호경이 뒤돌아보니, 굴이 무너져버렸다. 일행 중 아무도 빠져나오지 못했다. 친구들을 잃고 혼자 마을로 돌아온 호경은 아홉 친구의 장례를 치르기 위해 산신에게 제사를 올렸다. 그때 산신이 홀연히 나타났다.

> 나는 이 산을 관장하는 신으로 과부의 몸이다. 오늘 다행히 성골장군을 만났으니 부부가 되어 함께 신령으로 다스리고자 한다. 그대를 이 산의 대왕으로 봉하겠노라.

산신의 말이 끝나자 산신과 호경이 갑자기 사라졌다. 백성들은 호경을 대왕으로 삼고 산 이름도 아홉 사람이 죽은 산이라 하여 구룡산九龍山으로 바꾸었다. 이곳에는 호경을 기리는 호경사虎景寺가 지어지기도 했다. 그런데 호경은 인간 세상에 있던 부인을 잊지 못해 밤마다 부인을 찾아갔고, 급기야 인간 세상의 부인은 호경의 아들을 낳았다. 호경의 아들 강충康忠은 부잣집 딸 구치의具置義를 아내로 맞았다. 이때 신라의 감간監干 팔원八元이라는 풍수지리사가 강충을 찾아와 말했다.

> 부소산 남쪽으로 고을을 옮기고 산에 소나무를 심어 바위가 드러나지 않게 하면 삼한을 통합할 인물이 태어날 것입니다.

강충이 그 말대로 고을을 옮긴 뒤에 고을 이름을 송악군松嶽郡이라 하였다. 강충은 큰 부자가 되고 아들도 둘을 두었는데 첫째는 이제건伊帝建, 둘째는 보육寶育이라 했다. 보육은 지혜가 뛰어났다. 일찍이 출가하여 지리산에서 도를 닦은 뒤 돌아왔다. 어느 날 보육은 꿈에서 곡령鵠嶺에 올라 남쪽을 향해 오줌을 누었는데, 삼한이 모두 오줌에 잠겨 은빛 바다로 변했다. 보육이 꿈 내용을 형에게 말하자 형이 해몽했다.

너는 반드시 하늘을 떠받칠 기둥을 낳을 것이다.

그러면서 자기 딸 덕주德周와 동생을 혼인시켰다. 보육과 덕주가 사는 집에 신라의 술사術士가 방문한 적이 있었다. 술사는 이렇게 말했다.

여기서 살면 필히 당나라 천자가 와서 사위가 될 것이오.

보육은 두 딸을 낳았는데 둘째 이름이 진의辰義였다. 진의는 아름답고 지혜와 재주가 뛰어났다. 진의가 15세 때 그녀의 언니가 꿈을 꾸었는데, 산꼭대기에 올라 오줌을 누었더니 천하에 물이 흘러넘치는 내용이었다. 언니가 동생 진의에게 꿈 내용을 말하자 진의가 비단 치마를 언니에게 주고 그 꿈을 샀다. 그런데 이때 집에 한 귀인이 찾아와 머물게 되었다. 그는 옷이 터진 부분이 있다며 꿰매달라고 청했다. 보육은 그가 당나라 천자임을 알아보고, 술사의 말대로 된다고 생각했다. 큰딸에게 꿰매라고 했으나 큰딸은 문지방을 넘다가 엎어져 코피가 터졌다. 자연히 옷 꿰매는 일은 둘째 진의가 맡았고, 당나라 천자와 잠자리를 같이 한 것도 물론 진의였다.

진의가 임신을 하자 귀인이 당나라로 돌아갔다. 그는 자신이 당나라의 귀한 가문 출신이라 말하고, 활과 화살을 건네주더니 아들을 낳으면 이것을 주라고 했다. 진의는 아들을 낳았고, 이름을 작제건作帝建이라 하였다. 작제건은 '제왕을 만들어 세운다'라는 말이다. 노골적으로 목적을 드러내는 작명이라 하겠다.《고려사》에서는 이 이야기 속 당나라 천자를 7대 황제 숙종711~756 또는 16대 황제 선종810~859이라 추정하고 있으나 어느 쪽도 가능성이 없다. 왕건의 조상이라 언급되는 호경-강충-보육은 모두 진의라는 여성의 조상이다. 작제건은 왕건의 할아버지다. 왕건은 그 이상의 조상은 알지 못했을 가능성이 있다.

호경의 이야기는 신라의 거타지居陀知 설화와 흡사한 부분이 있다. 거타지는 진성여왕 때 궁수로 활약한 군인이었다. 거타지 설화에서는 진성여왕에게 아들이 여럿 있었던 것으로 나오지만 진성여왕은 공식적으로 결혼하지 않았다. 아들이 있을 리 없다. 거타지 설화에서는 여왕의 막내 아들이 당나라에 사신으로 갔다고 하는데 진성여왕의 나이를 고려할 때 막내 아들이 이런 중책을 맡을 수도 없다. 따라서 거타지 설화는 단순히 설화일 뿐이다. 아무튼 이 설화에서 진성여왕의 막내 아들 양패良貝가 당나라에 사신으로 가게 되었는데, 궁수 50명이 호위를 섰다. 이렇게 많은 사람이 호위를 선 이유는 후백제의 군사가 두려웠기 때문이었다. 배를 몰고 가다 한 섬에 이르렀을 때 풍랑이 거세게 일어 더 나아가지 못하게 됐다. 이때 한 신이 양패의 꿈에 나타나 활을 잘 쏘는 궁수 한 명을 요구했다. 양패가 어찌하면 좋겠냐고 묻자 군사들이 이런 방안을 내놓았다.

나무 조각에 우리 50명의 이름을 적어서 물에 던지고, 패가 가라앉는 사람이 이 섬에 남도록 하시지요.

그렇게 하여 나무 조각이 가라앉은 거타지만 섬에 남게 되었다는 이야기다. 보육과 진의의 꿈 이야기도 신라 김유신의 누이동생 보희의 꿈 이야기와 똑같다. 김보희가 서라벌 남산에 올라서 소변을 보았는데, 그 양이 너무 많아 서라벌 시내를 가득 채웠다. 이러한 꿈 내용을 여동생 김문희에게 들려준 김보희는 꿈을 여동생에게 팔았다. 이후 김문희는 훗날 왕이 될 김춘추와 연을 맺는다. 즉 왕건의 조상 이야기는 김유신 설화를 베낀 것이다. 또한 이제건이 보육의 꿈을 해몽한 대목은 원효대사가 부르던 노래와 흡사하다. 성골장군으로 시작된 이야기는 신라의 전설을 끌어다가 꾸민 설화고 뒤에 이어지는 작제건의 모험 이야기는 유리왕이 동명성왕을 찾는 이야기와 비슷하다는 점에서 고구려 전설도 이용했다는 것을 알 수 있다.

작제건의 모험

진의의 아들 작제건은 어려서부터 총명하고 기운이 마치 신처럼 강했다. 그는 대여섯 살이 되어 아버지가 누군지 궁금해했다. 어머니 진의는 그저 당나라 사람이라고만 이야기했다. 이름을 몰랐기 때문이다. 작제건이 16세가 되자 진의는 남편이 남긴 활과 화살을 작제건에게 건네주었다. 작제건은 백발백중의 명궁으로 성장하여 사람들이 신궁이라 불렀다.

작제건은 아버지를 찾아 당나라로 떠났다. 마침 사신으로 당나라에 가는 김양정金良貞의 배에 탈 수 있었다. 여기서 '양정'이라는 이름은 《삼국유사》의 거타지 설화에 나오는 진성여왕의 막내 아들 양패와 유사하다. 그 뒤에 생긴 일도 그렇다. 배가 구름과 안개로 들어가더니, 사흘 동안 일절 움직이질 않았다. 김양정이 꿈을 꾸었는데, 흰머리의 노인이 나타나 "고려 사람을 남겨 놓고 가면 순풍을 얻으리라."라고 말했다(뱃사람들이 점을 쳤다는 이야기도 있다). 이에 작제건이 스스로 배에서 내렸다. 고구려는 망했고, 궁예의 후고구려도 아직 생겨나지 않은 때인데, 이 이야기에서는 벌써 고려라는 나라가 있는 것이다.

혼자 남은 작제건은 길을 따라 이동하다가 전각 한 채를 보았다. 그곳에는 누군가 금분으로 불경을 필사하는 중이었는지 금물이 미처 마르지 않았다. 작제건이 자리에 앉아 불경을 마저 필사하기 시작했다. 그러자 한 여인이 홀연히 나타나 말했다. 작제건은 그 여인이 관음보살의 현신인 줄 알고 말했다.

용녀 나는 용녀(龍女)로 여러 해 불경을 베끼는 중인데 아직 끝내지를 못했습니다. 그대는 글씨도 훌륭하고 활도 잘 쏘니 여기 머물면서 우리 집안의 어려움을 해결하기를 바랍니다.

작제건 어떤 어려움이 있는지요?

용녀 그것은 7일을 기다리면 알게 될 겁니다.

여인이 그렇게 말하니 기다릴 수밖에 없었다. 이후 거타지 설화

내용과 똑같이 진행된다. 작제건 앞에 한 노인이 나타나 말했다.

> 나는 서해 용왕이다. 저녁이 되면 늙은 여우가 치성광여래(熾盛光如來)의 모습으로 하늘에서 내려와 바위에 앉아 《옹종경(臃腫經)》을 읽는다. 그러면 내 머리가 아파 견딜 수 없다. 그대는 활을 잘 쏜다고 하니 내 괴로움을 없애주길 바란다.

치성광여래는 북극성을 의미하는데, 이는 도교의 칠성 신앙을 한반도 불교가 수용했음을 의미한다. 치성광여래는 장수와 다산의 복을 담당한다. 다만 여기서 언급된 《옹종경》이란 경전은 실재하지 않는다. '옹종'은 부풀어 오르는 것을 가리키는 말로, 즉 고통을 주는 경전이라는 뜻으로 사용된 것이다. 작제건이 용왕의 말대로 활을 쥐고 기다리니 과연 밤이 되자 서북쪽 하늘에서 누군가 내려왔다. 풍악 소리가 울리자 작제건은 두려워서 활을 쏘지 못했다. 정말 부처로 보였기 때문이었다. 그러자 용왕이 "바로 그 늙은 여우다. 의심하지 마라."라고 말하며 채근했다. 이에 작제건이 활을 당겼다. 하늘에서 떨어진 것을 보니 정말 늙은 여우였다. 용왕이 크게 기뻐하며 말했다.

> 네 힘으로 내 근심이 사라졌도다. 은혜를 갚아주겠노라. 서쪽으로 가서 네 아버지인 당나라 천자를 만나겠느냐? 아니면 부자가 되는 칠보(七寶)를 가지고 동쪽으로 돌아가 어머니를 받들겠느냐?

작제건은 "내가 바라는 것은 동쪽 땅의 왕이 되는 것입니다."라고 대답했다. 용왕은 고개를 흔들었다.

> 동쪽 땅의 왕이 되려면 그대의 자손 삼건(三建)의 때가 오기를 기다려야 한다. 그밖에 원하는 것이 있다면 고하라.

그 말에 작제건은 어찌 할 바를 모르고 말을 못 꺼냈다. 그때 그곳에 있던 한 노파가 "어찌 그 딸에게 장가들지 않고 떠나려 하오?"라고 말했다. 작제건은 그 딸이 바로 용녀를 가리킨다는 것을 알아채고는 용왕에게 따님을 달라고 청했다. 용왕은 흔쾌히 승낙하여 작제건은 용왕의 큰딸 저민의翥旻義를 아내로 맞을 수 있었다. 작제건이 용왕에게서 칠보를 받고 아내와 함께 떠나려 하자 저민의가 말했다.

> 아버지에게 버드나무 지팡이와 돼지가 있는데, 그 둘은 칠보보다 더 귀한 보배입니다. 어찌 그걸 달라고 청하지 않습니까?

용왕은 사위에게 돼지도 주었다. 작제건은 옻칠을 한 배에 타고 향으로 돌아왔다. 거타지 설화에서도 거타지가 용왕의 딸과 결혼하긴 하는데 돼지 이야기는 나오지 않는다. 작제건이 받은 돼지는 정작 작제건의 집을 좋아하지 않았다. 이에 돼지를 풀어주었더니 송악산 남쪽 기슭에 가서 몸을 누웠다. 그곳에 집을 짓고 보니 공교롭게도 강충이 처음 집을 지었던 곳이었다. 돼지가 집터를 찾는 이야기도 고구려 전설을 가져온 것 같다.

저민의는 동북쪽 산기슭으로 갔다. 그리고 은그릇으로 땅을 파서 우물을 만들었다. 이곳은 개성의 대정大井이라고 한다. 저민의는 새집에서도 우물을 팠는데, 이번 것은 용궁으로 가는 통로 용도였다. 저민의는 작제건에게 자기가 용궁으로 갈 때 엿보면 안 된다고 경고했다. 하지만 호기심을 느낀 작제건이 기어코 훔쳐보고 말았다. 저민의는 어린 딸과 같이 우물로 들어가더니 황룡으로 변했다. 주변에 오색구름이 일어났다. 저민의는 남편이 엿본 것을 눈치채서 화를 냈다.

부부의 도리는 신의를 지킴을 귀히 여깁니다. 당신은 다짐을 어겼으니 이제 더는 같이 살 수 없습니다.

저민의는 어린 딸을 데리고 다시 우물로 들어갔다. 황룡으로 변신하여 사라진 후 영영 돌아오지 않았다. 훗날 저민의는 원창왕후元昌王后로 추존되었다. 작제건와 저민의 사이에는 딸 말고 네 명의 아들이 있었다. 맏아들은 용건龍建이라 했는데 뒤에 왕륭王隆으로 개명했다.

용건의 아들 왕건

용건(왕륭)은 꿈에서 미녀를 보았고 그녀와 결혼하겠다고 마음먹었다. 그런데 어느 날 길에서 한 여인을 보았는데, 바로 꿈에서 본 여인이었다. 용건은 그녀와 바로 결혼했다. 어디서 온 사람인지 아무도 몰랐기 때문에 꿈속의 여인이라는 뜻으로 몽부인夢夫人이라 불렀다. 나중에 삼한의 어머니가 되었다 하여 성을 '한씨'로 정했다.

876년(헌강왕 2년) 한 도사가 용건의 집을 찾아왔다. 그의 이름은 도선道詵으로, 당나라에서 일행一行의 풍수지리를 배운 사람이었다. 그는 백두산을 올랐다가 돌아오는 길이라고 했다. 그는 용건의 집을 보고 한탄하며 "기장을 심을 땅에 어찌 마를 심었는가?"라고 말했다.

부인이 이 말을 듣고 얼른 용건에게 알렸고, 용건이 뛰쳐나가 도선을 붙잡았다. 도선은 백두산에서부터 뻗어진 지맥이 이곳에 이르렀다고 알려주고, 내년에 아들을 낳으면 왕건이라는 이름을 지으라고 말했다. 이 말대로 아이를 가져 다음 해 낳았다. 893년(진성여왕 7년) 왕건이 17세가 되었을 때, 도선이 다시 찾아와 진법과 산천의 신들에게 도움을 받는 방법을 알려주었다. 그로부터 3년 후 왕건이 스무 살이 되었을 때 용건은 궁예에게 귀부했다. 용건은 그다음 해에 죽었고, 이제 왕씨 일족의 운명은 젊은 왕건에게 달렸다.

> 도선은 827년(흥덕왕 2년) 오늘날 전라남도 영암에서 태어났다. 23세에 출가하여 승려가 되었는데, 이후 지리산에서 특출한 사람을 만나 풍수법(풍수지리)을 익혔다고 한다. 그가 당나라 일행의 풍수지리를 배운 것은 사실일 수 있으나 당나라에서 유학한 것은 아니다. 도선은 한반도를 하나의 몸처럼 보아 안 좋은 곳에 절이나 탑을 세워 보강하는 '비보풍수'를 개척했다. 물론 이런 발상은 자연에 관한 이해가 부족했던 과거에 자연재해를 대처하기 위해 생긴 미신일 뿐이다. 도선이 송악을 천년 수도로 정했을 때, 하필 날이 흐려 안개가 끼어 있었다. 그런데 맑은 날에 보니 멀리 한양의 삼각산이 보였다. 삼각산이 송악을 엿보는 형국이라 하여 규봉(窺峯)이라 불렀다. 항상 켜놓은 등불인 '상명등' 하나를 큰 바위 위에 설치하고, 쇠로 열두 마리의 개를 만들어 삼각산을 견제하게 했다. 풍수지리에서는 이렇게 기운을 억누르는 주술을 염승(厭勝)이라 부른다.

효녀 지은과 효종랑

신라 서라벌 한기부에 평민 연권連權의 딸 지은知恩이 살았다. 연권은 일찍 죽었고, 지은이 홀로 어머니를 봉양했다. 어머니를 향한 걱정으로 32세가 되도록 시집을 가지 않았다. 딸은 품을 팔거나 구걸하며 어머니 끼니를 챙겼다. 하지만 진성여왕 대에 이르러 흉포한 가뭄이 닥치자 더는 그런 방법으로 버틸 수 없었다. 지은은 부잣집의 종이 되었다. 쌀 10여 섬이 그 대가였는데, 집에 둘 곳도 없어서 일하는 부잣집에 맡겨 두고 집에 돌아갈 때마다 조금씩 가져갔다. 이렇게 하루 종일 부잣집에서 일하고 저녁에 돌아와 밥을 지어 어머니를 봉양했다. 그렇게 며칠이 지나갔다. 어머니가 문득 이런 말을 했다.

예전에는 밥이 거칠어도 달게 먹었는데, 지금은 밥이 좋은데도 맛이 그때만 못하고 간과 심장을 칼날로 찌르는 것만 같으니, 이게 무슨 일이냐?

어머니는 갑자기 밥맛이 좋아졌으니 어떤 사연이 있을 것이라 짐작할 수밖에 없었다. 딸이 숨기지 못하고 자기가 종이 된 사실을 고백했다. 어머니는 충격을 받았다.

나 때문에 네가 종이 되었구나. 내가 빨리 죽느니만 못하게 되었구나.

어머니가 큰 소리로 울자 지은도 어머니를 붙들고 함께 통곡했다.

제가 불민하여 어머니의 입과 배만 봉양할 줄 알고, 제 낯빛을 간수하지 못해 어머니에게 심려를 끼쳐드렸습니다. 저 같은 불효녀가 또 있을까요?

사람들도 무슨 일인가 보러왔다가 모녀의 사연에 눈물지었다. 이곳을 지나치던 두 사람이 있었는데, 그들은 화랑 효종랑孝宗郎의 손님이었다. 이들은 모녀의 사연을 듣다가 효종랑과 만날 시간에 늦고 말았다. 효종랑은 포석정에서 손님들을 기다리고 있었다. 두 손님이 지각한 사연을 말하자 효종랑도 가슴 아파했다.

효종랑은 아버지에게 이 사연을 말하고 곡식 100석과 옷가지를 지은 모녀에게 보내주었다. 효종랑의 낭도들도 1,000석의 곡식을 보내주었다. 진성여왕도 이 사연을 듣고 곡식 500석을 내려주고 집 한 채를 하사했다. 도둑이 들 수 있으므로 군사를 보내 경비도 서게 했다. 또한 효녀 지은의 마을 입구에 정문旌門을 세우고 마을 이름을 효양방孝養坊이라 하여 그녀를 기리게 하였다. 지은은 훗날 자기 집을 기부하여 절로 만들었다.

효종랑은 문성왕의 후손으로 이벌찬 김인경金仁慶의 아들이었다. 진성여왕은 효종랑의 행동이 어른스럽다고 여기고, 헌강왕의 딸 계아桂娥를 그에게 시집보냈다. 두 사람 사이에서 나온 아들이 신라의 마지막 왕인 경순왕이다.

삼국의 동상이몽

궁예가 도읍으로 삼은 철원은 산악으로 둘러싸여 방어에 유리하다. 임진강이 주변에 있고 한반도의 중심에 위치해 어디든 육로로 갈 수 있는 곳이다. 그런데 궁예가 극히 사치스러운 대궐과 누대를 짓자 백성들은 피로해졌다. 공포정치와 노역으로 민심이 떠나가고 있었다.

후고구려와 후백제의 대결

견훤은 901년(효공왕 5년) 신라 대야성을 공격했다. 대야성은 통일 이전부터 신라 서남부를 지키던 커다란 성으로 함락이 쉽지 않았다. 견훤은 신라 본진을 치려던 계획을 포기하고 아직 점령하지 못한 한반도 서남의 해상호족으로 눈길을 돌렸다. 하지만 이곳에서도 만만치 않은 저항을 마주했다. 한편 신라의 효공왕은 902년(효공왕 6년) 효녀 지은으로 이름을 알린 화랑 효종을 시중으로 삼았다.

903년(효공왕 7년) 궁예는 왕건에게 서해 일대를 공략하라고 명했다. 왕건 일족의 전설에서 알 수 있듯이 이들은 본래 해전에 익숙한 해상호족이었다. 왕건은 수군을 거느리며 서해 제해권을 장악했다. 특히 견훤이 계속 얻으려 했으나 얻지 못한 한반도 서남 해안, 즉 금성錦城 공략에 성공했다. 왕건은 그곳의 이름을 '나주羅州'로 바꾸고 군사를 남겨 지키게 했다. 견훤 입장에서는 배후에 훨씬 강력한 세력이 진을 치게 된 셈이었다.

궁예는 해상 정복을 마치고 돌아온 왕건에게 향후 계획을 물어보았는데, 왕건이 변방을 안정시키고 영토를 넓힐 전략을 보고했다. 궁예는 왕건의 활약을 칭찬하고 벼슬도 높여주었다. 그런데 이 해에 궁예는 도읍을 옮기고자 했다. 철원과 평강 지역을 둘러보았는데, 해상과 내륙의 교통이 편리한 송악을 굳이 버리고 내륙으로 이동했다. 궁예의 선택은 현명하게 보이지 않는다. 왕건의 세력을 불편하게 여긴 궁예가 본래 자신의 기반이었던 곳으로 돌아가려 했던 것일 수 있다. 철원을 수도로 삼으면서 청주의 민호民戶 1,000채를 옮겨와 살게 했다. 송악이 아니라 청주에서 사람을 옮겨왔다는 점도 주목할 만하다. 궁예에게 아첨하고 참소로 총애를 받은 인물로 아지태阿志泰라는 사람이 있는데, 공교롭게도 청주 출신이었다.

904년(효공왕 8년)은 갑자년이었다. '갑자'는 간지가 시작되는 해로 상서롭다고 할 수 있다. 이때를 기해 궁예는 나라 이름을 마진摩震으로 바꾸었다. 연호는 무태武泰라 정했다. 마진이라는 국명의 기원은 알 수 없다. 다만 발해도 처음에 진震이라 불렸던 것처럼 당대에 '진'이란 한자에 끌리던 모종의 이유가 있었던 듯하다. 불교에서는 동방을 진단震旦이라 불렀는데, 여기서 유래되었을 가능성이 있다. 불교식 해석에 착안하여 마진을 '마하진단摩訶震旦'의 약자로 보기도 한다. 마하는 불교에서 '크다'는 의미로 쓰인다. 물론 이러한 해석도 확실하진 않다.

궁예는 관직제도를 정비해 광평성廣評省이라는 최고 관부를 신설했다. 이는 신라의 집사성에 대응하는 관부였다. 이름은 새롭게 지었으나 모두 신라의 것을 흉내 내어 이름만 바꾼 것이었다. 904년에는 패강도, 즉 지금의 황해도 일대 10여 현이 궁예에게 투항했다. 또한 상주로 진입해 30여 주현을 점령하기도 했다. 공주장군 홍기弘奇가 투항해 공주 일대(신라 때 '웅주'로 불림)가 궁예 영역으로 편입되었다. 905년(효공왕 9년) 7월, 궁예는 철원으로 도읍을 다시 옮겼다. 연호도 성책聖冊으로 바꾸었다. 이때 평양에 있던 호족 평양성주장군 금용黔用도 궁예에게 투항했다.

남진하는 궁예

궁예는 신라를 향해 남진하기 시작해 8월에 죽령 인근까지 도달했다. 효공왕은 궁예의 침략을 걱정했으나 뾰족한 타개책은 없었다. 함부로 싸우지 말고 굳게 지키라는 명령만 내렸을 뿐이다. 하지만 죽령 너머도 이미 신라의 영역이 아니었다. 죽령을 넘어서면 상주가 나오는데, 이곳은 본래 견훤의 출생지였고 당시 후백제에 속했다.

왕건은 군사 3,000명을 거느리고 906년(효공왕 10년) 죽령을 넘어 상주로 진입했다. 후고구려는 904년 상주 인근 30여 주현을 점령한 적이 있는데, 이때 또 상주로 진출했다는 기록이 전해진다. 이 지역을 놓고 치열한 전투가 계속 이어졌다는 뜻으로 이해할 수 있다. 그만큼 견훤도 상주를 빼앗기지 않고자 힘껏 항전에 나섰다는 의미다. 그렇지만 왕건이 여러 차례 승리하여 상주는 결국 궁예의 손에 넘어갔다. 앞서 궁예가 부석사에서 신라국왕을 그린 벽화를 칼질했다고 언급했는데, 아마도 이때 궁예가 부석사에 들렀을 것이다.

궁예는 머지않아 신라를 멸할 수 있으리라 예상하고 신라를 멸도滅都라 불렀다. 심지어 이때부터는 신라에서 항복하러 온 사람들까지 죽여버렸다. 공주에서 웅거했던 세력, 평양과 평양 남쪽에 있던 호족들도 이때 궁예에게 귀부했다.

907년(효공왕 11년)에 견훤은 지금의 경북 구미 땅인 일선군—善郡 이남의 10여 성을 빼앗았다. 상주에서 패퇴한 견훤이 그 남쪽으로 밀려 내려와 약탈과 점령을 강행한 것으로 해석할 수 있다. 신라는 후백제의 패잔병도 막아내지 못할 만큼 허약해진 것이다.

두 차례의 덕진포 해전

909년(효공왕 13년) 궁예는 왕건을 수군대장군으로 삼아 오늘날 전라남도에 있는 나주 일대를 지키게 했다. 견훤이 다시 나주에 눈독을 들였기 때문이다. 왕건은 해상을 지키며 견훤이 중국 땅에 있는 오월국吳越國, 907~978으로 보내는 배를 사로잡았다. 또한 진도와 고이도 등을 점령했는데, 당시 이런 섬들이 한반도 해적의 근거지로 쓰였다.

왕건은 나주를 노리는 견훤과 해상에서 대적했다. 견훤의 전함은 목포에서 덕진포德津浦에 이를 만큼 늘어서 있었다. 덕진포는 오늘날 전라남도 무안이다. 육상에도 견훤의 병사가 가득했다. 부하들이 겁을 먹자 왕건은 부하들을 독려하고자 이렇게 말했다.

> 걱정하지 말라. 군대가 이기는 것은 화합에 있지, 수에 있지 않다.

왕건이 병선을 재빨리 몰아 적진을 급습하자 후백제군이 뒤로 물러났다. 왕건은 바람을 타고 진군하여 적선을 불태웠다. 500여 명의 적병을 참수하자 견훤은 견디지 못하고 작은 배로 갈아탄 뒤 달아났다. 견훤의 공세로 불안해하고 있던 나주의 민심도 가라앉았다.

왕건은 철원으로 돌아가지 않고 나주에 머물렀다. 이미 궁예가 포악해졌기 때문에 외방에 있는 편이 낫다고 생각했다. 부하 중 일부는 왕성으로 돌아가 포상을 받을 것으로 기대해 불평하기도 했으나 왕건이 사정을 설명하자 모두 납득했다. 이후 왕건은 서남해를 누비던 해적 능창을 토벌했다. 능창은 수전에 능해 별명이 수달이었다. 능창은 왕건이 쳐들어온다는 것을 알고는 유망민을 모아 복병으로 쓰고자 했다. 왕건이 들어오면 일거에 쳐서 해치우려 한 것이다. 그렇지만 왕건은 능창의 계략을 훤히 들여다보고 있었다. 부하들을 불러 말했다.

능창은 내가 올 것을 알고 섬의 도적들과 결탁해 변란을 꾀할 것이다. 이들의 수는 별로 안 되지만 바다에서 싸울 때 서로 힘을 합하면 승부가 쉽지 않을 것이다. 그러느니 우리도 꾀를 내는 게 좋겠다.

왕건은 헤엄을 잘 치는 병사 10여 인을 선발해 작은 배에 태웠고, 한밤에 능창이 숨어있는 섬으로 들여보냈다. 그곳에서 작은 배 하나를 붙잡았는데 과연 거기에 능창이 타고 있었다. 왕건은 능창을 궁예에게 바쳤다. 궁예는 크게 기뻐했다. 능창의 얼굴에 침을 뱉으며 말했다.

> 해적들이 너를 영웅이라 하는데, 이제 내 신묘한 계책에 사로잡히고 말았구나!

궁예는 능창을 참수형에 처했다. 이 이야기를 보면 나주 일대에 능창 때문에 여러 괴로운 일이 있었음을 알 수 있다. 능창이 견훤의 부하라는 말도 있긴 하지만 그런 기록은 없다. 능창은 독자적인 인물이었다고 보는 편이 더 타당할 것이다.

910년(효공왕 14년) 견훤은 다시 한번 나주를 공격했다. 3,000명의 병력으로 열흘이 넘게 나주를 공격했는데, 왕건이 굳건히 지켜 함락할 수 없었다. 궁예는 나주를 지키기 위해 직접 수군을 거느리고 원군을 자처했다. 견훤은 이번에도 분루를 삼키고 물러날 수밖에 없었다.

912년(효공왕 16년) 8월 견훤은 또다시 나주를 공격했다. 이때 왕건이 나주 땅을 지키고 있었기에 견훤을 해상에서 상대할 수 없었던 모양이었다. 궁예는 직접 수군을 이끌고 출정하여 견훤과 자웅을 겨루었다. 아마도 왕건은 이때 북진하여 무주를 친 듯하다. 그러나 무주를 지키고 있던 견훤의 사위 지훤이 굳건히 방어하여 함락하지 못했다.

국명을 바꾼 후고구려, 왕이 바뀐 신라

20대의 젊은 군주인 신라의 효공왕은 아무것도 할 수 없다고 느끼자 향락에 빠졌다. 그가 신분이 미천한 첩에게 빠져 정사를 방기하자 신하 은영殷影이 충언을 올렸다. 하지만 효공왕은 들은 척도 하지 않았다. 이에 은영은 효공왕의 애첩을 잡아 죽여버렸다. 왕이 간언을 듣지 않는다고 해서 왕의 애첩을 죽인다는 것은 조정의 기강이 무너졌다는 사실을 의미한다. 신라는 헤어날 수 없는 지경에 빠져들었다.

911년(효공왕 15년) 궁예는 국호를 태봉泰封으로 바꾸었다. 세 번째 국명이다. 태봉이 무슨 의미인지는 알 수 없다. 태봉이 오래 존속된 나라였다면 해당 기록이 남았을 테지만 궁예 한 명으로 끝난 나라인지라 자세한 내막을 알 수 없다. 궁예는 연호도 수덕만세水德萬歲로 바꾸었다. 음양오행에서 '수'는 북쪽을 가리킨다. 따라서 북방을 중심으로 건국한 나라라는 뜻일 수 있다.

912년(효공왕 16년) 신라 효공왕은 27세의 젊은 나이에 승하했다. 선왕의 서자로 태어나 왕이 되는 행운을 얻었으나 16년간의 재위 동안 아무것도 하지 않고 좌절하는 나날만 보냈다. 경문왕계의 혈통이 이렇게 끝났다. 그 뒤를 김씨가 아니라 박씨가 이었다. 제50대 정강왕 때 대아찬 시중이었던 박예겸의 아들 박경휘朴景暉가 즉위하여 신덕왕神德王이 되었다. 박경휘는 제49대 헌강왕의 사위이고, 누이는 효공왕의 왕비였다. 그러니까 박경휘는 외척으로서 왕위를 차지한 셈이다.

신덕왕은 자진해서 왕이 된 자가 아니라 국인들의 추대로 왕위에 오른 자로 통한다. 또한 대외적으로는 박씨 계통의 마지막 왕인 제8대 아달라왕(아달라 이사금)의 후예라고 표방하며 왕위를 이을 정통성이 있는 것처럼 말했다. 그렇지만 정말로 아달라왕의 직계 후손일 가능성은 없다. 왕좌를 차지한 다음 지어낸 이야기일 가능성이 크다.

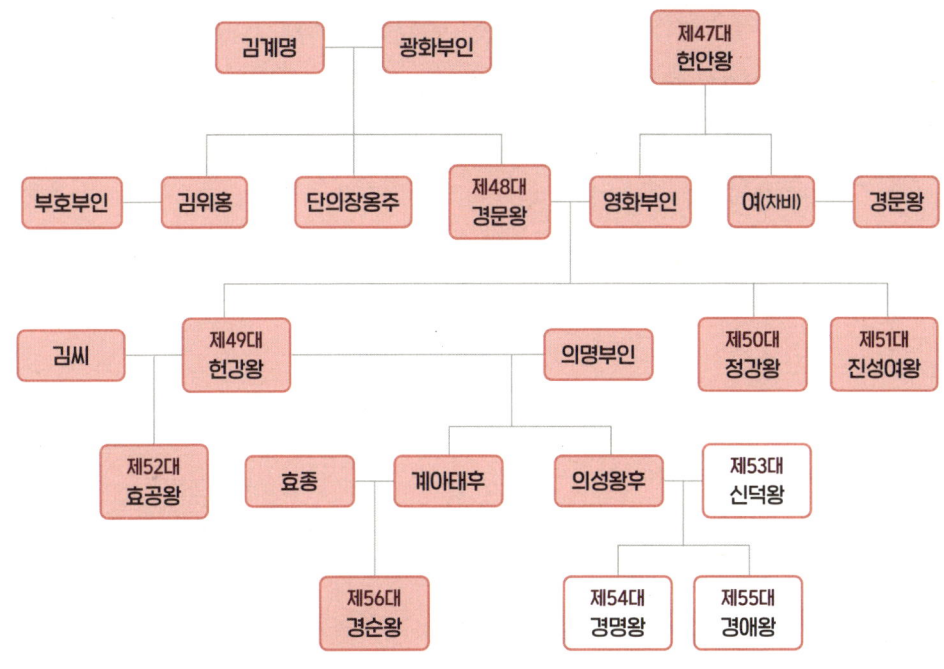

신라 말기 왕실 계보

신덕왕, 경명왕, 경애왕은 박씨 성의 왕이다.

물론 이전부터 박씨들은 왕비를 배출하는 씨족으로 존속했고 국정에 참여도 했으니, 박혁거세의 후손인 점은 분명하다. 그렇지만 김씨 중에서 왕위에 오를 만한 사람이 없었던 것은 아니다. 바로 효녀 지은 이야기에서 등장하는 화랑 출신 효종이 있다. 화랑 효종(효종랑)은 기록상 제46대 문성왕의 후손이었고, 박경휘와 마찬가지로 헌강왕의 사위였다. 훗날 효종랑의 아들이 경순왕으로 즉위하기도 한다.

결국 국인들의 추대가 신덕왕의 즉위에 결정적인 역할을 한 셈이다. 수백 년을 이어진 나라에서 왕실의 성씨가 바뀌었다. 그만큼 왕권이 약해졌다고 해석할 수밖에 없다. 그러나 신덕왕은 왕권에 위협이 될 수도 있는 사람을 제거하는 보복정치를 하지 않았던 것 같다. 그럴 필요도 없을 만큼 국인들의 지지가 굳건했다고 볼 수 있다. 그는 아들에게 무사히 왕위를 물려주었는데 이 역시 국인들의 지지가 단단했기에 가능한 일이었다.

견훤은 건국 후 3개 방면으로 영역을 확대하고자 시도했다. 첫 번째 방향은 신라였다. 대야성을 공략하고, 신라 서라벌로 진군하고자 했다. 본래 상주가 고향이었던 만큼 그 방향으로 뻗어가려는 조치는 당연한 일이었을 것이다. 또 다른 방향은 서남 해안이었다. 자신이 근무했던 곳이고, 강력한 해상 세력이 있었던 곳이다. 그곳을 차지하여 해상로를 확보하고자 한 것이다. 하지만 왕건이 먼저 나주 일대를 차지하여 큰 차질을 빚고 말았다. 마지막으로 충청도 방향이었다. 백제를 표방했으니 백제의 원래 중심지인 충청도를 차지하고자 한 것이다. 하지만 이런 정책은 신라와 궁예(왕건)를 동시에 적으로 삼아버려 전선이 넓어지는 결과를 초래하고 말았다. 결국 견훤의 정책은 후백제의 국력을 갉아먹게 하였다.

궁예의 몰락

궁예는 자신을 신격화하며 진표의 미륵사상에서 이탈했다.
승려들을 탄압하고 사이비종교의 교주처럼 된 것이다.
왕권 강화를 꾀하며 진표의 사상에서 벗어난 것은 견훤도 마찬가지였다.
진표의 미륵사상이 전제왕권과는 거리가 멀다는 점이 이유였을 것이다.

궁예의 폭정

913년(신덕왕 2년) 궁예는 왕건을 나주에서 불러들였다. 왕건은 궁예로부터 시중 벼슬을 받았다. 왕건은 이때 백관의 우두머리가 되었다. 37세의 나이에 한 왕국의 최고 관직에 도달한 것이다. 한편 궁예는 미륵불이라 자칭했다. 미륵불은 난세의 구세주다. 궁예는 머리에 금색 두건을 쓰고, 몸에 승려처럼 가사袈裟를 걸쳤다. 장남은 청광보살, 차남은 신광보살이라 불렀다. 외출할 때는 비단으로 갈기와 말꼬리를 장식한 백마를 탔다. 소년과 소녀를 앞세워 깃발과 일산, 향꽃을 들고 가게 했다. 그리고 승려 200여 명을 뒤에 두어 불교 노래인 범패梵唄를 부르게 했다. 불교에 의탁해 왕실을 신성시하는 의례는 신라 법흥왕, 진흥왕 때도 했던 일이다. 궁예의 이런 조치는 이상하지 않다. 고대라는 시대에 보편적으로 확인 가능한 현상이다. 문제는 이런 신성화 작업만 했다는 것이 아니라는 점이다.

궁예는 경전도 직접 썼는데, 이상한 말장난에 불과한 책이었다.

하지만 스스로가 진실로 기특했는지, 그 경전으로 강연에 나섰다. 승려 석총釋聰은 이를 듣고 비난했다.

모두 사악한 설이고 괴담이라 교훈으로 삼을 수 없는 이야기다.

궁예는 그 말을 듣고 노하였다. 석총을 끌고 오게 한 뒤 직접 철퇴를 내리쳐 격살했다. 이뿐만 아니었다. 궁예는 걸핏하면 신하들에게 반역을 꾀했다는 누명을 씌워 처형했다. 하루에 100여 명을 죽인 날도 있었다. 신하들만 죽인 것도 아니었다.

나는 미륵관심법(彌勒觀心法)을 체득하여 부녀자들이 몰래 간통한 것을 알아낼 수 있다. 내 관심법에 걸리면 엄벌할 것이다.

궁예는 쇠로 3척짜리(약 1미터) 절굿공이를 만들어 들고 다녔다. 죽이고 싶은 사람이 있으면 철로 제작한 흉기를 불에 달군 후 급소에 찔러 죽였다. 궁예를 따르는 사람은 모두 공포에 질렸다. 이런 와중에 왕건은 간신 아지태가 참소한 사건을 맡아 진위를 가려냈다. 아지태가 타인을 모함한 죄를 결국 자백하자 모두가 통쾌하게 여겼다. 이를 계기로 수많은 이가 왕건을 따르게 되었다. 왕건은 그로 인해 궁예의 비위를 거스를까 염려했다.

914년(신덕왕 3년) 견훤이 다시 나주를 노리자 궁예는 왕건에게 수군을 지휘하게 했다. 왕건이 전선 70여 척에 병사 2,000명을 데리고 나주에 도착하자 견훤의 후백제군은 철수했다. 해적들도 조용해졌다. 이번에는 나주에 마냥 진주할 수 없었다. 왕건이 돌아와 전과를 보고하자 궁예는 왕건을 크게 칭찬했다. 그런데도 왕건 역시 궁예의 관심법에서 빠져나갈 수 없었다. 어느 날 급히 찾는다는 말씀에 왕궁으로 들어갔더니, 궁예가 분개한 눈으로 왕건을 바라보며 일갈했다.

경은 어젯밤 사람들을 모아 반역을 꾀했다. 어찌된 일이냐?

왕건은 얼굴색 하나 변하지 않고 웃으며 대답했다.

어찌 그런 일이 있겠습니까?

궁예가 부르르 몸을 떨었다.

경이 나를 속이려 하는가? 나는 관심법을 할 수 있으니 곧 모든 것을 알아낼 수 있다. 내가 입정(入定, 고요히 생각에 잠기는 것)하여 살핀 후 반역에 관한 것들을 밝히리라!

궁예는 뒷짐을 지고 하늘을 우러러보았다. 이때 입시했던 신하 최응崔凝이 붓을 떨어뜨리더니 왕건 옆으로 다가왔다. 최응은 태어나기 전부터 궁예에게 목숨을 위협받았던 사람이었다. 최응을 가졌을 때, 그 집에 있던 오이 덩굴에서 참외가 열리는 이변이 있었다. 궁예는 점을 쳐본 뒤에 남자 아기가 태어나면 나라에 불리하니 키우지 말라고 명했다. 최응의 부모는 최응을 숨겨서 키웠다. 다만 최응이 무척 총명하고 학문이 뛰어나 출사한 후에는 궁예의 마음에 쏙 들어 신하가 되어 살아남을 수 있었다. 최응이 붓을 주우면서 왕건에게 조용히 속삭였다.

복종하지 않으면 위험합니다.

왕건이 그 말에 바로 깨달았다. 왕건은 즉시 궁예에게 거짓으로 고했다.

소신이 참으로 반역을 꾀하였는데 바로 알아차리셨습니다. 소신은 죽어 마땅합니다.

궁예는 자기 말이 맞았다고 말하며 크게 기뻐했다.

경은 정직한 사람이군. 다시는 나를 속이지 말라.

궁예는 왕건에게 금은으로 장식한 말 안장과 고삐를 내주었다. 왕건은 다시 병선 100여 척을 건조한 뒤에 3,000명의 병력과 함께 나주로 떠났다. 이 해에 궁예는 연호를 정개政開로 바꾸었다. 궁예의 마지막 연호였다. 궁예의 포악한 행위를 말릴 사람이 없었다. 궁예의 왕비 강씨康氏만큼은 정색하면서 간쟁했다. 궁예는 왕비의 직언이 듣기 싫어 그녀를 미워했다. 그러다가 급기야 모함까지 하였다.

궁예   너는 다른 사람과 간통했다. 어찌된 일인가?

왕비 강씨   어찌 그런 일이 있겠습니까?

궁예   거짓말하지 말라. 내가 신통력으로 다 보았느니라.

  결국 불에 달군 절굿공이로 왕비와 두 아들까지 모두 죽이고 말았다. 915년(신덕왕 4년)에 벌어진 이 일로 민심이 궁예를 떠났다. 후백제와 신라가 다투고 있는 동안 태봉은 안에서 무너지고 있었다.

  견훤은 오월국에 사신을 보내는 등 중국에 있던 국가와 연계하고자 노력했으나 궁예는 중국 외교에 큰 관심이 없었다는 듯이 거란에 사신을 보냈다. 915년 6월, 918년 2월과 3월에 각각 거란으로 사신을 보내 화친을 청했다. 발해 문제에는 더욱 관심이 없었던 것으로 보인다. 그보다는 고구려의 후계자를 자처한다는 점에서 발해를 무시하고 싶었던 것인지도 모른다.

  916년(신덕왕 5년) 견훤은 대야성을 다시 공격했으나 이번에도 함락시키지 못했다. 그야말로 신라의 마지막 보루가 대야성인 상황이었다. 이런 상황에서 917년, 신라 신덕왕이 승하했다. 왕위는 태자에게 이어졌다. 신라의 새로운 군주 경명왕景明王은 동생 위응魏膺을 상대등으로 삼았다. 즉위하고 1년도 채 지나지 않은 918년 2월, 신라에 반란이 있었다. 반역자는 바로 사형됐으나 신라 내부는 뒤숭숭하기만 했다. 본래 신덕왕은 국인들의 단단한 지지를 받으며 즉위했으나 그가 즉위 6년만에 승하하고 태자가 왕위를 계승하자 귀족층에서 불만이 생겨났다고 볼 수 있다.

왕창근의 거울과 고려의 건국

당나라 상인 왕창근王昌瑾이라는 사람이 철원의 시장에서 살았다. 918년 4월, 왕창근은 시장에서 한 사람을 보았다. 그 사람은 크고 건장한 체격의 남자로, 그의 귀밑털과 머리카락은 하얀색이었다. 옛날 의복과 관을 착용했는데, 왼손에는 자기로 만든 사발을 들고 오른손에는 오래된 거울을 들고 있었다. 그 남자가 왕창근에게 말을 걸었다.

내 거울을 사시겠소?

왕창근은 쌀을 주고 거울을 샀다. 남자는 쌀을 주위 거지들에게 나눠주고는 홀연히 사라졌다. 왕창근은 거울을 방에 걸어두었는데, 아침이 되어 햇빛을 받자 거울 안에 가느다랗게 쓰인 글자가 보였다. 내용이 이러했다.

삼수(三水) 가운데 사유(四維) 아래로 옥황상제가 아들을 진마(辰馬)에 내려보내어 먼저 닭을 잡고 뒤에 오리를 치리니, 이것은 운수가 차서 삼갑(三甲)을 하나로 하는 것을 이르니라. 어둠 속에서 하늘에 올라 밝음 속에서 땅을 다스리니, 자년(子年)을 만나면 대사(大事)가 중흥할 것이며, 자취와 이름이 혼돈(混沌)되니 혼돈 속에서 누가 진(眞)과 성(聖)을 알리오? 법뢰(法雷)를 떨치고 신전(神電)을 휘두르며 사년(巳年) 중에 두 마리 용이 나타나서 하나는 청목(靑木) 속에 몸을 감추고, 다른 하나는 흑금(黑金)

동쪽에 모습을 드러낼 것이다. 지혜로운 자는 보고 어리석은 자는 보지 못하니, 구름을 일으키고 비를 뿌리며 사람들과 더불어 가서 때로는 번성함을 드러내고 때로는 쇠퇴함을 보이기도 하나 성쇠(盛衰)는 악한 찌꺼기를 없애기 위함이라. 그중 한 마리 용은 아들이 서너 명인데 대를 번갈아 육갑자(六甲子)를 서로 이을 것이다. 이 사유(四維)는 반드시 축년(丑年)에 멸망하고 바다를 건너서 항복함은 모름지기 유년(酉年)을 기다린다. 이 글을 만약 현명한 왕이 보게 되면 나라와 백성이 크게 평안하고 왕업은 길이 창성할 것이다. 내가 적은 것은 무릇 147자이다.

왕창근은 거울이 보통 물건이 아니라는 것을 알고 궁예에게 바쳤다. 궁예는 거울을 판 남자를 찾아오라고 했는데, 왕창근이 한 달 동안 애를 썼음에도 그 남자를 찾을 수 없었다. 그러다 발삽사(勃颯寺)라는 절에 들렀을 때 치성광여래상(熾盛光如來像) 앞에 있는 전성(塡星, 토성)의 옛 상을 보았다. 그 모습이 바로 거울을 판 남자와 똑같았다. 심지어 양손에 자기로 된 사발과 오래된 거울도 들고 있었다. 왕창근이 이 사실을 궁예에게 고하자 궁예는 기이하게 여기며 신하들에게 거울의 문구를 해독하라 명했다. 그런데 신하들이 해독하긴 했으나 궁예에게 고할 수가 없었다.

거울에 적힌 내용을 보자. 먼저 사유(四維)는 신라를 가리킨다. 신라의 라(羅)를 사(四)와 유(維)로 파자한 것이다. 진마(辰馬)는 진한과 마한을 가리킨다. "먼저 닭을 잡고 뒤에 오리를 치리니"라는 구절은 계림(鷄林), 즉 신라를 먼저 멸망시키고 압록강(오리 압鴨)까지 나라를 넓힌다는 뜻이다. 청목靑木은 송松을 뜻하니 송악을 가리키고, 흑금黑金은 철鐵을 뜻하니 철원을 가리킨다. "한 마리 용"은 용왕의 후예인 왕건을 가리키는 것인데, 대를 이어 서로 이을 것이라 했으니 곧 왕건이 왕이 된다는 이야기였다. 언제나 의심과 시기가 가득한 궁예에게 어떻게 이런 이야기를 할 수 있겠는가? 신하들은 대충 둘러대는 이야기로 궁예를 속였다. 공포정치가 당장은 만사를 조용하게 처리하는 것처럼 보일 순 있으나 결국은 모든 정보가 감춰져 진상을 파악할 수 없게 된다는 사실을 궁예를 보면 알 수 있다.

아무튼 저런 예언이 적힌 거울이 실재했을 리는 만무하다. 이는 왕건 측에서 꾸며낸 이야기일 것이다. 혹은 실제로 거울을 만들어 민심을 얻고자 했을 수도 있다. 다만 앞날을 예견하는 도참문圖讖文이 등장했다는 것은 때가 무르익었다는 신호라 할 수 있다. 918년 6월 14일, 홍유洪儒, 신숭겸申崇謙, 복지겸卜智謙, 배현경裵玄慶 네 장군이 왕건의 집에 찾아갔다.

> 지금 임금께서 부당한 형벌을 자기 마음대로 집행하여 처자를 살육하고 신료들을 죽이고 있습니다. 백성들은 도탄에 빠졌고 그 누구도 안심하고 살지 못합니다. 예로부터 어리석은 임금을 폐하고 지혜가 밝은 임금을 세우는 것이 천하의 큰 의리입니다. 청컨대 공께서 탕왕(湯王)과 무왕(武王)의 일을 행해주십시오.

고대 상나라(은나라)의 탕왕은 하나라의 폭군 걸왕桀王을 몰아내 상나라를 세웠고, 주나라의 무왕은 상나라의 폭군 주왕紂王을 몰아내며 주나라를 세웠다. 즉 네 명의 장군은 왕건에게 새로운 나라를 만들 것을 종용한 것이다. 하지만 왕건은 그 요청을 거부했다.

왕건 나는 지금껏 충직하다고 자부해 왔다. 임금께서 비록 포악하고 난폭하다고 해도 나는 결코 두 마음을 갖지 않을 것이다. 신하가 임금을 바꾸는 것을 혁명이라 하는데, 나는 덕이 없는 사람이라 탕왕과 무왕을 본받을 수 없다.

장군들 좋은 때는 두 번 오지 않으니 만나기는 어렵고 잃기는 쉽습니다. 하늘이 내려주는 것을 받지 않는다면 도리어 재앙이 될 것입니다. 지금 정치가 어지럽고 나라는 위태로우며 백성들은 군주 보기를 원수처럼 합니다. 오늘날 공보다 덕망이 높은 사람은 없습니다. 더구나 왕창근이 얻은 거울에서 공을 말하는데 어찌 가만있다가 포악한 군주의 손에 죽임을 당하겠습니까?

이때였다. 왕건의 부인 유씨(훗날 신혜왕후)가 갑옷을 들고서 왕건에게 말했다.

> 예로부터 어진 것으로 어질지 않은 것을 쳐냈습니다. 지금 여러 장군의 말을 들으니, 저도 분기가 치솟는데 하물며 대장부는 어떻겠습니까? 지금 뭇사람의 마음이 변하였으니 천명이 온 것입니다.

이에 장군들이 왕건을 호위하며 대문을 나섰다.

왕 공께서 벌써 의로운 깃발을 들었노라!

수하들이 이렇게 외치자 순식간에 사람들이 모였다. 궁 앞에 도달하자 1만여 명의 군중이 모여 북을 치고 함성을 지르고 있었다. 궁예는 어찌할 바를 모르고 있다가 평복으로 갈아입고 숲을 통해 달아났다. 이틀간 숨어 다녔으나 기력이 다해 인근 밭에서 보리 이삭을 몰래 먹다가 들키고 말았다. 궁예는 농민에게 붙잡혀 살해되었다.

왕건이 즉위하여 나라 이름을 고려라 하고, 연호를 천수天授라 정했다. 고려의 태조가 된 것이다. 처음 궁예가 칭했던 국명으로 돌아간 것이다. 왕건 역시 북방의 호족으로서 고구려를 의식하고 살았다는 점을 알 수 있다. 왕창근의 거울에 압록강이 거론되었듯이 왕건은 북방으로 영토를 개척할 의지도 있었다.

> 견훤은 마한이 박혁거세의 신라보다 먼저 나온 삼국의 시초이고 진한과 변한은 뒤에 나왔다고 주장했다. 또한 백제는 금마산에서 개국했다고 말했다. 그는 마한이 백제의 전신이라고 본 것인데, 이런 인식은 당대에 일반적이었다. 그런데 신라 말기에 이르면 마한과 고구려를 연결하는 사람들이 등장한다. 대표적인 인물이 최치원이다. 그는 마한이 고구려, 변한은 백제, 진한은 신라의 전신이라 주장했다. 이러한 주장은 고조선의 준왕이 마한의 왕이 되었다는 사실에서 기인한 것으로 보인다. 고구려는 고조선의 땅을 차지했는데, 고조선의 준왕은 마한의 왕이 되었다는 것 때문에 마한과 고구려를 연결한 것 같다. 《삼국유사》에서는 고구려에 마읍산(馬邑山)이 있다는 점을 들어 마한과 고구려를 연결하기도 했다. 반면에 견훤은 마한과 금마산을 연결하고 백제를 끌어들여 고조선으로부터의 정통성을 주장한 셈이다.

자웅을 겨루는 왕건과 견훤

한반도가 후삼국시대일 때는 중국도 분열기였다. 후백제나 고려는 남중국에 있었던 오월국과 친교를 맺었다. 견훤은 건국하자마자 오월국에 사신을 보냈다. 견훤은 북중국의 후당이나 거란과도 교섭하고자 했으나 고려의 해역을 지나가기가 쉽지 않았다. 견훤은 일본에도 사신을 보냈다. 고려는 북방의 후당과 거란에도 사신을 자주 보냈다. 거란과는 오히려 통일 후에 사이가 나빠졌다.

이어지는 반란

왕건은 무고하게 목숨을 잃거나 투옥된 사람들을 위무하여 민심을 다잡고자 했다. 하지만 모두가 왕건을 좋아했던 것은 아니었다. 바로 모반이 벌어졌다. 마군장군馬軍將軍 환선길桓宣吉이 반역했다가 처형되었다. 환선길은 본래 왕건을 추대한 세력에 속했다. 그러나 왕건이 왕이 된다면 자기도 왕이 될 수 있다고 생각했다. 이런 생각을 부추긴 사람은 바로 그의 아내였다.

> 당신은 재주와 용력이 남보다 뛰어나고, 당신의 사졸은 복종하며, 또 큰 공도 세우지 않았습니까. 그런데도 권력은 다른 사람에게 있으니 한탄스럽지 않습니까?

이 말에 환선길은 자기 심복 50여 명을 데리고 궁궐에 침입했다. 하지만 왕건은 이미 환선길에 관한 경고를 받은 적이 있었다. 환선길의 행동이 이상하자 복지겸이 이를 왕건에게 알렸다. 하지만 왕건은 궁예와는 달리 그것만으로 행동을 취하지 않았다. 환선길이 왕건을 해치고자 달려들었을 때 왕건은 꼼짝하지 않고 지팡이를 짚은 채 고함을 내질렀다.

> 짐이 비록 너희들의 힘으로 왕이 되었지만, 이는 천명에 따른 것이다. 천명이 이미 정해졌는데 네가 감히 어쩔 작정이냐!

환선길은 왕건이 혼자 있으면서도 당황하지 않는 광경을 보고, 복병이 있을 것이라 짐작해 지레 겁을 먹고 도망쳤다. 왕건의 호위병들이 이들을 추격하여 모두 잡아 죽였다.

웅주를 지키고 있던 이흔암伊昕巖도 반란을 꾀했다. 이흔암은 궁술과 기마술이 뛰어났으나 다른 재주와 식견은 없고, 그저 이익이 있는 일을 빨리 챙기는 속물이라고 알려져 있다. 그러나 쫓겨난 궁예에게 충성을 다하고 왕건에 대항한 행적을 보면 그저 이익만 챙기는 인물은 아니었을 것이다. 이흔암은 궁예 말년에 웅주(공주)를 쳐서 빼앗은 뒤 그곳을 지키고 있었다. 웅주는 904년 공주장군 홍기가 궁예에게 항복해 확보한 영토지만 견훤이 다시 공격해서 되찾았던 듯하다. 이후에도 웅주를 놓고 일진일퇴가 벌어진다. 왕건이 궁예를 내쫓고 왕위에 앉았다는 소식을 들은 이흔암은 왕건을 처단하고자 근거지인 웅주를 떠나 철원으로 왔다. 하지만 궁예는 이미 인심을 잃었고, 부하들은 이흔암을 따르지 않았다. 이흔암이 임지를 버리자 웅주는 후백제에 빼앗겼다. 그로 인해 이흔암의 반역을 의심하는 상소가 올라왔으나 왕건은 이흔암도 전우라는 이유를 제시하며 명백한 증거 없이 처형할 수 없다고 답했다. 대신 그를 감시할 사람을 보냈다. 이흔암의 아내 환씨桓氏는 변소에서 혼잣말을 했는데 이를 들은 감시인이 돌아와 왕건에게 보고했다. 환씨는 소변을 보면서 탄식조로 말했다고 한다.

남편 일이 제대로 잘되지 않으면 나도 화를 입겠구나.

왕건은 이에 이흔암을 투옥하고 조사를 명했다. 이흔암이 모든 것을 자백하자 왕건도 더는 어쩔 수 없었다. 결국 이흔암을 참수형에 처했다. 이흔암은 자신의 행동을 변명하지 않고 그저 눈물만 흘릴 뿐이었다.

한편 청주 쪽 사람들은 궁예가 데려온 이들이라 궁예의 세력이라 할 수 있다. 이 청주인들도 반란을 일으켰다. 이번에도 복지겸이 그들의 역심을 알아채 왕건에게 고했고, 이들을 잡아들이자 음모를 자백했다. 청주 쪽 세력의 반란은 한 번에 그치지 않았다. 이후에도 청주 쪽에서 반란이 있었고 왕건은 신속하게 진압했다.

부하를 나주로 보내고자 했을 때 이를 거부하는 경우도 있었다. 왕건은 부하의 태도를 불쾌하게 여겼다. 자신이 궁예와 달리 얕잡아 보여서 생기는 일이라 생각한 것이다. 왕건이 화를 내자 그제야 일이 돌아가기 시작했다.

신라의 보호자를 자처한 고려

견훤은 왕건의 개국을 축하하는 사절을 보냈다. 선물로 공작새 깃털로 만든 부채와 지리산 대나무로 만든 화살을 보냈다. 왕건도 견훤의 사절을 후대하였다. 고려와 후백제는 이흔암의 일로 공백지대가 된 웅주를 놓고 다투던 상황이었지만 외교 사절만큼은 서로 후대하였다. 이때 뜻밖의 일이 생겼다. 상주를 기반으로 활동하던 견훤의 아버지 '아자개'가 왕건에게 투항한 것이다. 상주 지방은 왕건이 궁예 밑에 있을 때 고려 영역으로 확보한 지역인데, 아자개는 자신의 근거지를 바탕으로 약탈을 계속했던 것 같다.

왕건은 크게 기뻐하며 문무백관을 도열해 투항한 아자개를 맞아들였다. 당시 후백제에 도대체 어떤 일이 있었기에 왕의 아버지가 다른 나라에 투항하는 일이 벌어졌던 것일까? 사료가 부족하여 자세한 사정은 알 수 없다. 아무튼 이 사건으로 견훤은 큰 충격을 받았을 것이고, 견훤이 확보한 신라 북부의 세력도 잃어버리고 말았다. 와중에 왕건은 폐허가 된 평양까지 개척했다. 평양을 대도호로 삼고, 민호를 이주시켜 부흥하는 정책을 펼쳤다. 평양을 담당할 사람으로는 사촌인 왕식렴王式廉을 뽑았다.

왕건은 11월에 팔관회를 열어 백성들과 축제를 즐겼고, 이후 매년 팔관회를 열었다. 다음 해인 919년(신라 경명왕 3년) 1월 왕건은 자신의 본거지인 송악으로 수도를 옮겨 개경開京이라 불렀다. 8월에는 반란이 끊이지 않는 청주를 방문해 백성들을 위무했다. 그해 10월 평양에 새 성을 쌓았다.

920년(경명왕 4년) 정월, 왕건은 신라에 사신을 보냈다. 경명왕은 즉위 초기에 반란을 겪기도 했으므로 외부의 지원이 필요했던 상황이었다. 고려가 화친하고자 하면 반대할 이유가 없었다. 현실적으로 고려와 적대할 군사력도 없었던 상황이었다. 더구나 지역 지배자들이 독자적인 세력이 된 지가 오래인데, 이들이 계속 왕건에 투항하는 상황이기도 하였다. 그달에 강주康州의 장군 윤웅閏雄이 왕건에게 투항했다. 강주는 오늘날 경남의 진주다. 이렇게 되면 신라의 강토는 왕건의 영토에 둘러싸인 형국이 되어버렸다.

신라가 위기를 맞이하자 괴담이 늘어났다. 호국사찰인 사천왕사 四天王寺의 벽화 속 개가 실제로 짖었고 현실로 뛰쳐나온 후 벽화 속으로 돌아갔다고 한다. 사천왕사 오방신의 활줄이 끊어졌다고 한다.

경주 사천왕사지 | 국가유산청

사천왕사는 674년(문무왕 14년) 나당전쟁 당시 전쟁에서 승리하기 위해 부처의 힘을 빌리고자 세운 사찰로, 679년에 완공되었다. 신라 신문왕릉과 선덕여왕릉 인근에 세워졌으나 현재는 소실되어 유적지로만 남아 있다.

황룡사 탑의 그림자가 남의 집 뜰에 한 달 동안 거꾸로 서 있었다고 한다. 온갖 괴담이 나돈 것이다.

견훤은 신라가 고려에 둘러싸인 형세를 용인할 수 없었다. 견훤은 그해 9월 왕건에게 사신을 보내 선물을 바치고 10월에는 대야성 공격에 총력을 기울였다. 세 번째 대야성 공략이었는데, 1만 대군을 파견한 끝에 함락에 성공했다. 다급해진 신라는 왕건에게 구원을 요청했다. 왕건은 즉시 군사를 보내 신라를 방어했다. 견훤은 고려군이 진을 치자 더는 진군하지 않고 물러났다. 하지만 왕건의 반격에 깊은 원한을 품게 되었다.

921년(경명왕 5년) 흑수족 추장 고자라高子羅가 107명과 함께 고려에 투항했다. 발해는 이때 마지막 왕인 대인선 집권기로, 흑수말갈에 대한 통제력을 상실한 상태였다. 또한 달고적達姑狄이라는 말갈족의 일파가 신라를 약탈하러고 시도하자 중간에서 고려 장군 견권堅權이 막아 전멸시켰다. 이 소식을 들은 경명왕이 사신을 보내 사례를 했다. 즉 고려는 계속 신라의 방파제 역할을 자처했다. 말갈족이 신라를 약탈하려 했던 이유는 그들의 사정이 녹록하지 못했기 때문이었다. 그들은 연이어 고려에 투항하면서도 약탈로 생계를 잇고자 했다. 더불어 12월에는 후백제 사람이 고려에 투항하기도 하였다.

결국 신라는 고려를 보호자로 잘 모셔야 하는 처지에 놓이고 말았다. 이 시기 신라의 처지를 알려주는 일화가 하나 있다. 고려에 사신으로 갔던 김율金律이 경명왕에게 말했다.

고려의 왕이 소신에게 "신라에 삼보(三寶)가 있다는데 장육존상,

구층탑, 성제대(聖帝帶)가 그것이라 들었소. 장육존상과 구층탑이 있는 것은 아는데, 성제대는 지금도 잘 있는가?"라고 물었습니다. 소신은 성제대가 뭔지 잘 몰라 답하지 못했습니다. 그러자 고려의 왕은 "그대는 귀한 신하가 되어서도 어찌 나라의 큰 보물을 알지 못하는가?"라고 말했습니다.

경명왕도 성제대가 뭔지 몰랐다. 신하들도 마찬가지였다. 다행히 황룡사의 90세 넘은 승려가 성제대의 정체를 알고 있었다.

소승이 일찍이 들은 바 있는데 성제대는 진평왕께서 착용하시던 것으로, 남고(南庫)에 보관하고 있다고 합니다.

이리하여 제사를 올리고 남고를 뒤져 간신히 성제대를 찾을 수 있었다. 금을 상감象嵌하고 옥을 넣은 네모진 허리띠였는데, 길이가 10위圍이고 대구帶鉤가 62개였다. 위는 한 뼘의 길이를 가리킨다. 《삼국지연의》에 나오는 전위의 허리도 10위였다고 한다. 대략 1미터 이상이었을 것이다. 대구는 허리띠 따위를 죄어 고정하는 장치가 되어 있는 장식물을 뜻한다. 성제대의 길이가 워낙 길어서 보통 사람은 맬 수 없는 수준의 허리띠였다.

922년(경명왕 6년) 정월에 하지성下枝城의 장군 원봉元逢과 명주장군溟州將軍 김순식金順式, 진보성眞寶城의 장군 김홍술金洪述이 왕건에게 귀부했다. 하지성은 오늘날 경북 안동이고, 진보성은 경북 의성이다. 왕건은 하지성을 순주順州로 승격하고 원봉에게 지키게 했으며, 김순식에게는 왕씨 성을 하사했다. 김홍술은 왕건의 심복으로 활약했다. 경명왕은 휘하 장군들이 속속 왕건에게 귀부하는데도 왕건이 신라를 지켜주는 상황이라 제대로 항의할 수 없었다. 신라 장군들의 투항은 계속됐다. 923년(경명왕 7년) 8월 벽진군碧珍郡의 장군 양문良文, 명지성命旨城의 장군 성달城達이 투항했다. 벽진군은 오늘날 경북 성주, 명지성은 지금의 경기도 포천이다.

조물성 전투와 강주 공략

924년 7월 견훤은 대야성에서 군사를 출동시켜 조물성曹物城을 공격했다. 학자들은 조물성의 위치를 두고 여러 의견을 제시하는데 현재는 구미, 김천, 안동, 의성 등 대야성과 서라벌 사이에 있었을 것으로 추정한다. 후백제군을 이끈 장군은 견훤의 아들 수미강須彌康이었다. 수미강이라는 이름은 여기서만 보이는데, 견훤의 첫째 아들 신검神劍의 다른 이름이라 보는 의견이 있다. 당시 조물성은 왕건이 지배하던 성으로, 무력한 신라군과는 다르게 대응했다. 조물성의 병사들이 굳건히 수비하자 수미강은 소득도 없이 돌아가야 했다. 견훤은 고려군과 충돌했기 때문에 다음 달 절영도의 청총마靑驄馬를 왕건에게 보내 악의가 없었음을 표시했다.

왕건과 궁예가 겨루는 동안 신라의 경명왕이 승하했다. 후사가 없었던 탓인지 왕위는 친동생인 경애왕景哀王에게 넘어갔다. 경애왕은 즉위하자 바로 고려에 사신을 보내 왕위 승계를 알렸다. 이후 신라는 거의 매년 고려에 사신을 보냈다. 이것만 봐도 신라가 고려에 얼마나 의존했는지 알 수 있다. 이런 와중에 신라 장군들은 계속 이탈하였다. 925년(경애왕 2년) 10월 고울부高鬱府의 장군 능문能文이 왕건에게 투항했다. 고울부는 오늘날 경상도 영천이다. 그런데 왕건은 신라를 배려해 능문의 투항을 받아주지 않았다. 고울부 땅이 신라 수도 서라벌과 너무 가까운 나머지 신라가 불편하게 느낄 수 있었기 때문이다.

그달에 견훤이 직접 3,000명의 군사를 이끌고 다시 조물성을 공격했다. 왕건도 직접 군사를 대동해 견훤과 맞섰다. 승부는 쉽지 않았다. 왕건은 군을 세 부대로 나누었는데, 상군과 중군은 패하고 하군만 이겼다. 하군을 맡은 박수경朴守卿은 지략이 뛰어난 장수였다. 하지만 견훤의 정예병은 전투력이 남달라 물리치기 어려웠다. 왕건이 고전하는 동안 유금필庾黔弼이 원군을 끌고 와 왕건군에 합류했다.

유금필은 평주 사람으로, 일찍부터 왕건을 주군으로 모셨다. 발해가 몰락하며 북방이 소란스러워지니 여진족이 종종 침입했는데, 왕건은 유금필을 파견해 방비를 맡겼다. 유금필은 3,000명의 군사를 거느리고 북방으로 가서 여진족 추장 300여 명을 불러 크게 잔치를 열었다. 다들 거나하게 술에 취하자 유금필은 그들 전원을 사로잡았다. 추장들을 사로잡았다는 사실을 여진 부락에 통보하자 다들 항복했고, 사로잡혔던 고려 백성도 돌려보냈다. 유금필이 북방을 일거에 안정시키자 왕건은 그를 크게 치하했다. 이처럼 유금필은 담력이 보통 사람과는 다른 용맹한 장군이었다.

왕건이 조물성에서 견훤과 대치했을 때, 유금필은 충청도 일대를 공략하고 있었다. 지금의 충남 논산 땅인 연산진燕山鎭을 공격해 후백제 장군 길환吉奐을 죽였다. 이어서 지금의 충남 예산 땅인 임존성任

存城을 공격해 3,000여 명을 사상했다. 유금필은 왕건이 위태롭다는 사실을 알자마자 원군을 이끌고 조물성으로 달려갔다. 왕건의 맹장 유금필이 원군을 거느리고 오자 견훤도 쉽게 개전할 수 없게 되었다. 전선은 교착되었고, 결국 고려와 후백제는 서로 화친을 청하였다. 왕건은 사촌동생 왕신王信을 인질로 보냈고 견훤은 사위인 진호眞虎를 인질로 보냈다. 기록에 따르면 진호는 견훤의 조카라 하기도 하고 처남이라 하기도 한다. 여담으로 견훤은 왕건보다 열 살이 많아 왕건 앞에서 자신을 상보尙父라 일컬었다. 아버지와 같이 존경하여 받들어 모시거나 그런 높임을 받는 사람이라는 뜻의 단어다.

경애왕은 왕건이 견훤과 화친했다는 소식에 놀라 사신을 보냈다. 견훤은 속임수가 많고 변덕이 심하니 화친해서는 안 된다는 내용을 전했다. 왕건도 그리 생각했지만 당장 화친을 무를 수는 없었다. 견훤은 고려와 화친했기 때문에 안심하고 신라를 공격했다. 그해 12월 후백제군은 거창 등 20여 성을 공격해서 차지했다.

925년부터는 발해에서 고려로 투항하는 사람들이 나타났다. 발해의 상황이 심각해졌기 때문이다. 탐라(제주도)에서도 고려에 공물을 바쳤다. 탐라에서 가장 가까운 육지인 나주 일대를 고려가 차지하고 있었기 때문이다. 그러다 926년(경애왕 3년) 4월 후백제의 인질인 진호가 급사하였다. 견훤은 고려에서 일부러 진호를 죽였다고 간주해 분노를 표했다. 곧바로 고려의 인질 왕신을 투옥한 뒤 얼마 안 가 죽여버렸다. 견훤은 이에 그치지 않고 웅진으로 군사를 보냈다. 왕건은 성을 닫고 굳건히 지켰다. 경애왕은 왕건이 싸우지 않으려 하는지 걱정이 되어 사신을 보냈다.

> 견훤이 맹약을 깨고 군사를 일으켰으니, 하늘이 돕지 않을 것입니다. 대왕께서 진격의 북을 울려 위세를 떨치면 견훤은 패배할 것입니다.

왕건은 이렇게 대답했다.

> 견훤을 두려워해서 이러는 것이 아닙니다. 견훤의 악행이 넘쳐나 스스로 무너지기를 기다릴 뿐입니다.

견훤은 "절영의 명마가 이르면 백제가 망하리라."라는 내용의 도참문을 본 적이 있어 왕건에게 청총마를 보낸 일을 후회하고 있었다. 이에 그 말을 돌려달라고 했고 왕건은 웃으며 말을 돌려보냈다.

927년(경애왕 4년) 정월에 왕건은 후백제 토벌군을 이끌었다. 왕건이 공격한 곳은 후백제의 용주로, 오늘날 경북 예천군의 용궁면이다. 경애왕도 군사를 내어 고려를 도왔다. 왕건은 3월에 근암성近巖城을 공파했다. 근암성은 오늘날 경북 문경시의 산양면으로, '근품성近品城'이라 부르기도 했었다. 이렇듯 왕건은 소백산맥 안쪽에 있는 후백제의 영역을 하나씩 깨부수고 있었다. 이는 신라의 안전을 위해서라도 중요한 문제였다. 견훤은 왕건의 분노를 조금이라도 풀고자 왕신의 시신을 돌려보냈다. 하지만 왕건은 공세를 멈추지 않았다. 그해 4월 왕건은 수군을 보내 강주, 웅주를 연이어 공격했다. 8월에는 강주의 여러 성이 왕건에게 항복했다.

920년 강주의 호족 윤웅이 왕건에 투항한 바 있었다. 하지만 견훤의 공세가 시작되면서 윤웅은 왕건에게서 이탈한 듯하다. 924년에는 강주의 또 다른 호족 왕봉규王逢規가 후당에 사신을 파견했다. 중국에 사신을 보냈다는 사실을 보면 독자적인 세력임을 알 수 있다. 이때 왕봉규는 천주절도사泉州節度使라는 직함을 사용했는데, 천주는 오늘날 경북 의령의 지명으로 보고 있다. 즉 왕건이 강주 땅을 복속했다면 이런 일은 있을 수 없고, 당시에는 왕건에게서 이탈한 상황이라 볼 수 있다.

후당의 명종明宗은 927년 왕봉규를 회화대장군懷化大將軍으로 임명했고, 왕봉규는 이에 사신으로 임언林偃을 보내 조공을 바쳤다. 이때는 본인을 권지강주사權知康州事로 소개했다. 바로 이때 왕건의 수군이 강주를 공격했고, 이후 왕봉규의 이름은 찾아볼 수 없게 된다. 왕건이 왕봉규를 제거한 것으로 추측한다.

살해된 경애왕

고려의 거듭되는 공세에 견훤도 가만히 있지 않았다. 견훤은 9월에 공세를 펼쳤다. 견훤은 근암성을 빼앗아 불태워버렸다. 고울부를 습격한 뒤 계속 진군하여 서라벌 인근에 이르렀다. 경애왕은 급히 왕건에게 구원을 요청했다. 왕건은 신라의 위기를 모른 척할 수 없어서 공훤公萱에게 1만 군사를 주어 신라를 돕게 했다.

하지만 경애왕은 견훤이 설마 서라벌까지 진입하진 않으리라 방심했다. 9월에 진군한 견훤의 군사는 10월에 서라벌을 급습했다. 당시 경애왕은 포석정에서 왕비, 후궁들과 술을 마시고 있었다. 후백제군이 포석정까지 침입하자 경애왕은 남쪽 별궁으로 달아났는데 금방 잡히고 말았다. 견훤은 경애왕을 살해하고 궁궐로 들어가 왕비를 능욕했다. 신라국왕의 외종사촌인 김부金傅를 왕으로 삼았으니, 그가 바로 신라의 마지막 임금 경순왕敬順王이다.

경순왕은 화랑 출신인 효종랑과 헌강왕의 딸 사이에서 태어났다. 견훤은 신라를 크게 약탈하고 유능한 인재도 많이 납치해서 돌아갔다. 고려의 군사가 신라를 구원하고자 찾아올 테니 백제의 군사가 서라벌에서 버티고 있을 필요가 없었다.

강주의 왕봉규는 해상로를 통해 후당과 왕래했다. 후삼국시대에는 이렇게 해로를 통해 세력을 떨치던 호족들이 있었다. 왕건 역시 해상호족 출신이었다. 예성강 하구에는 작제건을 도와주었던 유상희(劉相晞)가 있었고, 왕건의 장인이 되는 정주의 유천궁(柳天弓)도 있었다. 참고로 정주는 현재 개성의 풍덕을 가리킨다. 유천궁의 딸이 신혜왕후 유씨이며, 정주는 왕건의 핵심 수군기지였다. 나주의 오다련군(吳多憐君)도 해상호족이다. 오다련군의 딸은 장화왕후(莊和王后) 오씨로, 고려의 제2대 왕인 혜종의 생모다. 왕건의 심복 박술희(朴述希)와 복지겸은 혜성(아산만), 최지몽은 영암, 박윤웅(朴允雄)은 울주의 해상호족이다. 왕건이 토벌한 능창 역시 해상호족이었다. 이밖에도 김해 지역의 해상호족으로 김인광(金仁匡)과 소율희(蘇律熙) 등이 있었다.

통일을 이룩한 고려

왕건은 호족들과 혼인하여 그들을 포섭했는데, 견훤은 대체로 정복으로 호족을 복속했다. 군벌로 세상에 이름을 알린 견훤에게는 군사력을 동원해 굴복시키는 것이 당연한 선택이었다. 호족들은 견훤에게 복속하면 존중받지 못한다는 사실을 깨달아 왕건 쪽으로 마음이 기울었다.

승기를 잡은 견훤

견훤이 경애왕을 살해하고 비빈을 능욕한 사실을 알게 된 왕건은 분개한 마음에 정예 기병 5,000명을 거느리고 견훤을 추격했다. 고려군은 오늘날 대구 팔공산으로 불리는 공산公山에서 후백제군을 만나 크게 싸웠다. 그런데 고려군이 대패하고 말았다. 견훤의 군사가 왕건을 포위하여 지극히 위험한 상황에 직면하기까지 했다. 이때 대장 신숭겸과 김락金樂이 왕건을 위해 목숨을 걸고 활로를 열었다. 신숭겸은 왕건의 갑주를 갖춰 후백제군이 오판하도록 유인했다. 신숭겸의 희생으로 왕건은 무사히 빠져나올 수 있었다. 견훤은 승기를 잡고 벽진군(경북 성주)을 침공했으며, 그곳의 관리 색상索湘은 견훤의 군대와 맞서 싸우다 전사했다. 이어 대목군大木郡에 침입한 후백제군은 추수해서 쌓아놓은 곡식을 모두 불태웠다. 대목군은 오늘날 경북 칠곡군에 해당한다.

신숭겸장군유적 홍살문(위)과 표충단(아래) | 국가유산청
태조 왕건은 공산 전투에서 전사한 신숭겸의 명복을 빌고자 신숭겸이 죽은 장소에 사찰과 제단을 쌓았다.

그해 12월 견훤은 왕건에게 편지를 보내 휴전을 제의했다. 이 편지에서 견훤은 터무니없는 변명을 늘어놓았다. "고려가 신라와 손을 잡으려 하는 것은 신라가 스스로 망하는 길로 들어서는 짓이라 생각했고, 그런 일을 저지른 신하를 징계하여 다스리려 했는데, 어쩌다 신라국왕이 죽어버려 새로운 왕을 세웠을 뿐"이라고 해명한 것이다. 서신의 다음 구절은 더욱 어처구니가 없었다.

> 그대(왕건)는 충고를 자세히 헤아리지 않고 단지 떠도는 말만 듣고 … (중략) … 한 달이 지나지 않아 좌장 김락이 해골을 드러냈으며 … (중략) … 강하고 약함이 이와 같으니 승패를 알 수 있을 것이오. (나는) 평양의 누각에 활을 걸어놓고, 패강에서 말에게 물 먹이는 것을 원하오. 그러나 지난달(927년 11월) 7일에 오월국 사신 반상서가 찾아와서 오월국왕의 조서를 전하였소. … (중략) … 지금 (고려와 후백제의 평화를 명하는) 오월국왕의 조서를 베끼어 인편에 부쳐서 보내니, 청컨대 유의하여 자세히 보기를 바라오.

견훤은 서신을 통해 "나는 고려의 영토를 침략하기를 원하나 오월국에서 전쟁을 원하지 않으니 왕건 그대가 알아서 잘 처신하라."라는 뜻을 전한 것이다. 왕건은 견훤의 편지를 보니 더욱 상대의 뜻이 의심스럽다는 말을 전하며 견훤의 일방적인 주장을 반박했다. 왕건은 견훤이 서라벌에서 저지른 만행을 하나하나 열거했다. 특히 경애왕을 죽인 행위를 가리켜 경효獍梟에 비유했다. 여기서 '경獍'은 전설상의 동물이다. 호랑이와 비슷하게 생겼는데 자라서 아비를 잡아먹는다. '효梟'는 올빼미를 가리키는데, 경과 마찬가지로 자라서 어미를 잡아먹는다. 견훤은 본래 신라의 무관이었는데 그런 사람이 자신의 옛 주군을 해친 행적을 경효라는 사악한 짐승에 빗대어 비난한 것이다. 왕건은 또한 양국이 전쟁을 한 책임도 견훤에게 있음을 지적했다. 본래 925년 10월 인질을 교환해 화친을 약속했음에도 견훤이 그 약조를 깼다. 공산 전투에서 심복 장수들을 잃고 대패하여 위기에 처했으나 왕건 본인은 한나라 고조 유방이 한 번의 승리로 초

나라 패왕 항우를 죽인 것처럼 할 수 있다고 경고했다. 고려와 후백제 모두 오월국의 권위는 인정하는 척했지만 사실상 휴전의 가능성은 없었다.

견훤은 928년(경순왕 2년) 강주의 군사들이 군량을 나르느라 떠났을 때를 노려 침공했다. 군사들이 급히 돌아왔으나 견훤을 이길 수 없었고, 장군 유문有文은 견훤에게 항복했다. 왕건은 그해 7월 지금의 충북 보은의 삼년산성三年山城을 공격했으나 실패하여 청주로 군사를 돌렸다. 다음 달 8월에 견훤은 지금의 충북 영동군 양산면에 성을 쌓았다. 왕건은 군사를 보내 축성을 방해했다. 충청북도 일대에서 이처럼 일진일퇴의 피가 흐르는 중이었다.

견훤은 이번에는 대야성에서 출동해 대목군大木郡의 추수를 강탈한 뒤 부곡성缶谷城을 함락했다. 지금의 대구광역시 군위군에 비정하는 부곡성은 무곡성武谷城, 오어곡성烏於谷城이라고도 부른다. 견훤은 부곡성을 지키던 병사 1,000명을 모두 죽였다. 장군 등의 지휘부 6인은 견훤에게 항복했는데, 왕건은 이 사실에 분개하여 6명의 처자를 군영에서 망신을 준 후 처형했다. 그들의 시체마저 내다 버렸다. 견훤이 부곡성에 부대를 주둔시키니, 그 이남 지역을 지키는 고려 장군들과 고려 본토 사이의 연결이 끊겼다. 이에 왕건은 조물성에 군사를 보내 견훤을 염탐하게 했다.

929년(경순왕 3년) 7월 견훤은 갑옷까지 무장한 군사 5,000명으로 의성부義城府를 공격하여 성주 홍술을 죽였다. 이 일로 왕건은 큰 충격을 받아 "나는 양손을 잃어버렸다."라고 말할 정도였다. 홍술은 사후에 지역민들에 의해 성황신城隍神으로 받들어졌을 만큼 고려의 민심을 휘어잡고 있던 인물이었기 때문이다.

역전의 고창 전투

929년 10월 견훤은 지금의 경북 문경 지역인 가은현加恩縣을 공격했다. 그러나 이곳은 함락되지 않았다. 오히려 후백제의 고위 관료 염흔厭欣이 고려에 투항하고 말았다. 견훤은 아랑곳하지 않고 고창군高敞郡까지 공격했다. 왕건은 직접 출동하여 고창군을 지켰다. 이때 재암성載巖城의 장군 선필善弼이 왕건에게 귀부했다. 재암성은 오늘날 경상북도 청송에 있었다.

선필은 왕건이 처음 신라와 교류할 적에 다리를 놓은 인물이었다. 왕건은 선필을 '상보'라는 존칭으로 높여 불렀고, 그의 딸과 혼인하여 굳건한 관계를 맺었다. 왕건은 각지의 호족과 혼인하여 동맹을 구축하는 방법을 흔히 사용했다.

930년 1월 고창군에서 왕건과 견훤이 다시 전투를 벌였다. 하루 종일 격전을 펼친 끝에 견훤이 패했다. 전사자만 8,000명에 달하는 대패였다. 견훤의 군세가 막강한 탓에 왕건은 만일 패배한다면 어떻게 대처해야 할지 걱정했다. 홍유 등은 패배할 때를 대비해 퇴로를 확보해 두어야 한다고 주장했다. 이때 유금필이 이렇게 간언했다.

> 소신이 듣기로, 무기는 흉기이고 전투는 위험한 일이라 했습니다. 죽음을 각오하고 살려는 마음을 버린 후에야 승리를 얻을 수 있습니다. 적과 마주쳤는데 싸우지도 않고 패배를 걱정하는 것은 무슨 연유입니까? 고창군의 3,000여 명을 팔짱만 낀 채 적

에게 넘겨주면 어찌 통탄할 일이 아니겠습니까? 소신이 군을 이끌고 진격해 빨리 공격해야 합니다.

유금필은 맹렬하게 공격을 감행하여 승리의 일등공신이 되었다. 왕건은 전투 후 유금필에게 "오늘의 승리는 경의 힘 덕분"이라고 치하했다. 이 전투에서 왕건의 포로가 된 김악金渥은 당나라 빈공과에 합격했던 인재였고, 왕건은 그를 중용했다. 김악은 훗날 왕건이 죽을 때 왕건의 유조를 작성해 발표하기도 했다.

견훤은 고창에서 패배했으나 순순히 물러서지 않았다. 패잔병을 끌고 순주로 진입했다. 순주를 다스리던 원봉 장군은 견훤을 이길 수 없다고 판단해 한밤중에 달아났다. 견훤은 순주의 백성을 잡아서 전주로 끌고 갔다. 이에 왕건은 순주로 행차해 성을 수리하였다. 원봉이 달아난 문제를 처리하는 과정에서 순주를 다시 '하지현'으로 강등했다. 다만 옛정을 생각하여 원봉을 죽이진 않았다.

고창 전투에서 승리한 이후 정국의 흐름이 왕건에게 기울었다. 지금의 경상북도 일대 30여 현이 왕건에게 귀부했고, 이어서 동해안 일대의 성들도 왕건에게 투항했다. 지금의 포항에 있는 북미질부성北彌秩夫城과 남미질부성南彌秩夫城까지 항복했고, 심지어 우릉도(울릉도)에서도 고려에 조공을 바쳤다. 이제 신라의 강토는 서라벌 일대로 쪼그라들고 말았다. 하지만 이렇게 되어도 신라 입장에서는 왕건을 의지하는 방법 말고는 대안이 없었다.

경순왕은 왕건을 만나고 싶다는 의사를 전했고 왕건은 이에 화답하여 931년(경순왕 5년) 2월 서라벌로 행차했다. 왕건은 기병 50여 기를 대동한 채 신라에 들어섰고, 먼저 선필을 보내 안부를 물었다. 경순왕은 궁을 나와 왕건을 영접했다. 경순왕은 왕건을 만나 "소국이 하늘로부터 버림받아 견훤에게 해를 입었으니 이런 아픔이 어디에 있겠습니까?"라고 말하며 눈물을 흘렸다. 좌우에 도열한 신라의 신하들도 모두 소리 내어 울었다. 왕건도 눈물을 흘리며 경순왕을 위로했다.

왕건은 서라벌에서 석 달을 체류했다. 왕건이 돌아갈 때 경순왕은 사촌 김유렴金裕廉을 인질로 함께 보냈고 멀리까지 왕건을 배웅했다. 신라 사람들은 견훤과 왕건을 비교하며 감탄했다.

> 전일 견훤이 왔을 때는 승냥이나 호랑이를 만난 것 같았는데, 지금 왕 공이 오시니 부모를 만난 것 같구나.

《고려사》에 기록된 이런 내용은 곧이곧대로 믿기 어렵다. 왕건을 향한 일방적인 찬양일 수 있다. 하지만 석 달 동안 체류하며 신라인들에게 자신의 풍모를 과시했다는 사실만큼은 분명하다.

위기를 맞이한 후백제

932년 6월 후백제의 장군 공직龔直이 고려에 투항했다. 공직은 본래 신라 장군 출신으로, 지금의 충북 보은인 매곡현昧谷縣을 다스렸다. 일찌감치 견훤에게 투항했으나 별다른 대접을 받지 못했다. 그가 왕건에게 투항하자 견훤은 인질로 확보했던 공직의 두 아들과 딸을 처벌했다. 넓적다리를 인두로 지져 걷지 못하게 만들었고, 아들은 끝내 죽고 말았다. 공직은 왕건에게 귀부한 후 크게 중용되었다.

그해 7월 왕건은 공직의 건의에 따라 후백제의 일모산성─牟山城을 공파했다. 일모산성은 매곡현 옆에 있었는데 공직이 왕건에 투항하자 매곡현을 공격하여 괴롭힌 것이다. 9월이 오자 견훤은 수군을 예성강에 파견해 내륙을 공격했다. 확언하긴 어렵지만 견훤이 수군을 운용할 수 있었던 까닭은 이 시기에 나주를 확보해 배후의 위험을 덜었고 나주 쪽의 수군 자원을 활용할 수 있게 되었기 때문인 듯하다. 견훤은 그대로 황해도와 경기도 일대를 공략했고, 그로 인해 고려 병선 100척이 불타 없어지고 섬에서 기르던 말 300필도 뺏겼다. 이때 유금필이 참소를 당해 인근 섬에 유배된 상태였다. 유금필은 유배를 온 몸이었지만 급히 사람을 모아 방비에 나서 더 큰 피해를 막을 수 있었다. 왕건은 유금필이 올린 서신으로 진상을 간파한 후 유금필을 유배에서 풀어주고 그에게 포상했다.

유금필의 대처로 밀려나긴 했지만 견훤은 이후에도 수군을 보내 왕건을 괴롭혔다. 10월에는 지금의 충청남도 서산 쪽에 있는 대우도大牛島를 공격해 약탈했다. 왕건이 원군을 보냈으나 후백제군을 막아내지 못했다. 오히려 왕건은 12월에 다시 일모산성을 공파했다. 견훤이 그 새에 일모산성을 되찾은 것으로 보인다.

해를 넘긴 933년, 유금필은 정남대장군의 지위로 전사했던 홍술의 의성부를 방비였다. 의성부가 위치한 지금의 경상북도 일대는 후백제와의 최전선이었다. 그런데 후백제의 신검이 서라벌을 향해 진군하자 왕건은 유금필에게 신라의 구원을 명했다. 유금필은 대군을 동원할 수 없다고 판단했는지, 용맹한 병사 80명만 선발하여 달려갔다. 유금필은 부하들에게 비장한 심정으로 말했다.

여기서 적과 맞선다면 나는 살아서 돌아가지 못할 것이다. 그대들도 각자 알아서 살아남을 방도를 구하도록 하라.

부하들이 격분해서 말했다.

저희가 모두 죽으면 죽었지, 어찌 장군만 못 돌아가겠습니까?

사기가 충만한 유금필의 원군이 나타나자 후백제의 신검은 지레 놀라 무너지고 말았다. 유금필은 무사히 서라벌에 입성하여 7일간 주둔하다가 빠져나왔다. 다시 신검의 군대를 만나 또 물리쳤다. 후백제 장군 7명이 유금필과의 전투에서 사로잡혔다. 이후 왕건은 유금필을 맞이할 때 그를 극찬했다.

934년(경순왕 8년) 7월, 발해 태자 대광현이 고려에 투항했다. 왕건은 그에게 왕씨 성을 내리고 '왕계'라는 이름을 지어준 뒤 종실로 대접하여 족보에 기재했다. 결국 고려는 고구려의 유일한 후계국으로 자리를 잡을 수 있게 되었다. 그해 9월 왕건이 지금의 충남 홍성인 운주에 머물고 있을 때, 견훤은 갑옷 입은 병사 5,000명을 선발하여 후백제 공격에 착수했다. 견훤은 이렇게 군세를 자랑한 뒤 화친을 청했다. 서로의 경계를 지키며 싸우지 말자고 제안한 것이다. 왕건은 이 제안을 장군들과 논의했다. 이때 우장군右將軍이 된 유금필이 말했다.

> 오늘의 형세는 싸움밖에 없습니다. 주상은 염려치 마시고 소신들이 적을 깨뜨리는 모습을 보십시오.

유금필은 기병을 동원해 견훤의 진영을 급습했다. 방심하고 있던 견훤은 대패하고 말았다. 3,000여 명이 죽거나 다쳤고, 술사 종훈宗訓, 의사 훈겸訓謙, 용장 상달尙達과 최필崔弼은 포로가 되었다. 견훤이 대패했다는 소식에 웅진 북쪽 30여 성이 자진하여 왕건에게 투항하였다. 견훤 본인도 운주 전투에서 대패한 탓에 의욕을 상실할 지경에 이르렀다. 그는 아들인 신검을 붙들고 하소연했다.

> 내가 후백제를 세운 지 벌써 여러 해가 지났다. 군사는 북쪽의 고려보다 갑절이나 많은데도 이기질 못하니 필경 하늘이 고려를 돕는 모양이다. 북왕(왕건)에게 귀순해 목숨이나 부지하는 편이 낫지 않겠느냐?

물론 신검이 아비의 말을 따르진 않았으나 부왕이 나약해졌다는 사실은 실감했을 테다. 견훤이 약한 모습은 드러내자 결국 아들의 반역으로 이어졌다.

929년경 견훤은 나주 일대를 공략한 것처럼 보인다. 932년(경순왕 6년) 왕건은 6년 동안 나주와 연락이 끊겼다고 말한 적이 있었다. 아마도 경상도 일대의 전투가 급한 탓에 나주 영토를 빼앗겼음에도 수복할 여력이 없었던 듯했다. 전황의 주도권을 되찾은 왕건은 곧장 나주 수복을 꾀하였다. 결국 935년(경순왕 9년)에 유금필을 보내 나주를 되찾았다. 매곡현을 지키던 공직이 왕건에게 투항하며 중원에서의 균형이 깨졌다. 운주 전투에서 결정적으로 왕건이 승리하자 후백제는 위기를 맞이하며 내분에 빠졌다.

견훤의 투항과 신라의 항복

견훤에게도 부인이 여럿 있었다. 덕분에 아들도 많아서 10여 명에 달했다. 가장 총애받은 아들은 넷째 아들 금강이었다. 아버지를 닮아 몸집이 크고 지략이 뛰어났다. 당연히 금강의 형들은 그를 싫어했다. 첫째 아들 신검은 견훤 옆에 있었고, 둘째 양검良劍은 강주 도독, 셋째 용검龍劍은 무주 도독으로 지방에 있었다.

금강은 930년 후백제가 고창 전투에서 패배한 후 새로운 왕위 후보로 부상했다. 신검은 잇따른 전투 패배로 입지가 많이 좁아진 상태였다. 경상도 방면의 전투는 신검이 주도하고 충청도 방면의 전투는 금강이 담당했는데, 934년 금강이 운주 전투에서 대패하고 말았다. 이전에는 고창 전투에서 신검이 대패하여 힘을 많이 상실했고, 마찬가지로 운주 전투에서 금강이 대패하여 위기에 몰리게 된 것이다. 즉 견훤의 후계 자리를 두고 형제의 경쟁이 격화될 수밖에 없었다.

935년 1월 견훤의 책사 능환能奐은 신검을 부추겨 음모를 꾀하였다. 능환은 강주와 무주에 사람을 보내 둘째 양검과 셋째 용검까지 끌어들였다. 이들은 그해 3월에 거사를 일으켰다. 그날 견훤은 아무것도 모른 채 잠자리에 들었다가 대궐 뜰에서 소란스러운 소리가 들려 잠에서 깼다. 신검을 불러 무슨 일인지 물었더니 난을 일으킨 첫째 아들은 이렇게 답했다.

부왕께서 노쇠하여 군국의 정사에 어두우시므로, 장자 신검이 부왕의 자리를 대신하게 되었다고 여러 장수가 기뻐하여 내는 소리입니다.

견훤은 기가 막혔으나 이미 대세는 넘어간 뒤였다. 견훤은 막내아들 능예能乂, 딸 쇠복衰福, 애첩 고비姑比와 나인 능우남能又男과 함께 오늘날 전북 김제에 있는 금산사에 유폐되었다. 신검은 장사 30명을 두어 견훤을 감시하게 조치했다. 세간에는 견훤의 불쌍한 처지를 빗댄 동요가 유행했다.

가련한 완산 아이 / 아비 잃고 울고 있네

김제 금산사 | 국가유산청

1400여 년의 역사를 지닌 금산사는 한반도 미륵신앙의 중심지이자 후백제 견훤의 유배지로 알려져 있다.

신검은 즉각 넷째 금강을 죽였다. 하지만 바로 왕위에 오를 수는 없었다. 견훤을 따르는 세력도 만만찮았기 때문이다. 신검 역시 견훤의 지지가 필요했다. 견훤도 가만히 있지는 않았다. 유배된 지 3개월이 된 6월, 견훤은 술을 빚어 본인을 감시하는 장사 30명에게 먹였다. 이들이 취해서 기절하자 나주로 달아났다. 그곳은 당시 유금필이 수복하여 도로 고려의 영토가 된 상태였다. 견훤이 고려에 투항했다는 소식에 왕건은 크게 기뻐했다. 유금필과 사촌동생 왕만세王萬世에게 견훤을 맞이하도록 했다. 견훤이 개경에 도착하자 후한 예우로 대접하고, 열 살 연상이었던 견훤을 향해 '상보'라는 존칭어로 높여 불렀다. 남쪽 궁궐을 내주고 백관의 위에 있는 지위를 내주었다. 식읍으로 양주를 주고 온갖 지원을 아끼지 않았다.

견훤의 망명에 후백제는 큰 충격을 받았다. 신검은 어찌 할 수 없는 상황에 봉착했다. 견훤의 망명은 신라에도 영향을 주었을 것이다. 신라는 이미 자국의 힘으로 나라를 유지하기 힘든 처지였다. 경순왕은 항복할지 말지 신하들과 논의했다. 의견이 분분한 와중에 왕자가 분연히 말했다.

> 나라가 망하고 지켜지는 것은 천명에 달린 일입니다. 충신, 의사와 합심하고 민심을 수습한 뒤 힘이 다할 때까지 지키다 그만둘지언정 어찌 천년 사직을 하루아침에 가벼이 남에게 줄 수 있습니까?

경순왕이 힘없이 답했다.

> 외롭고 위태로움이 이와 같은데 어찌 세력이 온전하겠느냐? 더 강해질 것도 없고 더 약해질 것도 없으니 죄 없는 백성들의 간과 뇌가 땅에 널리는 참혹한 일을 당하게 할 수는 없다.

경순왕은 결심했고 이제는 항복하는 일만 남았다. 항복 문서를 신하가 갖고 떠나자 왕자는 망연하게 울며 왕에게 하직 인사를 올렸다. 그리고 개골산皆骨山으로 떠나버렸다. 개골산은 오늘날 금강산이다. 경순왕의 태자는 그곳에서 바위를 집으로 삼고 풀을 먹으며 일생을 마쳤다. 세상에서 흔히 말하는 '마의태자麻衣太子'가 바로 이 사람이다. 마의는 베로 만든 옷을 가리킨다. 부귀영화를 버리고 거친 삼베로 지은 옷을 입고 살았다는 데에서 유래한 단어다. 현재 금강산에는 마의태자의 무덤이라 전승되는 '마의태자릉'이 남아있다. 경순왕의 막내 아들은 출가하여 승려가 되었고, 범공梵空이라는 법명으로 불렸다고 한다.

여담이지만 일각에서는 마의태자가 만주로 넘어가 금나라의 시조가 되었다는 기이한 주장을 한다. 한국에 현존하는 가장 오래된 기록인 《삼국사기》에서는 마의태자의 이름도 언급되지 않는다. 그런데 이른바 '김은설 묘지명金殷說 墓誌銘'에 따르면 마의태자의 이름은 '김일金鎰'이라 하고, '김은설'은 경순왕의 넷째 아들이라 한다. 문제는 이 묘지명의 실물이 존재하지 않는다는 것이다. 묘지명의 내용은 《경주김씨족보慶州金氏族譜》에서 인용 형식으로 전해지는데, 묘지명은 969년(고려 광종 19년)에 작성된 것으로 추정되며 작성자는 알려지지 않았다. 게다가 묘지명의 형식이 당대 묘지명 형식과 다르고, 사료의 교차검증도 불가능하다. 사료의 신빙성이 심히 낮다는 점에서 마의태자의 본명이 김일이라 단언하기는 어렵다.

금나라의 역사를 기록한 《금사》에서는 고려에서 온 60여 세의 함보函普라는 인물이 여진족의 땅인 완안부完顏部로 들어갔고, 그의 7세손이 금나라의 태조 아쿠타라고 적혀 있다. 거기다 신라 왕실의 김씨는 금나라의 국명과 한자가 같다. 남송 사람이 금나라에 붙잡혀 있을 때 저술한 《송막기문松漠紀聞》이란 사료에서는 "아쿠타의 선조 이름은 감복龕福이고, 여진 추장은 신라 사람이다."라고 적혀 있다. 고대 한국어에는 ㄱ과 ㅎ이 오가는 경우가 있고, 그런 점에서 '감복'과 '함보'가 음이 통한다고 보면, 두 사람을 동일인으로 볼 가능성이 있다. 아니면 송나라 사람이 자신에게 들리는 대로 이름을 적었을 가능성도 있다. 한편 《고려사》에서는 평주의 승려 금준今俊(김행金幸의 아들 김극수金克守라고도 함)이 여진의 시조라고 적혀 있다.

그런데 이런 기록들과 마의태자를 연결할 물적 증거는 아무것도 없다. 단지 신라인이나 고려인이 여진 왕실의 조상이라는 '기록' 자체가 어떤 사람들에게는 매력적일 수 있다. 무언가 근사한 사람이 그 자리를 차지해야 한다는 욕망이 꿈틀거린 나머지 신라의 마지막 태자가 여진족의 조상으로 호출되는 기이한 사태가 벌어진 것이다. 설령 《금사》의 기록이 사실이라 하더라도, 근 200년 전의 시조가 고려인이라 하더라도, 금나라의 역사를 '우리나라의 역사'라고 말하는 것은 어불성설이다. 고려 역시 당나라 황제를 자국 태조의 조상이라 주장했고, 이 내용은 정사인 《고려사》에 기록되었다. 그러면 고려사를 중국사로 편입시켜야 하는가? 그렇게 생각할 사람은 아무도 없을 것이다. 《금사》의 해당 기록은 금나라 건국 당시 여진족이 고려를 추앙했다는 사실만 말할 뿐이다. 중국 사서를 보면 흉노, 왜, 고조선 등 여러 국가가 중국에서 파생된 것으로 묘사하는 경향을 알 수 있다. 이런 기록을 제대로 고증하지 않은 채 보이는 그대로 믿으면 직전에 거론한 국가들의 역사가 전부 중국의 역사로 둔갑될 것이다. 앞서 언급한 푸쓰녠도 이러한 사고방식으로 만주에 있던 부여, 고구려의 역사를 중국의 역사라고 주장했다는 점을 상기해야 한다.

이런 황당한 주장은 청나라 역사까지 건드려 '아이신기오로'라는 황실의 성씨로 말장난을 치기도 한다. '아이신기오로'란 여진어로 '황금 일족'이라는 뜻이다. 이를 한자로 음차하면 '애신각라愛新覺羅'라고 쓴다. 그런데 일각에서는 이 한자를 또 분해하여 '애각신라愛覺新羅'로 바꾼 뒤에 "신라를 사랑하고 잊지 말라."라는 뜻이라는 황당한 주장을 펼친다. 애초에 음차한 문자로 새로운 뜻을 부여하는 것부터가 있을 수 없는 일이다. 이런 엉터리 주장에 조금이라도 솔깃하게 느끼지 않기를 바란다.

마의태자가 금강산에 들어가 사라졌지만 경순왕은 그럴 수 없었다. 경순왕은 고려에 항복하기 위해 서라벌을 떠났다. 경순왕이 개경에 도착하자 왕건은 백관을 거느리고 교외로 나가 맞아들였다. 왕건은 맏딸 낙랑공주樂浪公主를 경순왕에게 시집 보냈다. 낙랑공주는 충주 호족 유긍달劉兢達의 딸 신명왕후(제3왕비)의 소생이다. 경순왕은 왕건에게 신하의 예를 올리겠다고 했으나 왕건은 허락하지 않았다. 하지만 하늘에 두 개의 태양이 있을 수 없고 땅에는 두 임금이 있을 수 없다며 신하들이 반발했다. 결국 왕건은 경순왕을 신하로 받아들

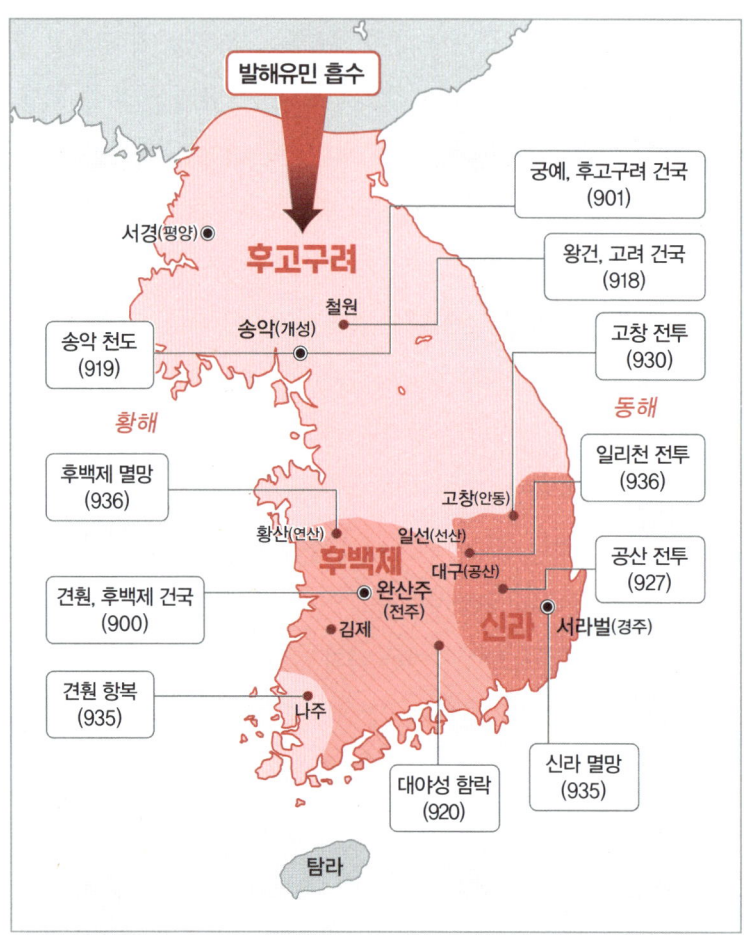

920년 후백제는 신라의 대야성을 차지하였다. 927년 후백제군과 고려군이 충돌하였으나 928년 후백제군이 대야성을 다시 점령했다. 이후 후백제는 멸망할 때까지 대야성을 지켰다.

였다. 935년 12월 12일, 드디어 신라는 완전히 없어졌다. 경순왕의 항복에 마의태자만 반대한 것은 아니다. 나라가 망한 지 60년도 넘은 996년(고려 성종 15년) 성종이 당시 동경으로 불린 신라 수도 서라벌에 행차했을 때, 경순왕의 항복에 따라가지 않았던 선비들이 산속에 숨어 지내고 있었다는 이야기가 전해진다.

신라의 항복 소식에 신검도 당황했을 것이 틀림없다. 신검은 왕위에 올라 대왕을 자처하며 대사면을 내리고 민심을 달래는 교서를 발표했다. 교서에서 견훤을 칭송하면서도, 한편으로는 간신들의 미혹에 빠져 어리석은 아들에게 왕위를 물려줄 뻔했으나 다행히 하늘의 뜻을 알고 신검 본인에게 왕위를 물려주었다고 주장했다. 견훤의 후광 없이는 사람들이 따르지 않을 것이었으므로 신검은 어떻게든 자신이야말로 정통성이 있는 계승자라는 점을 보여야 했다. 하지만 이러한 행보는 눈 가리고 아웅하는 짓에 지나지 않았다.

일리천 전투와 후백제의 멸망

후백제의 균열은 내부에서 시작되었다. 견훤의 사위 박영규는 신검 밑에선 미래가 없다는 사실을 깨달았다. 그는 본래 승주의 호족으로, 오늘날 전라남도 순천 땅이 그의 근거지였다. 그는 부인과 함께 왕건에게 투항할 것을 논의했다.

> 대왕(견훤)께서 부지런히 힘쓰신 지 40여 년이 되어 큰 공이 거의 이루어질 참이었는데, 하루아침에 집안 사람들의 화로 설 땅을 잃고 고려에 투항하고 말았습니다. 무릇 정조가 있는 여자는 두 남편을 섬기지 않고, 충신은 두 임금을 섬기지 않습니다. 섬기는 주군을 버리고 반역한 아들을 섬긴다면 천하의 의로운 선비들을 어찌 볼 수 있겠습니까? 고려의 왕 공은 마음이 어질고

후덕하며, 근면하고 검소한 성품으로 민심을 얻었다 합니다. 이는 하늘의 계시가 내린 것입니다. 왕 공이 삼한의 주인이 될 것이 분명하니 편지를 보내 우리 왕(견훤)을 문안하여 위로하고, 왕 공에게 겸손함과 정중함을 보여 장래의 복을 도모하는 것이 좋겠습니다.

아내는 즉각 찬성했다. 이에 936년 2월(고려 태조 19년) 사람을 보내 투항의 뜻을 전했다.

정의의 깃발을 들고 오신다면 안에서 왕의 군대에 내응할 것입니다.

왕건이 크게 기뻐하며 말했다.

은혜를 입어 길이 막히지 않고 통하게 된다면 먼저 장군을 찾아뵙고, 마루에 올라 부인에게 절하고 형님과 누님으로 받들 것입니다. (두 사람은) 후한 보상을 받을 것입니다. 하늘과 땅의 귀신이 모두 이 말을 들을 것입니다.

그해 6월에 견훤이 왕건을 만났다.

노신이 전하에게 몸을 의탁한 것은 전하의 위엄을 빌려 불효한 자식을 베고자 한 것입니다. 엎드려 바라옵건대 대왕께서 신령스러운 군사를 빌려주옵소서. 불충불효한 자식과 난신적자들을 없애주신다면 신은 죽어도 한이 없을 것입니다.

왕건이 드디어 후백제 정벌군을 일으켰다. 태자 왕무 王武, 훗날 혜종와 박술희 朴述熙가 선봉에 섰다. 보병과 기병 1만 명을 거느리고 오늘날 충남 천안에 해당하는 천안부 天安府로 출정했다. 박술희는 혜성군 槥城郡 출신인데, 혜성군은 오늘날 충남 당진이다. 그는 먹성이 좋아서 고기는 물론이고 두꺼비, 청개구리, 거미까지 먹는 사람이었다. 왕건은 왕무가 일곱 살이 되었을 때 태자로 세우고자 했으나 왕무의 생모가 나주의 한미한 가문 출신이라 전망이 좋지 않았다. 그런데 박술희가 왕무를 태자로 세우라 청했고 왕건은 그 청을 수용했다. 이후 박술희는 왕무의 심복으로 평생을 살았다. 유감스럽게도 혜종이 죽은 후 박술희도 모함을 받고 정적에게 살해됐다.

고려군이 천안부로 출정한 그해 가을. 왕건이 삼군을 거느리고 천안에 있던 태자의 군사와 합류해 일선—善으로 향했다. 일선은 지금의 경북 구미시의 선산이다. 고려군은 총 8만 7,500명이었고, 견훤 역시 이 대군에 동참했다. 이 전투에 동원된 고려군의 숫자가 갑자기 늘어난 탓에 과장되었다고 보는 주장도 있다. 반면에 왕건의 세력이 당시 이렇게까지 커진 것으로 보아야 한다고, 그런 점에서 기록된 수치가 맞다고 보는 주장도 있다.

한편 후백제의 신검도 군사를 거느리고 맞섰다. 신검은 앞서 말한 바와 같이 경상도 일대가 자신의 주된 활동 구역이었기에 이곳에 자리 잡고 있었던 것 같다. 그렇다면 왕건은 신검이 수도가 아닌 일선에 있다는 사실을 어떻게 알았을까? 아마도 견훤의 사위인 박영규가 왕건에게 전언을 올렸을 것이다.

70세의 노장 견훤이 여전히 꿋꿋하게 전선에 있는 모습을 보자 후백제군은 크게 동요했다. 후백제의 좌장군 효봉_{孝奉}과 덕술_{德述}, 애술_{哀述}, 명길_{明吉}은 갑옷을 벗고 창을 던져버리더니 견훤이 타고 있는 말 앞으로 달려와 항복했다. 후백제군은 감히 움직이지 못했다. 왕건이 항복한 장군들에게 신검의 위치를 물었다.

신검은 중군에 있으니 좌우에서 협격하면 깨뜨릴 수 있습니다.

이에 왕건은 대장군 강공훤에게 명령하여 중군을 공격하게 했다. 더불어 전군의 진군을 명령하니, 이미 사기를 잃은 후백제군은 속절없이 무너졌다. 무너진 정도가 아니라 견훤을 따르고자 하는 병사들까지 나서서 창을 돌리는 바람에 아군끼리 싸우기 시작했다. 신검은 오늘날 충남 논산에 있는 황산군 쪽으로 달아났다. 하지만 고려군이 놓치지 않고 뒤를 쫓아 진형을 갖추었고, 신검은 더는 소용이 없음을 알고 항복했다. 동생 양검, 용검도 함께였다. 936년 9월 8일, 후백제도 멸망했다. 고려가 삼국을 다시 통일했다. 왕건은 이 모든 일을 꾸민 신검의 책사 능환을 붙잡아 꾸짖었다.

처음 양검 등과 더불어 임금을 가두고 새 왕을 세우고자 한 것이 너였다. 신하의 의리가 어찌 이럴 수 있느냐?

논산 개태사 오층석탑(위)과 개태사지 석조여래삼존입상(아래) | 국가유산청

개태사는 태조 왕건이 후백제를 평정하고 세운 사찰로, 현대에 복원한 개태사 구역과 개태사 유적지로 구분한다. 왕건이 창건했던 개태사 유적지는 현재 개태사에서 북쪽으로 약 300미터 떨어진 곳에 있다. 왕건은 후삼국 통일을 기념하고자 석조여래삼존입상을 개태사에 세웠다.

능환은 변명도 하지 못하고 고개만 숙였다. 왕건은 그에게 참수형을 선고했다. 양검과 용검은 일단 유배를 보냈다가 나중에 죽였고, 신검은 자신이 원해서 한 일이 아니라는 이유와 자발적으로 항복한 점을 높이 평가해 죽음을 면해주고 관직을 내렸다. 견훤으로서는 도저히 용납할 수 없는 조치였다. 하지만 왕건의 결정을 뒤집을 수도 없었다. 견훤은 마음에 큰 상처를 입고 병에 걸렸다. 등창이 악화하여 요양을 위해 사찰로 들어갔다. 현재 충청남도 논산시에 있는 개태사開泰寺를 견훤이 요양하던 사찰로 보고 있다.

　견훤은 자신이 세운 나라를 자신의 손으로 멸망시킨 특이한 인물이다. 견훤은 신라의 장수였고, 궁예는 신라 왕자라 자처했다. 하지만 왕건은 궁예의 부하로 시작했기에 신라에 아무런 빚도 지지 않았다. 그런 왕건에 의해 새로운 시대가 열렸다. 더 이상 신라의 엄격한 신분제는 존재하지 않았다. 난세 동안 능력을 가진 사람들은 출세의 길을 새로이 열었다. 아직 갈 길이 멀었지만 평등을 위한 첫걸음이 내디뎌진 셈이었다.

신숭겸은 평산 신씨의 시조인데, 정작 평산 출신은 아니다. 그는 전라도 곡성 혹은 강원도 춘천 출신이라고 한다. 그런데 왜 평산 신씨의 시조가 되었을까? 신숭겸이 평산에 왕건과 함께 사냥 갔을 때의 일화 덕분이다. 하늘에 기러기 세 마리가 있는 모습을 보자 왕건은 누가 저 기러기들을 쏘겠냐고 물었다. 신숭겸이 냉큼 자원했다. "몇 번째 기러기를 쏘아야 합니까?" 신숭겸의 물음에 왕건이 웃으며 대답했다. "세 번째 기러기의 왼쪽 날개를 쏘아라." 신숭겸은 화살을 쏘아 왕건의 명대로 맞혔다. 왕건은 크게 기뻐하고 근처의 밭 300결을 신숭겸에게 하사하고, 대대로 그 밭에서 세를 받도록 했다. 이런 연유로 신숭겸이 평산 신씨의 시조가 된 것이다.

왕건의 부인들

 고려 태조 왕건의 집안은 북쪽에서 내려와 지금의 개성인 송악에 자리를 잡은 호족이었다. 이들은 일찌감치 바다로 눈을 돌려 해상교역으로 부를 축적한 것으로 보인다. 이러한 배경에서 성장한 왕건의 결혼 형태는 세 가지로 분류할 수 있다. 첫 번째는 정략혼이다. 신라 마지막 왕인 경순왕이 항복을 청했을 때 왕건은 이렇게 말했다.

> 지금 왕께서 나라를 과인에게 넘겨주신다고 하니, 그 내려주시는 바가 참으로 큽니다. 바라건대 왕의 종실과 혼인을 맺어 장인과 사위의 우호가 영원하기를 바랍니다.

 이렇게 해서 왕건은 경순왕의 큰아버지인 잡찬迊飡 김억렴金億廉의 딸과 결혼했다. 그렇게 얻은 신성왕후 김씨는 당시 왕비 서열 5위의 인물이 되었다. 한편 왕건은 큰딸 낙랑공주를 경순왕에게 시집을 보내 겹사돈을 맺었다. 신라 왕실과 혼맥으로 단단히 얽혔다. 신성왕후 김씨는 왕건의 여덟째 아들 안종安宗을 낳았고, 안종은 고려의 제8대 국왕 현종顯宗을 낳았다. 현종 이후 고려 왕실은 현종의 핏줄로 이어졌다. 왕건의 결혼은 대체로 호족의 힘을 얻기 위한 정략혼이었다. 후백제를 세운 견훤의 사위인 박영규의 딸과도 혼인했다. 박영규의 딸은 동산원 부인東山院 夫人이 되었다. 이 역시 후백제 세력을 포섭하기 위함이라 봐야겠다.

두 번째는 시침혼이다. '시침'이란 잠자리에 동침하는 것을 뜻하는데, 정식 혼인과는 거리가 있다. 잠자리 시중을 들었다고 해서 그 여인을 반드시 후비로 데려갈 필요는 없었다. 신혜왕후 유씨는 왕건이 장군이던 시절에 만나서 함께 동침하였지만 이후 왕건은 그녀를 찾지 않았다. 그러자 유씨는 머리를 깎고 비구니가 되었다. 훗날 이 이야기를 들은 왕건이 그제야 그녀를 불러들여 후비로 삼았다. 시침혼은 호족들이 왕건에게 잘 보이기 위해 자기 딸을 희생시킨 사례였다. 아들을 낳으면 반드시 궁에 들어갈 수 있었지만, 딸을 낳은 경우는 그대로 잊히기도 했을 것이다. 아이가 없는 경우 부인으로 인정하긴 하여도 궁으로 데리고 가지 않기도 했다. 그나마 부인으로 인정받은 편이 다행이었다. 실제로 왕건은 '공식적으로' 25남 9녀를 낳았다. 어처구니가 없을 만큼 불균형한 자녀의 성비를 보면, 딸을 낳은 여성을 궁에 들이지 않은 경우가 있었다고 해석할 수밖에 없다.

왕건의 부하 중에 황해도 출신의 호족으로 승마와 궁술에 능한 행파行波라는 인물이 있었다. 왕건은 그에게 김씨 성을 하사했다. 김행파는 왕건이 서경에 왔을 때 자신의 두 딸을 하룻밤씩 시침하게 하였다. 하지만 왕건은 이 자매를 다시 찾지 않았고, 자매는 출가하여 비구니가 되었다. 왕건은 그 소식을 듣고 그녀들을 위해 대서원大西院과 소서원小

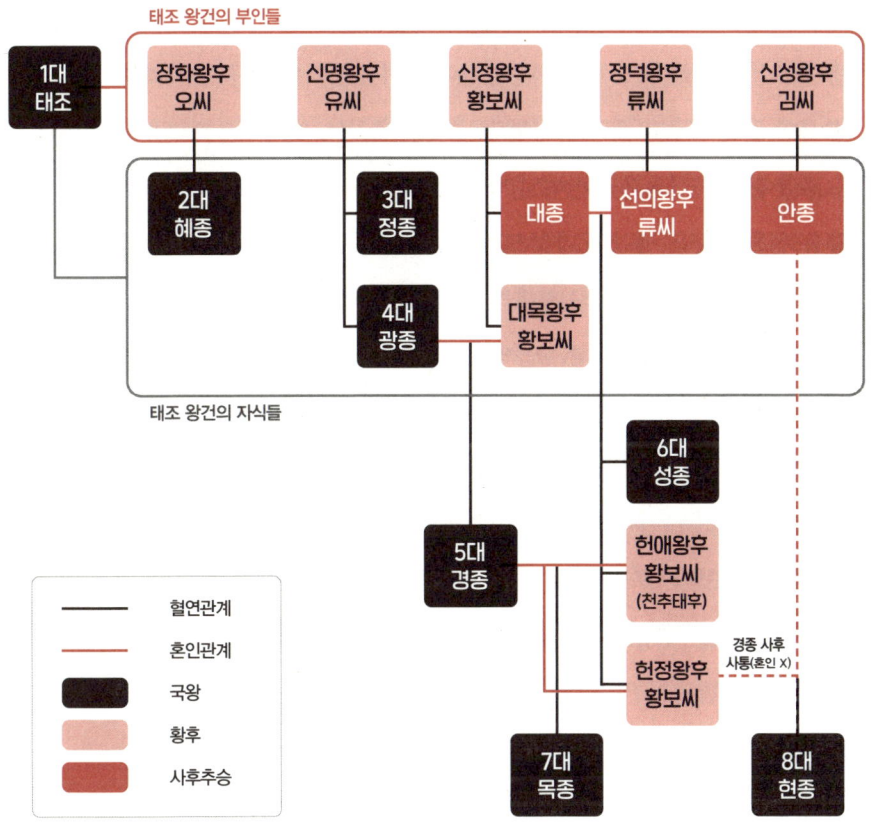

西院이라는 절을 지어 공양을 받을 수 있게 조치했다. 이들은 궁에 들어가지는 못했으나 왕건의 부인으로는 인정받았다.

세 번째로 자유혼이 있었다. 장화왕후 오씨의 경우다. 오씨는 목포 사람이다. 왕건이 나주 공략을 위해 원정을 왔을 때 빨래하던 오씨를 보고 흑심이 동해 데려가 동침했다. 오씨의 집안은 한미했기 때문에 왕건은 그녀를 임신시키지 않으려고 했다. 세력이 없는 집안의 왕자는 필요하지 않았다. 그래서 왕건은 체외사정을 했는데, 오씨가 이를 주워 담아 임신했다는 이야기가 《고려사》에 기록되었다. 고려 혜종의 얼굴에 주름살이 많았다고 하여 이런 전설이 생겨난 듯하다. 혜종을 가리켜 '주름살 임금'이라고 부르기도 했다.

고려 왕실은 정실부인이 여럿 있는 다처제를 시행했다. 왕건의 경우 왕후 칭호가 붙은 사람이 여섯 명이나 된다. 즉 정실부인이 여섯 명이었다. 그리고 가까운 일가친척끼리 혼인하는 족내혼을 하는 경우가 많았다. 가령 제4대 고려 국왕 광종의 경화궁 부인慶和宮 夫人 임씨는 제2대 국왕 혜종의 딸이다. 혜종은 왕씨인데 왜 그 딸은 임씨인가? 임씨 성은 어머니의 성으로, 경화궁 부인은 의화왕후 임씨의 소생이었다. 고려 왕실은 여성의 경우 어머니나 할머니의 성을 따르게 하여 족내혼처럼 보이지 않도록 했다. 고려의 제6대 국왕 성종의 후비 문덕왕후 유씨 역시 광종의 딸이었는데 할머니 유씨의 성을 따랐다. 이처럼 고려 왕실은 다처제를 운영했으나 '왕실'이라는 예외 사례일 뿐이었다. 고려의 결혼제도는 원칙적으로 일부일처제였다.

참고 문헌

도서

강항, 신숙주 지음. 이을호 옮김. 《간양록 해동제국기》 올재, 2022.
기경량, 안정준, 백길남, 임동민, 이성호 외 5인. 《욕망 너머의 한국 고대사》 서해
　　　문집, 2018.
김육불 지음. 발해사연구회 옮김. 《신편 발해국지장편 상·중·하》 신서원, 2008.
김은국·권은주·김진광. 《해동성국, 고구려를 품은 발해》 동북아역사재단, 2019.
김종복. 《발해정치 외교사》 일지사, 2009.
김현희·윤상덕·김동우. 《통일신라·발해-고대문화의 완성》 국립중앙박물관,
　　　2005.
김호동. 《아틀라스 중앙유라시아사》 사계절, 2016.
동북아역사재단 한국외교사편찬위원회. 《한국의 대외관계와 외교사: 고대 편》
　　　동북아역사재단, 2019.
마크 에드워드 루이스 지음, 김한신 옮김. 《하버드 중국사 당》 너머북스, 2017.
박인호. 《한국고대사의 뒷골목》 좋은땅, 2024.
박한제, 김형종, 김병준, 이근명, 이준갑. 《아틀라스 중국사》 사계절, 2015.
방학봉. 《발해의 문화 1-사회생활풍속을 중심으로》 정토출판, 2005.
송호정 외. 《한국 고대사 1·2》 푸른역사, 2016.
신성곤, 윤혜영. 《한국인을 위한 중국사》 서해문집, 2004.
엔닌 지음. 김문경 옮김. 《엔닌의 입당구법순례행기》 중심, 2002.
연민수 외 5인. 《전통시대 동아시아의 외교와 변경기구》 동북아역사재단, 2013.
연변대학출판사. 《발해사 연구 3》 서울대학교출판부, 1994.

이이화, 김태현 그림.《해동성국 발해》사파리, 2007.

임상선.《발해의 지배세력연구》신서원, 1999.

장국종.《발해사 100문 100답》자음과모음, 2006.

전북전통문화연구소.《후백제 견훤정권과 전주》주류성, 2001.

정병준.《고구려 유민 이정기 일간의 번진사》동국대학교출판부, 2024.

조범환.《신라 중대 혼인 정치사》일조각, 2022.

조범환.《중세로 가는 길목 신라하대사》새문사, 2018.

조인성.《태봉의 궁예정권》푸른역사, 2007.

지배선.《유럽문명의 아버지 고선지 평전》청아출판사, 2002.

한국고대사탐구학회.《고대 군사사와 동아시아》경인문화사, 2020.

한국고대사학회.《우리 시대의 한국고대사 2》주류성, 2017.

혜초 지음. 정수일 옮김.《혜초의 왕오천축국전》학고재, 2004.

홍성민, 이진선, 유빛나, 김한신 옮김.《역주 使遼語錄 – 사료로 본 거란제국과 발해 유민》동북아역사재단, 2023.

후루하타 토오루(古畑 徹).《발해국이란 무엇인가(渤海国とは何か)》갈천홍문관(吉川弘文館), 2017.

논문

강문석.〈나말려초 재지성주의 장군칭호의 의미〉《신라사학보》(37), 신라사학회, 2016, pp. 97–132.

강봉룡.〈후백제 견훤과 해양세력〉《역사교육》83, 역사교육연구회, 2002, pp. 111–137.

강성봉.〈발해–거란 전쟁의 발생배경과 전개과정〉《한국사연구》(193), 한국사연구회, 2021, pp. 43–77.

강성산.〈발해 5경 명칭 출현 시기에 관한 사료적 검토〉《고구려발해연구》55, 고구려발해학회, 2016, pp. 67–88.

강은영.〈大伴古麻呂의 석차 논쟁에 대한 고찰〉《역사학연구》58, 호남사학회, 2015, pp. 223-251.

미야모토 히로시(宮本毅) 외 6인.〈백두산(장백산) 폭발 분화사의 재검토[白頭山(長白山)の爆発的噴火史の再検討]〉《동북아시아연구(東北アジア研究)》7, 도호쿠대학교 도호쿠아시아 연구센터(東北大学東北アジア研究センター), 2003, pp. 93-110.

권영오.〈진성여왕 생애 기록의 검토〉《여성과 역사》(35), 한국여성사학회, 2021, pp. 69-103.

권영오.〈진성여왕대 농민 봉기와 신라의 붕괴〉《신라사학보》(11), 신라사학회, 2007, pp. 235-270.

권은주.〈말갈7부의 실체와 발해와의 관계〉《고구려발해연구》35, 고구려발해학회, 2009, pp. 43-72.

_____.〈문자자료를 활용한 발해사 연구의 새로운 가능성 검토〉《영남학》(88), 경북대학교 영남문화연구원, 2024, pp. 7-40.

권재선.〈가림토에 대한 고찰〉《한글》(224), 한국학회, 1994, pp. 171-192.

김갑동.〈후백제의 멸망과 견훤〉《한국사학보》(12), 고려사학회, 2002, pp. 65-95.

김규순.〈고대 풍수지리학에 대한 도가사상 고찰〉《한국민족문화》60, 부산대학교 한국민족문화연구소, 2016, pp. 181-201.

김명진.〈太祖王建의 나주 공략과 압해도 능창 제압〉《도서문화》(32), 국립목포대학교 도서문화연구원, 2008, pp. 273-327.

_____.〈太祖王建의 충청지역 공략과 아산만 확보〉《역사와 담론》(51), 호서사학회, 2008, pp. 1-37.

김수태.〈신라 촌락장적 연구의 쟁점〉《한국고대사연구》21, 한국고대사학회, 2001, pp. 5-47.

김위현.〈요대의 발해유민 연구〉《고구려발해연구》29, 고구려발해학회, 2007, pp. 553-590.

김윤배, 권용인, 이소희. 〈발해건국 1300주년 기념 발해해상항로 학술뗏목탐사를 통한 발해의 동해해상항로 연구〉《동북아역사논총》(16), 동북아역사재단, pp. 67-108.

김창겸. 〈신라 승려 心地 연구〉《신라문화제학술발표회논문집》34, 동국대학교 신라문화연구소, 2013, pp. 197-232.

김태희. 〈시와스마쓰리(師走祭り)를 통해본 가미(神)에 대한 일본인의 인식〉《일본연구》(31), 중앙대학교 일본연구소, 2011, pp.357-376.

노태돈. 〈8세기 중엽 신라·일본 관계의 전개〉《한국사론》63, 서울대학교 국사학과, 2017, pp. 369-397.

문안식. 〈신숭겸의 出自와 후삼국 통일 전쟁기의 활약〉《신라사학보》(36), 신라사학회, 2016, pp. 211-255.

문윤수. 〈10세기 渤海의 滅亡과 그 원인〉《한국고대사연구》(105), 한국고대사학회, 2022, pp. 277-315.

_____. 〈732~733년 발해와 당 전쟁의 전개 과정과 군사력〉《동북아역사논총》(80), 동북아역사재단, 2023, pp. 163-207.

박남수. 〈「신라촌락문서」의 인구통계와 그 작성 시기〉《신라사학보》(52), 신라사학회, 2021, pp. 137-188.

박현규. 〈渤海高僧 貞素의 중국 行蹟〉《한중인문학연구》21, 한중인문학회, 2007, pp. 263-281.

변동명. 〈9세기 前半 武州 西南海地域의 海上勢力〉《한국사학보》(57), 고려사학회, 2014, pp. 43-83.

송영대. 〈궁예의 영역 확장과 임진강〉《한국고대사탐구》41, 한국고대사탐구학회, 2022, pp. 159-198.

신호철. 〈高麗 건국기 西南海 지방세력의 동향〉《역사와 담론》(58), 湖西史學會, 2011, pp. 1-32.

야마다 후미토. 〈신라 촌락문서의 작성 연대에 관하여〉《대구사학》133, 대구사학회, 2018, pp. 445-451.

윤선태, 〈「新羅村落文書」 중 '妻'의 書體 = 문서의 작성연대와 관련하여〉《목간과 문자》(18), 한국목간학회, 2017, pp. 67-82.

윤선태, 〈정창원(正創院) 소장(所藏) 「신라촌락문서(新羅村落文書)」의 작성연대-일본의 『화엄경론(華嚴經論)』 유통상황을 중심으로〉《진단학보》(80), 진단학회, 1995, pp. 1-31.

윤진석, 〈648년 당태종의 '평양이남 백제토지' 발언의 해석과 효력 재검토〉《한국고대사탐구》34, 한국고대사탐구학회, 2020, pp. 133-180.

이상훈, 〈김헌창의 난과 신라군의 대응〉《군사연구》(138), 육군군사연구소, 2014, pp. 9-33.

_____. 〈삼국통일기 신라군의 행군편성 구조〉《한국고대사탐구》30, 한국고대사탐구학회, 2018, pp. 123-150.

_____. 〈신라 하대 왕위계승전과 사병의 확대〉《신라사학보》(48), 신라사학회, 2020, pp. 1-27.

이석현, 〈백두산 화산폭발과 역사 사회적 영향-발해 멸망과 디아스포라를 중심으로〉《인문논총》61, 경남대학교 인문과학연구소, 2023, pp. 5-37.

이재석, 〈安史의 난 시기 발해-일본의 소위 〈신라 협공〉론의 검토〉《한일관계사연구》83, 한일관계사학회, 2024, pp. 3-32.

이현숙, 〈나말여초 최치원과 최언위〉《退溪學과 韓國文化》(35-2), 慶北大學校 退溪研究所, 2004, pp. 187-232.

이효형, 〈渤海의 마지막 왕 大諲譔에 대한 諸問題의 검토〉《한국민족문화》29, 부산대학교 한국민족문화연구소, 2007, pp. 379-418.

임상선, 〈8세기 신라의 渤海·唐 전쟁 참전과 浿江 보루 설치〉《신라사학보》(45) 신라사학회, 2019, pp. 169-198.

_____. 〈渤海 멸망 후 건립된 東丹國의 外交 활동〉《역사와 교육》29, 역사와교육학회, 2024, pp. 159-187.

_____. 〈渤海人의 契丹 內地로의 강제 遷徙와 居住地 檢討〉《고구려발해연구》47, 고구려발해학회, 2013, pp. 185-215.

_____. 〈북방지역 種族의 繼承關係 검토 = 靺鞨·女眞·滿洲族을 중심으로〉《고구려발해연구》50, 고구려발해학회, 2014, pp. 387-412.

장활식. 〈경문왕 설화와 당나귀 귀〉《한국민족문화》84, 부산대학교 한국민족문화연구소, 20273, pp. 69-107.

전기웅. 〈眞聖女王代의 花郞 孝宗과 孝女知恩 說話〉《한국민족문화》25, 부산대학교 한국민족문화연구소, 2005, pp. 199-230.

전덕재. 〈『삼국유사』 기이편 후백제 견훤조의 원전과 편찬〉《사학연구》(146), 한국사학회, 2022, pp. 39-94.

_____. 〈신라 말 농민봉기의 원인과 통치체제의 와해〉《역사와 담론》(98), 호서사학회, 2021, pp. 5-48.

정병준. 〈이사도(李師道) 번진(藩鎭)의 멸망과 곽호〉《중국학보》52, 한국중국학회, 2005, pp. 243-267.

_____. 〈이정기(李正己) 일가(一家)의 번진(藩鎭)과 발해국(渤海國)〉《중국사연구》50, 중국사학회, 2007, pp. 125-158.

정연식. 〈작제건 설화의 새로운 해석〉《한국사연구》158, 한국사연구회, 2012, pp. 37-66.

조범환. 〈재당 고구려 유민 환관 高延福 묘지명의 새로운 검토〉《한국고대사탐구》43, 한국고대사탐구학회, 2023, pp. 5-47.

_____. 〈통일신라 국학의 변천과 진골〉《동아시아고대학》(63), 동아시아고대학회, 2021, pp. 495-528.

조법종. 〈高仙芝와 고구려종이 '蠻紙'에 대한 검토〉《한국사학보》(33), 고려사학회, 2008, pp. 73-99.

조이옥. 〈신라 경덕왕대 국내외정세에서 본 일본의 '신라정토계획'〉《신라문화》46, 동국대학교 WISE(와이즈)캠퍼스 신라문화연구소, 2015, pp. 163-184.

주보돈. 〈한국 고대사회 속 여성의 지위〉《계명사학》21, 계명사학회, 2010, pp. 35-56.

지준모. 〈傳記小說의 嚆矢는 新羅에 있다: 〈調信傳〉을 解剖함〉《어문학》(32), 韓國語文學會, 1975, pp. 117-134.

채미하. 〈문무왕 신문왕대의 대일본관계 - 조물(調物)과 별헌물(別獻物)을 중심으로〉《사총》99, 고려대학교 역사연구소, 2020, pp. 57-92.

최상기. 〈新羅 將軍制 연구〉 서울대학교 박사학위논문, 2020, 254.

최연식. 〈康津 無爲寺 先覺大師碑를 통해 본 弓裔 행적의 재검토〉《목간과 문자》7, 한국목간학회, 2011, pp. 203-222.

최일례. 〈거득공의 '潛行 國內'와 武珍州 吏 안길의 '供妻'에 담긴 역사적 맥락 검토〉《선사와 고대》(72), 한국고대학회, 2023, pp. 442-470.

최정범. 〈渤海 王陵比定 試論〉《한국고고학보》(113), 한국고고학회, 2019, pp. 230-263.

한규철. 〈渤海人이 된 高句麗靺鞨〉《고구려발해연구》26, 고구려발해학회, 2007, pp. 9-30.

한정수. 〈고려 태조 왕건(王建)과 풍수도참(風水圖讖)의 활용〉《한국사상사학》(63), 한국사상사학회, 2019, pp. 1-31.

홍창우. 〈『삼국사기』의 궁예 가계 및 출생 관련 정보에 대한 후대의 수용 방식 문제〉《한국사연구》(199), 한국사연구회, 2022, pp. 53-91.

황인덕. 〈에밀레종 전설의 근원과 전래〉《어문연구》56, 2008, 어문연구학회, pp. 289-322.

하룻밤에 읽는 남북국사

초판 1쇄 발행　2025년 7월 1일

지은이	이문영
펴낸이	최용범
편집기획	박승리
마케팅	강은선
디자인	김규림
관리	이영희
인쇄	㈜다온피앤피

펴낸곳	페이퍼로드
출판등록	제10-2427호(2002년 8월 7일)
주소	서울시 관악구 보라매로5가길 7 1309호
이메일	book@paperroad.net
페이스북	www.facebook.com/paperroadbook
전화	(02)326-0328
팩스	(02)335-0334
ISBN	979-11-92376-53-0 (03910)

- 이 책은 저작권법에 따라 보호받는 저작물이므로 무단 전재와 무단 복제를 금합니다.
- 잘못 만들어진 책은 구입하신 서점에서 교환해드립니다.
- 책값은 뒤표지에 있습니다.